古代歷史文化 研究輯刊

二三編

王明蓀 主編

第 **17** 冊

歷史的佛教
——從吠陀《奧義書》到大乘佛經（上）

王傳龍 著

國家圖書館出版品預行編目資料

歷史的佛教——從吠陀《奧義書》到大乘佛經（上）／王傳龍
著 — 初版 — 新北市：花木蘭文化事業有限公司，2020〔民
109〕
目 2+164 面；19×26 公分
（古代歷史文化研究輯刊 二三編；第 17 冊）
ISBN 978-986-518-042-3（精裝）
1. 印度哲學 2. 大乘佛教 3. 歷史
618   109000491

ISBN-978-986-518-042-3

9 789865 180423

古代歷史文化研究輯刊
二三編　第十七冊　　　　　ISBN：978-986-518-042-3

歷史的佛教
——從吠陀《奧義書》到大乘佛經（上）

作　　者　王傳龍
主　　編　王明蓀
總 編 輯　杜潔祥
副總編輯　楊嘉樂
編　　輯　許郁翎、張雅淋　美術編輯　陳逸婷
出　　版　花木蘭文化事業有限公司
發 行 人　高小娟
聯絡地址　235 新北市中和區中安街七二號十三樓
　　　　　電話：02-2923-1455 ／傳真：02-2923-1452
網　　址　http://www.huamulan.tw 信箱 hml 810518@gmail.com
印　　刷　普羅文化出版廣告事業
初　　版　2020 年 3 月
全書字數　316138 字
定　　價　二三編 21 冊（精裝）台幣 55,000 元

歷史的佛教

——從吠陀《奧義書》到大乘佛經（上）

王傳龍　著

作者簡介

王傳龍（1980～），山東諸城人。清華大學理學學士，北京大學文學博士，廈門大學人文學院助理教授、碩士生導師。目前主要研究領域爲古典文獻學（側重版本學及古籍整理）、古代哲學（側重宋明理學及佛學）。已出版《陽明心學流衍考》等 3 部著作，整理出版《陳邦彥詩文集校注》等 6 種古籍，並在《文學遺產》《孔子研究》《文獻》等刊物發表學術論文幾十篇。

提　　要

　　本書將現存的古印度《吠陀》文獻、《阿含經》及原始單行佛經、歷代《大藏經》及藏外佛經均放在佛教文獻演變史的鏈條中進行考察，摒棄了佛教典籍中的神秘化成分，以哲學、歷史的眼光來重新審視佛教，借助於具體的文本比較與文獻考證，以闡釋佛教思想與相關文獻的起源、形成與演變的歷史，同時還探討了佛教傳入中國的早期狀態與傳播策略，並剖析了佛教中國化的關鍵環節。具體而言，本書主要涉及四個方面的內容：第一，原始佛教《阿含經》對於《吠陀》文獻的世界觀改造，以及對解脫思想的繼承與創新。第二，佛教部派分裂的歷史文獻考證，以及《本生經》等文獻對釋迦牟尼的神格化塑造。第三，佛教沿絲綢之路、海上絲綢之路傳入中國的過程，以及在中國的生存與發展狀況。第四，中國高僧對佛經的判教、翻譯，以及佛教漢化演變的最終完成。

目次

第一章　佛教形成的歷史背景

第一節　古印度的本土文明

　　早期的西方學者，在研究世界歷史時，提出了「四大古文明」的說法，泛指孕育了歷史上最偉大文明的四片地區。1900 年，梁啓超撰寫《二十世紀太平洋歌》時曾加以闡發：「初爲據亂次小康，四土先達爰濫觴：支那、印度邈以隔，埃及、安息鄰相望，厥名河流時代第一紀，始脫行國成建邦。」梁氏且自注云：「地球上古文明祖國有四：中國、印度、埃及、小亞細亞是也。」〔註 1〕梁氏之說發表於晚清國力衰微之時，意在重鑄國人信心，因而在中國影響甚廣，至今「四大文明古國」（古中國、古印度、古埃及、古巴比倫）的說法仍然家喻戶曉，婦孺皆知。然而「四大文明古國」的說法在最初提出時並不嚴謹，置於今日則早已過時：一方面，隨著學術研究的繼續推進，更多的古文明被發現，如發源於兩河流域的蘇美爾文明、發源於愛琴海地區的克里特文明和邁錫尼文明、發源於中美洲叢林的瑪雅文明等等；另一方面，「四大文明古國」中的古印度，在開創古文明時並未形成一個國家，在後代歷史上亦長期分裂爲諸國，而歷史文獻中所稱的「古印度」則包括今日的印度、巴基斯坦、孟加拉、斯里蘭卡等八國，亦即南亞次大陸的地理統稱，顯然又自有其特殊性。

　　古印度人並不將南亞次大陸稱爲印度，而是稱爲婆羅多伐婆，意爲「婆羅多的領土」。古印度人自稱爲婆羅多的後裔，故而印度獨立後的梵文名字即爲婆羅多。「印度」一詞由境內的印度河而得名，印度河的梵文名稱爲

〔註 1〕《梁啓超全集》第九冊，北京出版社，1999 年，第 5426 頁。

Sindhu，波斯人入侵後語音轉變為 Hindhu，馬其頓王亞歷山大入侵後又轉變為 Indoi，這一發音遂為西方人所沿襲，但最初所指均為印度河流域及以東的部分地區。據中國史籍記載，《史記》《漢書》稱古印度為「身毒」，《後漢書》《魏書》《宋書》《梁書》稱之為「天竺」，此外又有「懸度」「天篤」等稱呼，約在唐初，才在道宣、玄奘等人的倡議之下，將正譯確定為印度。道宣《釋迦方志》卷上：「雪山已南，至于南海，名象主也。地惟暑濕，偏宜象住，故王以象兵而安其國，風俗躁烈，篤學異術，是為印度國。然印度之名，或云賢豆，或云天竺，或云身毒、天篤等，皆傳之訛僻耳，然以印度為正。」〔註 2〕又據玄奘《大唐西域記》：「詳夫天竺之稱，異議糾紛，舊云身毒，或曰賢豆，今從正音，宜云印度。印度之人，隨地稱國，殊方異俗，遙舉總名、語其所美謂之印度。印度者，唐言月。……以其土聖賢繼軌導凡，御物如月照臨，由是義故，謂之印度。」〔註 3〕玄奘曾親到古印度遊歷，但從他的描述來看，當時之人已對「印度」一詞的由來不甚了然，故而指月為言。道宣所稱的「雪山已南，至于南海」，即謂喜馬拉雅山脈以南直到大海的廣袤區域，亦可佐證中國古人所稱的「印度」實指南亞次大陸而言，並非僅指今印度國之領土。

　　古印度地區東鄰孟加拉灣，南靠印度洋，西接阿拉伯海，北有喜馬拉雅山脈、興都庫什山脈作為屏障，疆域相對而言十分封閉，僅西北邊境有若干山口易於通行，這些山口既是歷史上外族入侵的主要通道，也是古印度與外國貿易和交流的陸上通道。印度大部分地區位於亞熱帶，「地惟暑濕」，雨季的降水量十分集中，其餘時間則乾燥少雨，氣溫偏高。在印度半島的大部分地區，土壤肥沃，物產豐富，居民無需從事繁重的勞作就可以獲得溫飽，在農業文明時期具有得天獨厚的地理條件。地理環境的因素也影響到本土民眾的個性，因為生活安逸富足，故氣質溫和、習俗保守，缺少進取心和侵略性；因為天氣炎熱，故而喜愛靜坐沉思，長於哲學思辨、傳說渲染而短於史實記錄。這種南亞次大陸的居民習氣，自文明創始一直蔓延到今天，以至於有印度學者宣稱：「史詩《摩訶婆羅多》所描寫的社會同印度現有的社會實質上並沒有什麼不同，2500 年前釋迦牟尼所目睹的生活在今天這個大陸上基本上沒有什麼變化。」〔註 4〕11 世紀到過印度的穆斯林學者比魯尼（Al-Biruni）

〔註 2〕道宣《釋迦方志・中邊篇第三》，大正新修大藏經第 51 冊，No.2088。
〔註 3〕玄奘《大唐西域記》卷第二，大正新修大藏經第 51 冊，No.2087。
〔註 4〕【印】K.M.潘尼迦著，簡寧譯《印度簡史》，新世界出版社，2016 年，第 2 頁。

也曾評論道：「印度人不十分注意事物的歷史次序。他們在述說國王的年代系列時是漫不經心的，當要他們非說不可的時候，就困惑起來，不知說什麼好，他們總是代之以講故事。」〔註5〕這種風氣導致印度本國的歷史記載十分稀少而不夠準確，僅存的史料往往又摻雜有大量的神話傳說、文學虛構，因而不得不借助考古發現或他國記載來重塑歷史。

　　古印度與古中國一樣，上古文明都是大河文明。早期的西方學者多主張印度文明由雅利安人自西方傳入，但根據20世紀以來的考古發現，這一觀點已基本被否定。古印度最早的青銅文化時代的城市文明出現在印度河流域，其中又以哈拉帕和摩亨佐・達羅兩座城市爲文明中心。根據碳十四年代測定，中心區域約爲公元前2300～1750年，周邊地區約爲公元前2200～1700年。這種城市文明由更早期的村落文化（約公元前3000～2400年）所發展而來，是古印度居民所創造的本土文明，時間上要大大早於雅利安遷徙而來的時代。哈拉帕遺址中發現了不少冶金爐，並出土了大量的黃銅和青銅器物，其中既有小刀、魚鉤、箭頭等生產工具，也有鏡子、燭臺等生活用品，另外還出土了不少精美的金銀飾品和文字印章。摩亨佐・達羅遺址中還發現了包藏銀瓶的棉紡織品碎片、陶紡錘及大染缸，說明當時的棉紡織業已較爲發達，這也證明了古印度是全世界最早栽培棉花的地區。摩亨佐・達羅的主幹道寬達11米，可容納9輛大車並行，部分住宅有寬闊的大廳和較完善的排水設備，甚至還發現了長方形的大浴池（中心浴池長12米，寬7米，深2.5米）。不僅哈拉帕與摩亨佐・達羅之間有密切的商業往來，由它們所代表的這一期的印度河文明與伊朗、伊拉克、阿富汗等地也有貿易來往，在兩河流域的烏瑪城曾發現一捆棉紡織品，包裝上就蓋有哈拉帕的文字印章。印度河流域還出土了大量的砝碼，說明當時已具備統一的度量衡制度，而兩河流域、印度河流域也都曾出土過屬於對方文明的砝碼。凡此種種，皆可以證明印度河文明已經是一種極爲發達的文明，而古印度人氣質中的保守性也在這裡展現得淋漓盡致。摩亨佐・達羅共發現了9層城市遺址，每當舊城被泛濫的印度河水埋沒而陷入污泥之中，古印度人就在同樣的地點建立起幾乎完全同樣的城市，千餘年來始終如此，其主體建築模式與印章文字都保存著驚人的一致性。

〔註5〕　【印】恩・克・辛哈、阿・克・班納吉著《印度通史》第一冊，商務印書館，1973年，第27頁。

　　印度河文明的主體創造者是本土的達羅毗荼人，此外還有原始澳大利亞人、蒙古利亞人、地中海人等等，對摩亨佐·達羅出土的 11 具骸骨的人種分析已證實了這一點。印度河文明所出土的印章有 2500 餘枚，材質有天青石、陶土、象牙、銅等多種，其中卍字符號、車輪符號、太陽符號、菩提樹符號的吉祥印章已經出現。古城遺址中的房屋等級差別很大，而且出土了若干奴隸陶俑，印章中也繪有鞭打奴隸的場景，這說明印度河文明已經是一個階級分化的社會。在摩亨佐·達羅出土的 123 枚銅印章中，有 36 枚刻有牛的圖形，還存在抽象的牛頭圖案，這說明當時的居民已經十分喜愛甚或開始崇拜牛，這一習俗也被一直保留到今天的印度。世界上最早的骰子也在遺址中出土，這一遊戲方式直接影響到了後來的雅利安人。從種種跡象來看，印度河文明應當屬於多神崇拜，而且有專門負責與神溝通的祭司。哈拉帕出土的不少印章中有一位三面男神，呈瑜伽坐式，頭上生有牛角，男根豎立，周圍有眾獸環繞，考古學者一般認定其為獸主（pasupati），即後來印度教主神濕婆神的原型或前身。在摩亨佐·達羅的遺址中還發現了濕婆林伽（Linga）的石頭碎片，說明對於男性生殖能力的崇拜已經開始盛行。與之相對應的

是，雕塑中存在一些體系較小的雕像，是完全裸露的女人身體，豐乳肥臀的特徵十分鮮明，說明生殖能力強的女性非常受人重視。

　　印度河文明的毀滅原因不詳，考古學者們提出了許多種假說。早期學者多傾向於雅利安人的入侵戰爭是導致該文明毀滅的直接原因，但最新的考古證據表明，雅利安人遷入古印度之前的兩百年，印度河文明已經沒落，並從此消失在歷史的長河之中。當前的大多數歷史學者已經放棄「雅利安人入侵論」，而修正為「雅利安人遷徙論」，亦即認為雅利安人是經歷了一個漫長的時間段，以相對多樣的方式，分批遷徙而進入南亞次大陸。在這一過程中，雅利安人很可能與已沒落的印度本土文明發生了融合，並最終開啟了吠陀文化的時代。至於本土文明衰亡的真正原因，相當多的學者傾向於主要是生態環境破壞所造成的惡果。由於河流改道、淤塞導致河床升高，進而引發了洪水泛濫，城市被多次淹沒；由於雨量減少，導致連年旱災，土地鹽鹼化嚴重，糧食歉收；由於盲目砍伐森林，造成耕地出現沙漠化現象，又引發了饑荒與內亂……生存環境的逐漸惡化，讓印度河文明中的大部分城市居民決心拋棄這些城市，而向次大陸的其他地區擴散。先進的城市文明就這樣消亡了，古印度其他地區的本土文明卻尚未發展到這一高度，這也就給了雅利安人一個承載印度文明未來發展的機會。

第二節　雅利安人的吠陀時代

雅利安（Aryan）源於梵語，意為「高貴」，但雅利安人起源於何處，學術界並沒有達成統一的意見。在 19 世紀，由於戈賓諾伯爵（Comte de Gobineau）及其門徒張伯倫（Houston Stewart Chamberlain）的積極鼓吹，創造出一種「雅利安人種」的理論。希特勒和納粹德國的史學家因而主張雅利安人是史前文明的創造者，屬於世界上最優秀的種族，而北歐和德意志的日耳曼人就屬於繼承了優秀雅利安人血統的人種，其他的民族則屬於部分繼承或完全沒有接觸到這種血統的劣等民族。希特勒本身對人類學沒有多少瞭解，他倡導這種觀點純粹因為政治宣傳需要，而所謂的「雅利安人種」也已被新的考古發現所否定。現在較多的學者主張雅利安人實際上並非一個民族，而是指講雅利安語的一個群體，而雅利安語本是早期印歐語系中的一個分支。原始的印歐人是俄羅斯烏拉爾山脈南部草原上的一個古老民族，之後分散成若干支，向廣袤的歐亞大陸四處遷徙，其中一支在中亞的阿姆河和錫爾河之間的平原上定居下來，並最終又分裂為兩個分支，分別遷往古代的伊朗和印度地區。他們被稱為伊朗－印度人，即為雅利安人的前身，而進入古印度的這一支，亦即古印度文獻中所稱的雅利安人。

大約公元前 1500 年左右，雅利安人開始大規模地經由興都庫什山脈的隘口，分批遷徙進入南亞次大陸的西北部，並由旁遮普地區向東南方向擴散。除了語言、文字上的差別，雅利安人白皮膚、高鼻樑，與古印度本地黑皮膚、低鼻樑的達羅毗荼人差別明顯，這也讓他們自然而然地區分為兩個群體。雅利安人是以畜牧業為主的游牧民族，可以熟練駕駛馬車作戰，在戰鬥力上大大領先于連馬匹都沒有的古印度本土居民。游牧民族對於擴展牲畜的數量十分渴望，因而在與古印度居民和諧共處過一段時間之後，很快彼此間就爆發了激烈的戰爭。戰爭的導火索已無法考證，但根本原因不外乎雅利安人對掠奪財富的渴望，抑或本地居民對於外來人員佔領土地及其他資源的不滿。雅利安人是一個多神崇拜的種群，主要崇拜許多男性的神靈，譬如天神伐樓那（Varuna）、太陽神蘇羅伊（Surya）、火神阿耆尼（Agni）、雷神因陀羅（Indra）等等，而且每次戰爭前都會舉行各種祭祀，向神靈祈禱戰爭的勝利。雅利安人在與古印度本地居民的戰爭中接連獲勝，這也讓他們信仰神靈之心更為虔誠，因而創作出各種讚頌神靈的詩歌，規定了對各種神靈的具體祭祀儀式，後期又發展出各種禳災驅邪的咒語和巫術。類似的文獻越來越

多，最終彙編爲四種《吠陀》：《梨俱吠陀》《耶柔吠陀》《沙摩吠陀》《阿闥婆吠陀》。四種《吠陀》本集之中要以《梨俱吠陀》最早，約在公元前 1000 年以前就已經形成，其餘幾種的形成時間要更晚一些，但最晚也不遲於公元前 500 年。吠陀一詞意爲「知識」，四部《吠陀》是對雅利安歷代祭神文獻的彙編，最初由雅利安人口耳相傳，並非成於一時一地，其中最早的詩篇甚至可能追溯到公元前 3000 年之前。雅利安人並不認爲四部《吠陀》是人類所寫，而稱之爲天啓文獻，亦即神的啓示。在最早的《梨俱吠陀》中，敵人被稱爲達薩（dasa），而且描述他們「黑皮膚」「無鼻子」，這一稱呼後來演變出「奴隸」之義；描述戰爭的詞彙是加維希蒂（gavisti），意爲「求牛」，可見雅利安人戰爭的目的主要爲了掠奪牲畜，而戰敗的敵人則會淪爲奴隸。經文還提到雅利安人必須對付敵人一百個有柱子的堡壘，而雷神因陀羅則被描述成城市的撼動者：「柔弱的戰士，欲向因陀羅挑戰，向那偉大而躁急、殺人如麻的英雄挑釁。他，因陀羅的敵人，受不住兵器的鏗然打擊，摧毀了那些正傾崩的殘破城堡。」〔註 6〕從部分經文中的隱喻來推測，雅利安人在戰爭中很可能使用了水淹的手段，因爲因陀羅主要事蹟之一就是「屠龍現水」，釋放七條大水隨意流瀉。印度河文明是農耕文明，爲了便於灌溉曾修建了大量的水壩，這些水壩反而被雅利安人利用，成爲他們克敵制勝的手段之一。在紛飛的血與火之中，古印度本土部落歷代所積累下來的財富，全部被雅利安人據爲己有。《吠陀》經文多次記載下了這一幕：「因陀羅耀武揚威，七十座城堡晝夜間夷爲平地。安奴人首領的財富，盡入德里蘇人手中。」〔註 7〕雅利安人以部落聯盟體系爲主，德里蘇人就是其中的一個部落，但在不斷征服本地部落的過程中，雅利安人的內部也逐漸引發了矛盾衝突。《梨俱吠陀》中提到了一場「十王之戰」，是由婆羅門奢密多羅聯合了十個部落（其中有雅都人、普魯人等），共同進攻當時最強大的婆羅多人的戰爭。婆羅多人的首領蘇達斯與特利楚族結盟，最後贏得了這場戰爭。「十王之戰」不僅僅是雅利安人的內戰，當時的大量非雅利安人也在自己部落首領的領導下，選邊站隊，參與了這場戰爭。就是在這樣一連串的征服戰與內戰的推動下，以雅利安人爲上層階級的、數量眾多的國家先後被建立起來，其社會框架、規章制度也逐漸趨於完善。

〔註 6〕趙伯樂《永恆涅槃——古印度文明探秘》，雲南人民出版社，1999 年，第 68 頁。
〔註 7〕趙伯樂《永恆涅槃——古印度文明探秘》，雲南人民出版社，1999 年，第 69 頁。

用梵語書寫的梨俱吠陀寫本

　　印度河流域高度發展的城市文明雖然在雅利安人到來之前就已經衰亡，但雅利安人還是接觸到了這種文明的居民後裔，許多古印度的本地風俗開始融入到雅利安人的日常生活中，戰爭則大幅度加快了彼此融合的速度。雅利安人從古印度居民（以達羅毗荼人爲主）那裡學會了擲骰子的賭博遊戲，進而沉迷其中，《梨俱吠陀》中收錄的一首《賭徒的懺悔》詩就鮮活地描述出了這一現象：「強烈嗜賭癮，奪去其財物，甚至己妻室，別人來擁抱。……賭徒進賭場，渾身血衝上，暗中問自己，我會贏一場？」〔註8〕雅利安人的祖先崇拜太陽神，而將象徵太陽光芒輻射的卍字符號視爲太陽神的象徵，這與印度河文明中本來就具有的卍字吉祥圖章相吻合，因而也令這一符號在古印度流行愈廣，以至於後來的耆那教、佛教都採用了這一符號。牛是農耕文明的主要勞動工具，在印度河文明中已經廣受尊崇，而作爲游牧民族的雅利安人十分看重牲畜的數量，甚至將牛作爲獻給神靈的祭祀品、商品交易的媒介，因而愛牛的習氣也被完整保留下來。《梨俱吠陀》中也常用牡牛比喻具有強大威力的神，或祈求各種神靈幫助自己奪回失去的牛群，以及保護自己現有的牛群。此外，古印度的本土神靈以及瑜伽冥想的習氣，也逐漸滲入雅利安人的生活之中，最終演變爲宗教的重要組成部分。

　　四部《吠陀》已成爲古印度文明中最主要的思想源泉之一，雅利安人入主古印度的時代因此也被成爲「吠陀時代」。《吠陀》文獻有狹義與廣義之別，狹義的概念只指上述四種《吠陀》的本集，廣義的概念則包括解釋本集的梵書與經書在內，後兩者的形成時間要晚一些，一般認爲梵書約形成於公元前1000至公元前600年左右，經書編成的時間最晚，有人認爲它可能晚至公元

〔註8〕 巫白慧《吠陀經和奧義書》，中國社會科學出版社，2014年，第217頁。

200 年左右。四部本集之中，《梨俱吠陀》共十卷，是讚頌雅利安諸神的頌詩，因而又稱《讚頌明論》，它所使用的語言比印度梵語更爲古老，被稱爲吠陀梵語或吠陀語言，其中第十卷與前九卷在句式上有明顯區別，其形成時間則明顯較晚，一般認爲是由婆羅門祭司所增補；《耶柔吠陀》又稱《祭祀明論》，其中除了大量重複《梨俱吠陀》的內容，剩下的部分則是講述祭祀時需要注意的規定和需要吟誦的祭詞；《沙摩吠陀》又名《歌詠明論》，是將《梨俱吠陀》譜上曲調以便演唱的彙集，其中不載於《梨俱吠陀》中的詩歌數量極少，不到全書內容的 1/20；《阿闥婆吠陀》主要記載辟邪克敵的巫術與咒語，因而又稱《禳災明論》，其神聖性的確立則要晚於前三種。梵書又稱婆羅門書、淨行書，主要採用散文的方式寫成，而不像四部《吠陀》本集那樣以韻文爲主。現在保存下來的梵書約有十幾種，因爲它們的主要意圖在於解釋並闡發四部《吠陀》本集的要義，故而可以根據它們所從屬的本集劃分四類，譬如從屬於《梨俱吠陀》的《愛達羅氏梵書》《海螺氏梵書》等等。梵書中最重要的部分是森林書，相傳是由老去的婆羅門祭司在歸隱森林之後所編纂而成，因爲森林中的隱居之地稱爲阿蘭若，因而森林書又名阿蘭若書，譬如附屬於《愛達羅氏梵書》的《愛達羅氏森林書》等等。森林書中最有哲學價值的部分是奧義書，習慣上也將它視爲《吠陀》文獻的最後部分或精華部分。奧義書所闡發的哲學思想被稱爲吠檀多（Vedānta）哲學，而吠檀多一詞由吠陀（Veda）與詞綴-anta 構成，-anta 意爲終極，兼有最後或精華兩種含義。現存的奧義書數量約有 200 多種，同樣並非產生於一時一地，而是由歷代哲人所相繼創作，其中的某些觀念或許已經存在了上千年，最後才被彙編進奧義書中。廣義的經書包括語音學、語法學、語源學、音韻學、天文學、難字集解、禮儀學等門類，狹義的經書則單指禮儀學部分的《所聞經》《家範經》《法經》等典籍，它們詳細地規定了一個人從生到死所處於任一場合的祭祀儀式、家庭禮儀和應該承擔的社會責任、家庭義務，幾乎就是一部古印度人生活方式的百科全書。經書與其他《吠陀》文獻的關聯並不緊密，因而也有學者主張把經書從《吠陀》中獨立出去。對於吠陀時代的古印度人而言，四部《吠陀》以及梵書、經書等衍生文獻，就已經完備了所有塵世的知識。《禿頂奧義書》云：「一位卓越的家居者蘇那迦，根據經典爲尋求這種知識所規定的方式，畢恭畢敬地來到了聖人鳶吉羅莎那裡，他問道：『哦，尊者啊，一個人知道了什麼，便可以知道一切？』鳶吉羅莎對蘇那迦說：『那些已經獲得梵知的人說過，存在

兩種類型的知識——一類是關於梵，是絕對的知；一類是關於塵界，是相對的知。』這兩類知識就被視爲：塵知和靈知。前者包括了《梨俱吠陀》《耶柔吠陀》《薩摩吠陀》《阿闥婆吠陀》、語音學、禮儀學、語法學、語源學、音韻學以及天文學；而後者是這樣的，人們藉著它，便可以認識梵，這個永恆的不滅者。」〔註9〕

第三節　婆羅門教的誕生與種姓制度的確立

　　雅利安人作爲征服者，自然要體現出在社會階層中的優越性。由於膚色上的區別最爲明顯，因而這也成爲區別雅利安人與非雅利安人、征服者與被征服者的標誌。但實際情況遠比這複雜得多，非雅利安人中包括戰敗的奴隸、歸降的農民、製造精美飾品的手工業者、聯盟的部落首領等等，必須要在新的國家體系中給他們安排不同的位置。即使在雅利安人內部，原本也存在高低等差，而雅利安人的內戰（譬如史詩《摩訶婆羅多》所描述的戰爭），也會造就一堆成爲俘虜或奴隸的雅利安人，他們的地位尚在許多印度本地居民之下。在此情形之下，原來簡單而粗暴的膚色二分法顯然不再適合現實狀況，尤其是在戰爭消歇的和平歲月中，必須有一種新的制度能確立社會各階層的地位與角色，盡可能地維持住勝利者的榮耀，並將這些特權世襲給自己的後代子孫們。於是，雅利安人以武力作爲政治後盾，以四部《吠陀》作爲意識形態支撐，成功地在古印度建立起了種姓制度，並將其影響力一直保持到了今天。這種違背人人生而平等的畸形制度之所以能夠在印度傳承數千年而不徹底滅亡，是因爲《吠陀》文獻的存在，爲這種制度賦予了宗教的神聖性，從而被視爲神的旨意與安排。這種宗教迷思存在一天，種姓制度的魅影就一天無法從印度人的心理中完全驅除。

　　《梨俱吠陀》中有一首相傳爲那羅延仙人所作的《原人歌》，其中云：

> 原人之神，微妙現象，
>
> 千頭千眼，又具千足；
>
> 包攝大地，上下四維；
>
> 巍然站立，十指以外。
>
> 唯此原人，是諸一切；

〔註9〕【印】斯瓦米·洛克斯瓦南達著，聞中譯《印度生死書》，浙江大學出版社，2013年，第363～367頁。

　　既屬過去，亦爲未來；

　　唯此原人，不死之主；

　　享受犧牲，昇華物外。

　　…………

　　原人之口，是婆羅門；

　　彼之雙臂，是刹帝利；

　　彼之雙腿，產生吠舍；

　　彼之雙足，出首陀羅。

　　彼之胸脯，生成月亮；

　　彼之眼睛，顯出太陽；

　　口中吐出，雷神火天；

　　氣息呼出，伐尤風神。

　　從彼肚臍，產生空界；

　　從彼頭頂，展現天界；

　　從彼兩耳，產出方位。

　　如是構成，諸有世界。〔註10〕

　　《原人歌》是一首敍述創世神話的詩歌，其中的原人（Purusa）是一位超驗的神靈，現實世界的一切，譬如日月、雷、風和時空、方位，都從它的身體中化生出來，而其中最應值得注意的地方，就是指出了婆羅門、刹帝利、吠舍、首陀羅四個階層的起源。吠陀時代早期，種姓制度被稱爲「瓦爾那」，四個瓦爾那有自己貴賤等級與社會分工：最高等的一級是婆羅門，他們掌控祭祀與教育，主要職業是祭司等神職者，負責與神靈溝通；其次一等是刹帝利，他們掌管征戰、防禦和行政管理，主要職業是國王、大臣和武士；再次一等是吠舍，他們主要從事生產或經商，主要職業包括農民、牧民、商人；最末一等是首陀羅，主要由戰敗的本地居民所組成，從事低賤的職業，負責爲前三個種姓提供服務。《原人歌》爲這種現實的社會等級分工提供了神學基礎，而《奧義書》中又指出了原人即是梵，既然婆羅門由原人的嘴所生，自然身份最高貴，他們的話語中也就體現著神的意旨，他們所使用的語言也被稱爲梵語；首陀羅因爲是雙足所生，因而身份最卑賤，只能承擔身體的支撐功能，不像口、臂、腿那樣有自主權。在社會文明程度較低時，人類無知的

〔註10〕巫白慧《吠陀經和奧義書》，中國社會科學出版社，2014年，第115～117頁。

區域正是屬於神靈統治的空間，雅利安人一方面通過崇拜神靈獲得安全感和群體的凝聚力，另一方面又要向神靈祈禱戰爭的勝利，而越是戰爭頻發的年代，這種需求也就越強烈，雷神因陀羅也正因如此才在雅利安人眾神中獲得了較高的地位。婆羅門的地位居於眾人之上，實際上也是神權超越王權的體現，尤其是在國家制度尚不完善的時代。

種姓制度剛誕生時，等級和職業並非是絕對世襲而不可變更的，「父親是醫生，母親是磨穀人，而我是詩人」〔註11〕的狀況也存在，甚至非雅利安人也可以准許加入雅利安人的宗教，《薩摩吠陀》中弗羅陀‧斯托瑪儀式就規定了加入婆羅門教的具體程序。與之相對應的，是婆羅門教對於古印度本土神靈的排斥，《梨俱吠陀》中曾特別強調「勿讓那些將男根當神崇拜的人們進入我們的聖堂」。但是武力的征服必然會促成文化的融合，雅利安人要統治廣袤的國土，必須接納大量的本土部落，其中就包含對於原住民宗教神靈的認可，以及給予部落首領世俗的種姓級別。在《耶柔吠陀》中，男根崇拜已經獲得了確認，而《耶柔吠陀》《阿闥婆吠陀》中的風暴之神魯陀羅（Rudra），通常認為即是印度教三大主神之一濕婆的前身，其更早的前身則為印度河文明中的獸主（pasupati）。選擇承認雅利安人統治地位的本土部落酋長或小國國王，則往往由婆羅門為之編寫家譜，給予剎帝利的種姓地位，以作為一種政治利益交換的手段。為了進一步安撫各階層，婆羅門教主張前三種瓦爾那都是再生族，而首陀羅則是一生族。再生族意味著在今世的生命結束之後，還會有來世的生命，至於來世投生於什麼階層，要視今生的所作所為而確定。如果今生完全依照神的意旨行事，並認真地履行社會職責，剎帝利在來世也有可能上升為婆羅門，反之也可能墜落至吠舍，甚至是首陀羅。為了確保來世的利益，再生族有義務也有權利認真學習《吠陀》，以瞭解各種必備的宗教知識。首陀羅是神創造出來專為其他三個瓦爾那服務的階層，是沒有來世的一生族，因而也沒有學習《吠陀》、參與宗教生活的權利。高種姓的男子可以娶低種姓的女子，儘管這種做法並不提倡，還會受到一定程度的排斥；低種姓的男子則嚴禁與高種姓的女子通婚，否則將會受到嚴厲的懲罰，他們的後代也將被降級為賤民。賤民是一種比首陀羅還要低的階層，他們被稱為「不可接觸者」，幾乎沒有任何社會地位。

婆羅門教與印度教同源，過去中國的學者多把印度教視為婆羅門教的復

〔註11〕出自《梨俱吠陀》第九卷第一百十二首，不同譯本的文字略有差別。

興，今天的學者則習慣將婆羅門教視爲印度教的早期階段。印度教的三大主神中，除了大梵天的前身禱主神婆羅曼那斯帕蒂（Brahmanas-pati）、濕婆的前身魯陀羅（Rudra）已在《吠陀》文獻中出現之外，《梨俱吠陀》中也同時提到了毗濕奴（Visnu），但歌頌他的神曲僅有五六支，說明他仍然是一位較爲次要的神靈。在婆羅門教的多神信仰中，能夠爲雅利安人提供保祐庇護、降服惡魔、輔助戰爭的神靈較受重視，像太陽神蘇利耶、雷神因陀羅、火神阿耆尼等等。與神溝通的方式是祭祀，但祭祀儀式非常繁瑣，而且只能由婆羅門主持。婆羅門身兼教義的闡釋者與儀式的主持者兩種身份，因而擁有了無可替代的最高地位。有學者將婆羅門教的教義歸納爲三條——吠陀天啓、祭祀萬能、婆羅門至上，這種描述較爲準確地概括出了早期婆羅門教的特色。

在征服戰爭消歇之後，古印度進入各方勢力相對穩固的和平階段，原有的戰爭守護神作用減弱，世俗王權的影響力卻在逐漸增強。在這種情形之下，雅利安人的諸神被逐漸忘卻，原本處於次要地位的印度教三大主神的地位卻在逐漸攀升，這當然也與後者具有廣泛的本土群眾基礎分不開，至少濕婆、大梵天的前身都被公認爲古印度土生土長的神靈。婆羅門在種姓制度中居於最高的地位，但負責的是宗教的部分，一般不直接參與國家管理。在宗教祭祀的功能減弱之後，種姓制度並沒有就因此而衰微，反而出現了更爲鞏固的現象，並由瓦爾那制度發展爲闍提制度。一方面，這是因爲婆羅門掌握了對《吠陀》文獻的闡釋權，從而對大量文獻進行了改寫，使之爲維護自己階層的地位服務，並借助於對教育的壟斷，將其固化到古印度的社會生活之中。古印度主要採取的是一種被稱爲「古儒庫拉」（gurukula）的教學模式，一位婆羅門導師往往同時教導幾個或十幾個學生，學生們過著與外界社會基本隔絕的生活，獨身而禁慾，要耗費十幾年的光陰學習《吠陀》經文、祭祀禮儀及種姓法則，而「婆羅門至上」的觀念就這樣一代代被灌輸下去。譬如《卡塔奧義書》宣稱：「一個婆羅門如果居於某家而不曾得到食物，那個愚蠢的主人將會眼睜睜看到自己的所有祝願和期待碎於一地。與善人的交往、善語、行祭、爲利他而供奉的泉水等，所有這些善行帶來的功德，再加上他的牲口與後代，這些統統都要被毀滅。」〔註12〕當類似的觀念被普遍接受之後，想要動搖婆羅門教的地位就變得更加困難。另一方面，早期的瓦爾那制度實際

〔註12〕【印】斯瓦米・洛克斯瓦南達著，聞中譯《印度生死書》，浙江大學出版社，2013年，第508頁。

上圈定了各階層的主要職業範圍，從事同一種職業的人群因而形成了具有獨立性的團體，開始排斥外來者從事相同的職業，藉以壟斷其商業利益，而這種排斥也要借助種姓制度才能夠具備合理性與合法性。闍提制度就在這樣的背景下被建立起來，亦即通過血緣、姻親等關係維持一個家族的穩定性，該家族世世代代都從事同一種職業，而嚴令禁止與不同職業團體間的通婚。不僅是在高種姓之中存在闍提制度，低等種姓之中也同樣存在，甚至種類更為廣泛。正如一位普通的首飾匠，儘管他本身處於較低的社會階層之中，但他同樣不歡迎有更多的同行來分去他在打造首飾上的微薄利潤。

　　種姓制度發展得越周密，社會上不公平的壓迫現象也就越嚴重。根據《摩奴法典》中的條文規定：

　　　　「婆羅門不論有知無知都是強有力的神，就像火不論祝聖不祝聖都是強有力的神一樣。」「十歲的婆羅門和年達百歲的剎帝利應該被視為父子，兩者中婆羅門為父，且應該被尊敬如父。」

　　　　「首陀羅欲謀生計，無緣依附婆羅門者，可侍奉剎帝利；無剎帝利，可侍奉殷實的吠舍，以謀生。」「但首陀羅無論是買來的或不是買來的，都應強制他們從事奴隸工作，因為他們是被自存神創造來侍奉婆羅門的。」

　　　　「首陀羅只應該以首陀羅女子為妻；吠舍可在奴隸種姓或本種姓中娶妻；剎帝利可在上述兩個種姓和本種姓中娶妻；婆羅門可在這三個種姓和僧侶種姓中娶妻。」

　　　　「剎帝利辱罵婆羅門應處一百缽那罰金；吠舍處一百五十或兩百；首陀羅處體刑。」「婆羅門對殺死一個首陀羅所作的懺悔同殺死一隻貓、一隻青蛙、一條狗或一隻烏鴉所作的懺悔一樣。」

　　　　「出生低賤的人無論用哪個肢體打擊出身高尚的人，這一肢體應被切斷。」「種姓低的人竟敢和種姓最高的人同席者，應在其臀部打烙印，然後加以驅逐，或者國王使人切傷其臀部。」〔註13〕

　　《摩奴法典》相傳是由梵天所制定，梵天傳授給人類的始祖摩奴（Manu），再由摩奴的後代傳到人間，因而具有了宗教意義上的神聖性。據學者考證，《摩

〔註13〕 【法】迭朗善譯，馬香雪轉譯《摩奴法典》，商務印書館，1982年，第190～197頁。

奴法典》約編成於公元前 2 世紀～公元 2 世紀，雖然成書時間較晚，但卻是
將社會上一直流傳的風俗觀念以法律的形式固化了下來，從中也可以窺視到
種姓制度盛行之下的社會現狀。婆羅門借助宗教之名而行社會壓迫之實，而
且聚斂了大量的金錢財富，不僅傷害到了吠舍、首陀羅等階層，也逐漸招致
了剎帝利階層的不滿。剎帝利掌握軍隊與行政，是世俗權力的實際掌控者，
在國家剛被建立起的初期，剎帝利尚需要借助婆羅門的宗教力量以證明其統
治的合法性，但在國家制度完善後，婆羅門事實上反而需要剎帝利的保護與
供養。婆羅門教的祭祀活動往往需要宰殺大量的牲畜、浪費大量的金錢，是
一種社會財富的極大浪費，例如維希瓦吉提（Visavajit）獻祭，就要求把自己
的所有財產都作爲祭品獻出，而許多有益於經濟增長的方式（例如放高利貸、
出海貿易等等），又被婆羅門教視爲違背教義的邪惡行爲，這也損害到一些商
人、農業主的利益。在這種情況下，包括剎帝利在內的其他階層，都對這種
位居己上又佔有大量資源的寄生階層日益不滿，要求進行社會改革的呼聲開
始日益強烈。支撐婆羅門地位的是宗教，因而這種反對婆羅門特權的改革也
最早發生在宗教領域，其中影響最大的三種教派則要屬順世論、耆那教與佛
教。

第四節　奧義書與早期吠檀多哲學

　　雅利安人的早期諸神雖然風光不再，但哲學前進的腳步卻並沒有停止，
甚至因爲神靈的缺席而迸發出人類的理性光輝。作爲《吠陀》最後一部分的
《奧義書》（Upanishad）誕生於吠陀時代的末期，雖然它們一向被視爲婆羅門
教典籍的一部分，但其中心思想卻並非爲了維護婆羅門教，有些奧義書中甚
至敵視並指斥婆羅門祭司。可以這樣說，《奧義書》所代表的吠檀多哲學，才
是印度教哲學中最本源也最精華的部分，它們不但是印度教復興的根基，也
爲古印度的其他哲學派別提供了豐富的養分。譬如耆那教和原始佛教，二者
均借用了《奧義書》中的許多概念、邏輯與時空設定以構建自己的體系，而
後來大乘佛教的教義更是深受其影響。但由於古代《奧義書》並沒有傳入中
國，而近現代以來也始終沒有完善的中文譯本，[註14] 兼之佛教徒們總是習

〔註14〕中國直到 20 世紀末才有徐梵澄翻譯的《五十奧義書》出版，中國社會科學出
　　　　版社，1984 年。此本使用文言文翻譯，1995 年、2007 年又分別有修訂版出版。
　　　　此後又有黃寶生所翻譯《奧義書》，共收十三種較重要的《奧義書》，由商務

慣將佛經中的一切理論都歸功於教主釋迦牟尼的個人覺悟所得，因而《奧義書》與佛教理論的源流關係問題仍較少有學者涉及。

今天存世的《奧義書》約有 200 餘種，其中包含有許多後世學者的作品，並非嚴格意義上的《吠陀》文獻，而公認的最為古老的《奧義書》有十三種（一說為十二種）。黃寶生對此十三種《奧義書》的年代繼續細分，又將其分為三組，認為《大森林奧義書》《歌者奧義書》《泰帝利耶奧義書》《愛多雷耶奧義書》《憍尸多基奧義書》為第一組，誕生在佛陀之前；《由誰奧義書》《伽陀奧義書》《自在奧義書》《白騾奧義書》《剃髮奧義書》為第二組，誕生於公元前五六世紀至公元前一世紀之間，其中《由誰奧義書》也可以歸入第一組；《疑問奧義書》《蛙氏奧義書》《彌勒奧義書》為第三組，約產生於公元初。〔註15〕然而這種分組方式其實並無確切的證據，只是根據體裁格式大致區分，真實情況可能與之相去甚遠。早期的《吠陀》文獻並無寫本，而只是通過口耳相傳，流傳的過程中又可能經過不同學者的增刪調整，最後在若干年後才被形諸文字，最終定型。現存《奧義書》的體裁是詩歌還是散文，只能標明定型後的樣式，並不能因此逆推其最早口耳相傳時的樣式。不排除有些《奧義書》最早以散文方式口耳流傳，又在某一個時刻被某一位學者改編為詩歌，並最終在多年後寫定成書，反之的情況也同樣存在。被黃寶生所劃為第一組的《大森林奧義書》偶數章（第二章、第四章、第六章）最末是師承體系，前後共有五十多代，雖未必全然可信，〔註16〕但也可以窺見此奧義書的輾轉流傳狀況，而其第一章中則提到：「剎帝利性是諸如因陀羅、伐樓那、月神、樓陀羅、雨神、閻摩、死神和自在天這些天神的天神性。沒有比剎帝利更高者。因此，在王祭中，婆羅門坐在剎帝利之下。榮譽歸於剎帝利性。」〔註17〕此段文字置婆羅門於剎帝利之下，與早期神權高於王權的社會現實不符，很顯然是相對晚出的文字，這也可以反證根據體裁判斷時間先後的做法並不可取。而某些《奧義書》中的觀點，很可能已經流傳了上千年，才在最後成書時被確定了下來，故而根據成書的年代早晚認定其中內容的早

印書館 2010 年出版；聞中所翻譯《印度生死書——四部奧義書義疏》，浙江大學出版社 2013 年出版。截至目前，尚有許多種《奧義書》無中文譯本。

〔註15〕 參見黃寶生《奧義書·導言》，商務印書館，2010 年，第4～5頁。

〔註16〕 此師承關係一直追溯到太陽神或生主，然後追溯到最初的源頭梵，繼而云「梵是自生者，向梵致敬」，顯然含有神話的成分。最初幾代或十幾代的傳承，可能是神話始祖，而時代偏後的成員則應當是歷史上真實的傳承者。

〔註17〕 黃寶生譯《奧義書》，商務印書館，2010 年，第 30 頁。

晚，也是很不可取的方式。以《白騾氏奧義書》爲例，其第二章提到「一位靈性尋道者應去尋獲日神莎維塔的恩典，它是諸界的源頭」，〔註18〕而在第三章中卻宣稱「因爲樓陀羅的存在，知梵者無需認知其他諸神」，〔註19〕前後相矛盾的說法顯然標明兩章並非成於同一時代。相較之下，一個較爲可靠的判斷標準是，年代越早的《奧義書》越依託於《吠陀》本集而立論，時代較晚的《奧義書》則已經擺脫了對於《吠陀》本集的依賴而獨立成篇，而其哲學思想亦與本集不盡相合。

　　《奧義書》中的哲學教導被稱爲吠檀多哲學。《白騾氏奧義書》稱：「吠檀多言說著至高的梵。」又稱：「吠檀多宣示了至高的奧秘，即如何抵入解脫之境，這種奧秘在邃古之初就被人們傳遞著。」〔註20〕由此亦可明確，吠檀多是一種講述解脫之道的哲學，其解脫的核心奧秘則是梵。雖然不同《奧義書》的思想並不統一，甚至許多描述有矛盾之處，但其核心主要都是探討梵與自我（Atman）的關係。在吠檀多哲學中，梵是絕對，是圓滿，是不朽，是萬物的本質存在，它沒有任何缺陷，全知，光明，沒有形體。梵獨立於任何事物而存在，它是宇宙的本源，宇宙毀滅時也將重新回歸到梵之中。在梵是世界本源的觀點上，所有的《奧義書》都是認可的，但具體在梵如何創世的過程上，不同的奧義書則有不同的設定。有的主張梵首先生出了創世神梵天或樓陀羅，然後由梵天或樓陀羅創造世界；有的主張梵首先生出了金胎，然後由金胎孵化出整個世界；有的主張最先生出的是原人，然後由原人的不同肢體演變爲世界的不同部分；有的主張太初之時，世界唯水，由水產生萬物；有的則主張梵自身具有一種叫做摩耶（Maya）的幻力，並憑藉摩耶之力幻化出整個現象世界。梵維繫著整個世界而永不朽壞，它存在於任何事物之中，因而也在個體自我中存在，而且存在於名相之中的梵與世界本源的梵一樣都具有圓滿性，儘管前者的圓滿來自於後者。一旦我們認識到了肉體背後的梵——亦即眞正的自我本質，個體生命就將融入梵之中，從此不再受制於生死。這就是《奧義書》所指出的解脫生死之道，若用四個字概括，即是「梵

〔註18〕【印】斯瓦米·洛克斯瓦南達著，聞中譯《印度生死書》，浙江大學出版社，2013年，第143頁。

〔註19〕【印】斯瓦米·洛克斯瓦南達著，聞中譯《印度生死書》，浙江大學出版社，2013年，第163頁。

〔註20〕【印】斯瓦米·洛克斯瓦南達著，聞中譯《印度生死書》，浙江大學出版社，2013年，第110、347頁。

我一如」。

吠檀多哲學的誕生，是在神靈的迷思開始減退之後，而這也是由原始宗教向樸素哲學發展的必然結果。我們當然可以把掌管人間禍福甚至創造世界的權力歸於諸神，但隨之而來的問題就是諸神從何而來。《梨俱吠陀》中的《有轉神贊》（又名《無有歌》）云：

> 誰眞知之？誰宣說之？
> 彼生何方？造化何來？
> 世界先有，諸天後起；
> 誰又知之，緣何出現？
> 世間造化，何因而有？
> 是彼所作，抑非彼作？
> 住最高天，洞察是事，
> 惟彼知之，或不知之。〔註21〕

可知在吠陀時代早期，已經有哲人對於世界的本源問題提出了疑問：既然諸天神都生活於世界之中，則是先有世界後有天神，那世界又是如何產生？現在一切的創世傳說，有誰能眞正知道眞假，又是誰能把這種說法流傳於後世？這種問題或許只有最高天的神靈才能回答，但也許連他也不知道答案。當在森林中隱居的婆羅門沿著這一疑問繼續進行哲理探索時，終於揭示出了眞正的世界本源——梵，它不僅創造了世界，同樣也創造了諸神。在《奧義書》中，抽象的梵上升到第一位，諸神的地位則明顯下降。《卡塔奧義書》宣稱：「出於畏懼【梵】，火才散發熱量；出於畏懼【梵】，太陽才發放光芒；出於畏懼【梵】，因陀羅、伐由、第五位神和死神，各司其職，不敢怠慢。」〔註22〕對於《梨俱吠陀》中至高無上的創世神原人，《奧義書》也將其抽象化，視爲梵的一種表現形式：「原人是遍在的，也是無形無色的。無論何人，如果認識了它，他就會得以解脫，而且獲得不死。」〔註23〕但《奧義書》畢竟是源出於《吠陀》本集，儘管它降低了神靈的威力與地位，但並沒有徹底否定神靈的存在，相關的祭祀儀式也肯定其具有價值，因而《奧義書》對神

〔註21〕巫白慧《吠陀經探義和奧義書解析》，東方出版社，2000 年，第 55～56 頁。

〔註22〕【印】斯瓦米·洛克斯瓦南達著，聞中譯《印度生死書》，浙江大學出版社，2013 年，第 632 頁。

〔註23〕【印】斯瓦米·洛克斯瓦南達著，聞中譯《印度生死書》，浙江大學出版社，2013 年，第 639 頁。

學的批判性並不徹底。《伊薩奧義書》提到：「那些機械而無知的行祭者將會墮入黑暗的世界，如同盲人，但是那些只崇拜男神和女神的人則會落進更深的黑暗。」〔註24〕儘管如此，《伊薩奧義書》其實並非排斥行祭儀式與神靈崇拜，而只是主張二者必須緊密結合，不可缺一，因而又宣稱：「那些崇拜男神和女神的人，如果同時也實踐祭儀，則將會因後者而得著不朽，又因前者而獲得諸神的祝福。」〔註25〕在《奧義書》中，向神靈禱告、實踐祭儀也是幫助修行者認識梵的重要方式之一。《白騾氏奧義書》指出了認識梵的三種途徑，「首先需要去做的、也是最重要的事便是向日神祈禱，祈請它能夠修直你的內心和覺知力」，〔註26〕「還應該專注於對永恆之梵的冥想，這將把他自社會性的利益追逐與塵世的束縛中解脫出來」，〔註27〕「為了臻至極樂，他需練習瑜伽」。〔註28〕祈禱、冥想與瑜伽，正是《奧義書》所給出的三條覺悟之路。

　　關於世界如何運轉，《奧義書》也給出了獨特的設定。《大森林奧義書》云：「一個人變成什麼，按照他的所作所為。行善者變成善人，作惡者變成惡人。因善行變成有德之人，因惡行變成有罪之人。人們說：『人確實由欲構成。』按照欲望，形成意願。按照意願，從事行動。按照行動，獲得業果。」〔註29〕每個人在塵世上的所作所為即被稱為「業」（Karma），不同的業會導致不同的結果。吠陀時代的人相信靈魂不滅，因而業不僅決定了自己在世時是享福還是遭罪，也決定了自己死後靈魂將去向何方。一個人若不能認識到「梵我一如」並從此解脫生死，勢必要在死後又重新回到這個世界，就此輪迴不休。

　　《大森林奧義書》主張：「有三個世界：凡人世界、祖先世界和天神世界。

〔註24〕【印】斯瓦米・洛克斯瓦南達著，聞中譯《印度生死書》，浙江大學出版社，2013 年，第 58 頁。
〔註25〕【印】斯瓦米・洛克斯瓦南達著，聞中譯《印度生死書》，浙江大學出版社，2013 年，第 60 頁。
〔註26〕【印】斯瓦米・洛克斯瓦南達著，聞中譯《印度生死書》，浙江大學出版社，2013 年，第 132 頁。
〔註27〕【印】斯瓦米・洛克斯瓦南達著，聞中譯《印度生死書》，浙江大學出版社，2013 年，第 143 頁。
〔註28〕【印】斯瓦米・洛克斯瓦南達著，聞中譯《印度生死書》，浙江大學出版社，2013 年，第 145 頁。
〔註29〕黃寶生譯《奧義書》，商務印書館，2010 年，第 86 頁。

凡人世界依靠兒子贏得，而不依靠其他祭祀。祖先世界依靠祭祀。天神世界依靠知識。天神世界是最優秀的世界，因此人們讚頌知識。」〔註 30〕凡人世界指的是凡人在離開這個世界時教誨兒子，然後他就會與那些生命氣息一起進入兒子的身體，由兒子完成自己未完成的心願。既沒有舉行祭祀也沒有瞭解梵的知識的人，只能依靠這種方式延續靈魂。如果一個人生前按照《吠陀》經的規定履行了一切祭祀儀式，那他死後就有可能去到祖先世界，亦即沿著祖先曾經走過的道路，前往閻摩王國。根據《梨俱吠陀》的描述，閻摩是人類靈魂的接引者，他所居的王國也是亡靈最想去的歸宿地：

> 接引修善者，往生最勝地；
> 爲眾多生靈，指示昇天路。
> 此乃閻摩王，太陽神兒子，
> 人類收集者，敬彼以供品。〔註 31〕

又云：

> 在該大樹下，枝繁葉茂盛。
> 閻摩偕天眾，開懷共暢飲。
> 我等之父親，家族之首領，
> 彼邀請我等，會見諸祖先。〔註 32〕

根據《卡塔奧義書》，甚至閻摩本人都是因爲實踐了納西卡塔火祭從而獲得了祖先世界之主的權位。閻摩後來也被佛教吸取爲護法天神之一，但卻逐漸演變爲地獄的掌控者，所掌管之地是靈魂受苦之處，與吠陀時代的形象截然不同。天神世界則是最優秀的世界，只有依賴對於梵的知識的領悟才可能到達。《白騾氏奧義書》云：「當你親證了你與宇宙自我的一體性，你便從因無明而來的種種鐐銬中解縛，從此不再受制於生死輪迴。但是，假如你持續冥想宇宙自我，死後便抵入第三個狀態，即天神的席位——換言之，你與大自在天合爲一體，你會獲得你所想要的一切，你將全然滿足。然後，你臻達解脫。」〔註 33〕由此可知，天神世界是在已經超越生死輪迴而又沒有到達解脫前的階段，要進入此世界必須親證「梵我一如」而又持續冥想宇宙自我。

〔註 30〕黃寶生譯《奧義書》，商務印書館，2010 年，第 35 頁。
〔註 31〕巫白慧《吠陀經和奧義書》，中國社會科學出版社，2014 年，第 134 頁。
〔註 32〕巫白慧《吠陀經和奧義書》，中國社會科學出版社，2014 年，第 223 頁。
〔註 33〕【印】斯瓦米·洛克斯瓦南達著，聞中譯《印度生死書》，浙江大學出版社，2013 年，第 119 頁。

天神世界雖然無比榮耀，但仍然不是最後的解脫之地，只有最終歸於梵、融於梵，才是真正的圓滿。

實際上，除了上述的三界之外，《奧義書》中還陳述了其他的輪迴方式：

《伊薩奧義書》云：「有許多世界是陽光照耀不到的，那些世界適合阿修羅的居住。他們被黑暗所包圍，正如盲者的經驗。那些無視於追求自我知識的人，他們已經殺死了自己的生命，換言之，他們死後，注定要進入那些黑暗的界面。」〔註34〕

《白騾氏奧義書》云：「其不同的形相與所承受的業果彼此匹配。這些形相由三德而出，或神靈，或男女，或蟲豸。」〔註35〕

阿修羅界，天神界，人界，畜生（蟲豸）界，祖先世界，這些輪迴的設定也被佛教所汲取以構築自己的輪迴體系，佛教中的「六道輪迴」理論即可溯源於此。

吠檀多哲學最可貴的地方，也是影響後來的耆那教、佛教最深遠的地方，是首次將解脫與欲望對立了起來。在吠陀時代早期，人們行善積德、向神靈祈禱並舉行祭祀，純粹是為了獲取豐厚的回報，這也被視為最理所當然的事情，但到了《奧義書》的時代，這種行為已經被認定為愚癡。《禿頂奧義書》（又名《剃髮奧義書》）稱：「那些人極為愚蠢，他們以為做些祭祀或社會慈善事業就是最好的事情，他們沒有意識到尚有比之更好之事。作為他們善業的酬報，就是他們死後得以進入天界，在那兒享受固定的一段時間。但當時日將近，他們就得返回這個世界，或者更糟糕。」〔註36〕修行者意識到「個體自我也不是自己的主人，它還受制於苦樂」，〔註37〕「財富和所有的勞動果實俱非恒常之物，你不可能依靠這些短暫的事物來抵達不朽的自我」。〔註38〕祭祀和行善可以讓你獲得財富，甚至去往天界享受福報，但並不能讓你獲得

〔註34〕【印】斯瓦米・洛克斯瓦南達著，聞中譯《印度生死書》，浙江大學出版社，2013年，第46頁。

〔註35〕【印】斯瓦米・洛克斯瓦南達著，聞中譯《印度生死書》，浙江大學出版社，2013年，第275頁。

〔註36〕【印】斯瓦米・洛克斯瓦南達著，聞中譯《印度生死書》，浙江大學出版社，2013年，第397頁。

〔註37〕【印】斯瓦米・洛克斯瓦南達著，聞中譯《印度生死書》，浙江大學出版社，2013年，第88頁。

〔註38〕【印】斯瓦米・洛克斯瓦南達著，聞中譯《印度生死書》，浙江大學出版社，2013年，第552頁。

解脫，塵世的一切歡樂短暫而不實在，如果不能獲得解脫，只能永遠處於輪迴之中。而與那種愚癡的人相對應，「另有一些平靜的智者卻住在林中，以行乞為生。他們的人生以苦行為舟筏，投入對生命終極目標的追索。他們獲得了潔淨的心靈，在其死日，就可以經過太陽之門，臻達永恆不朽的金胎的居所，這就是梵界。」〔註39〕苦行，不僅是對世俗欲望的拋棄，也是一種消除過往罪業的方式，這是奧義書時代婆羅門僧侶們最主要的生活方式，甚至釋迦牟尼早期嘗試的也是這種修行方式。

　　奧義書確定了一種以追求最終解脫為目的的修行方式，而獲得解脫最重要的先決條件就是對現實世界升起一種厭離心，不被世俗的欲望所迷惑。人類即使在輪迴中的未來世成為天神，擁有巨大的福報與神力，同樣也要被生死所束縛，並不能真正獲得解脫。在這裡，神的地位產生了巨大的下降，他們從世界的創始者、守護者而演變為眾生之一種，人的理性首次超越了神性。而對於世界真實覺知的知識，其價值也超越了神通法力的支配、物質欲望的滿足，甚至超越了個體的血肉之軀，變成了完美人類的終極追求。正是在這種早期吠檀多哲學思想的啟迪之下，古印度地區才催生出了各種各樣的哲學派系，為全世界哲學發展提供了豐富的養分。

第五節　六師外道

　　在吠陀時代的後期，婆羅門實際上已成為社會上的寄生階層。雖然其中許多僧侶堅持不懈的苦行生活、對於人生終極真理的探索精神令人震撼，但更多的是佔有大量資源而又無所事事甚至腐化墮落的僧侶。《大森林奧義書》中記載，毗提訶國王遮那迦一次就賞賜給最有學問的婆羅門耶若伏吉一千頭牛，每頭牛的牛角上都繫著十枚金幣，而且在後續的請教中，又連續幾次賞賜，每次一千頭母牛。一位名叫迦尸帕羅婆闍的婆羅門，僅他所擁有的土地就需要 500 副犁才能耕種得過來，其聚斂財富之龐大可想而知。北傳《雜阿含經》（按：本書所引北傳佛經文字，除特別標注者，均依據《大正藏》錄入，恕不再逐一注出）卷四也記載「耕田婆羅豆婆遮婆羅門五百具犁耕田，為作飲食」，佛陀與他還有問答之語。類似的情況雖然屬於個案，但也可以

〔註39〕【印】斯瓦米·洛克斯瓦南達著，聞中譯《印度生死書》，浙江大學出版社，2013 年，第 400～401 頁。

在一定程度上看出當時的社會階層狀況。在早期吠陀時代，主管祭祀的婆羅門甚至可以要求已婚的女人爲他們獻身，這一風俗持續了數百年之久，此後則逐漸轉變爲要求未婚女子爲他們獻身。可想而知，這一類的做法都將會加劇社會矛盾。

婆羅門教是建立在《吠陀》文獻的基礎之上，因而反婆羅門教的思潮最早也發生在思想領域。吠陀時代晚期，雅利安人的勢力已經發展到恒河流域，新建立的城市之中工商業發達，文化風氣自由，因而一大批否定吠陀權威的新興教派開始興起。古印度的這一時期很類似中國春秋時期的「百家爭鳴」，持不同觀點的學者紛紛開宗立派，宣傳自己的觀點，招攬門徒信眾。這些非婆羅門教的宗教徒自稱爲 śramaṇa，意爲勤懇，古代一度音譯爲喪門、桑門、娑門，最後由鳩摩羅什法師定譯爲沙門。這一時期的思想流派雖然眾多，但古印度的文字書寫、文獻保存制度相對落後，在很長一段時間內都以口耳相傳爲主，這也導致絕大多數沙門的著述並沒有流傳到後世，其詳細的傳承狀況已無法考知。幸運的是，由於不同學派（尤其是有影響力的學派）之間經常發生論辯，我們可以憑藉保存在佛教、耆那教中的文獻，窺見部分其他學派的思想觀點。

《長部阿含・沙門果經》（按：本書所引南傳佛經文字，除特別標注者，均依據元亨寺版《漢譯・南傳大藏經》錄入，恕不再逐一注出）中記載了摩揭陀國王韋提希子阿闍世向當時包含釋迦牟尼在內的七位宗師請教的情況。對於阿闍世提出的同一個問題「得見沙門現世之果報耶」，七位宗師分別給出了不同的答案：

不蘭迦葉回答：「大王！實然，作者、令作者、斬人、令斬者、煎烤、令煎烤、悲惱、令悲惱、戰慄、令戰慄、令殺害生命、令取不與者、破牆串壁而入〔他家〕者、掠奪者、竊盜者、劫奪者、姦通他妻者、妄語者、〔自作教他作〕此等者，無犯何等罪惡。若有人以尖銳之利刀，將此地上之眾生，作爲一肉聚、一肉堆者，由此因緣，無罪惡、亦無罪惡之果報。若彼於恒河之南岸，行殺戮、又令殺戮、斬人、令斬者、煎烤、令煎烤者，由此因緣，無罪惡、無罪惡之果報。若人於恒河之北岸，行布施、令布施、祭祀、令祭祀，由此因緣，無功德、無功德之果報。雖因布施、調御、禁戒、實語，由此因緣，無功德、無功德之果報。」

從這段描述來看，不蘭迦葉（Purana Kassapa，又譯富蘭那・迦葉、晡剌

挐迦攝波）認為眾生所做的一切業，無論是善業還是惡業，是殺人、掠奪還是布施、祭祀，皆無任何果報。從這個角度出發，不蘭迦葉不承認婆羅門教的業果報應理論，乃至否定社會上的一切宗教道德，認為「無因、無緣眾生有垢，無因、無緣眾生清淨」。〔註40〕佛教一般稱不蘭迦葉為空見外道，主張「其人起邪見，謂一切法無所有，如虛空不生滅」。〔註41〕

末伽梨瞿舍羅回答：「大王！諸有情之雜染是無因無緣，無因無緣諸有情而雜染。諸有情之清淨是無因無緣，無因無緣諸有情而清淨。非自作、非他作、非餘人作，無力、無精進、無體力亦無氣力。一切之有情，一切之生物，一切之有類，一切之命者〔靈魂〕，無自在力、無力無精進，由〔自然〕之決定、結合、由自然之性質而互相變化……有八百四十萬大劫，於此間，患者、智者流轉輪迴已，為苦之終止。於此期間，謂實無：『我以戒行、苦行、梵行，令成熟未熟業，或忍受已熟業以作滅盡。』如是，實以斗定量苦、樂。輪迴有終限，無盛、衰，無增、減。猶如〔於高處執絲〕球，以擲下絲球，令解盡為止，患者及智者，輪迴流轉已，當為苦之滅盡。」

從這段描述來看，末伽梨瞿舍羅（Makkhali Gosala，又譯末伽黎・拘舍羅）同樣認為並無因緣導致眾生有清淨、雜染之分別，一切皆是自然而然所注定。末伽梨瞿舍羅雖然承認輪迴存在，但不相信可以通過戒行、苦行、梵行就能消除罪業而獲得解脫。輪迴是自然流轉，必須要等它流轉完畢，亦即等到八百四十萬大劫全部過去，到時無論是智者還是患者才會完全獲得解脫。換言之，人類的一切所作所為都是無用的，只能等待自然之輪最後停歇下來，才能夠消除諸苦、不再輪迴。從末伽梨瞿舍羅的觀點來看，這是一種典型的宿命論思想，古印度時期將其教派稱為「生活派」，他本人也被視為此教派的創始人。根據南印度所發現的碑文，上述的不蘭迦葉和下文的婆浮陀・伽旃延那也被歸為生活派的代表人物。佛教對此派極為排斥，釋迦牟尼一度聲稱：「諸比丘！正如是，所有眾多之沙門論師中，末伽梨論是最惡。諸比丘！末伽梨癡人是如是說、如是見：無有業、無有業果、無有精進。」〔註42〕

〔註40〕《雜阿含經》卷三，大正新修大藏經第 2 冊，No.99。

〔註41〕《注維摩詰經》卷三：「（鳩摩羅）什曰：『迦葉母姓也，富蘭那字也。其人起邪見，謂一切法無所有，如虛空不生滅也。』（僧）肇曰：『姓迦葉，字富蘭那。其人起邪見，謂一切法斷滅性空，無君臣父子忠孝之道也。』」大正新修大藏經第 38 冊，No.1775。

〔註42〕此語載《增支部阿含・髮毛織物經》。有學者認為此處的末伽梨當為阿耆多

阿耆多翅舍欽婆羅回答：「大王！無布施、無供牲、無祭祀，無善、惡業之異熟果，無今世、無他世，無父、無母、無化生之有情，世間無有沙門、婆羅門之正住正行、自知、證知今世他世。人由四大種而成，死即地歸還於地身、水歸還於水身、火歸還於人身、風歸還於風身，諸根移入於虛空。〔四〕人以擔架為第五，從尸體運往至火葬止，雖〔對死者言諸讚〕語，〔但被火化後〕，骨成鴿色，供物變為灰。布施之說，唯對愚者之所設；若說人〔死後〕之存在，此為無根之妄言而已。愚者及智者，身之死歿，即斷滅、消失，死後沒有任何物之存在。」

從這段描述來看，阿耆多翅舍欽婆羅（Ajita Kesakambala，又譯阿耆多頸舍甘婆羅）是一位樸素的唯物主義者，他主張人有水、火、地、風四種元素構成，是純物質性的存在，人死後既沒有靈魂，也沒有來世。阿耆多翅舍欽婆羅同時還指出，一切沙門或婆羅門所描述的來世情形都不可信，因為他們根本不可能真正得知實情，而所謂的布施、修行也都沒什麼用處，不會讓你因此而超脫生死或獲得來世的福報。阿耆多翅舍欽婆羅的教派被稱為「順世派」，由於此派否定來世、否定靈魂、否定修行覺悟，這實際上動搖了一切唯心宗教的基礎，因而成為當時反對婆羅門教最為激烈的一個教派，其自身也被佛教、耆那教等其他教派所排斥。佛教稱順世派為邪命外道，而耆那教教主大雄則聲稱，順世派否定未來生命，等於是教唆人們一味放縱享受，甚至殺戮和毀滅。平心而論，這種指責難免有失偏頗，但若行惡之人無所顧忌，的確會對社會教化產生相當的負面影響，此亦在情理之中。

婆浮陀迦旃延那回答：「大王！此等七身，非能作、非所作、非能創造、非所創造，無能生產任何物，常住如山頂直立不動之石柱。此等不動搖、不轉變、無互相侵害、不導致互相苦樂、亦苦亦樂。是故無能殺者，亦無所殺者；無能聞者，無所聞者；無能識者亦無所識者。若人以利刀截斷他人之頭，無有何人奪何人之生命，唯刀劍揮過此七身之間隙而已。」

之誤，因為經文開頭稱「譬如所有以絲所織之布中，髮褐是最下劣者」，而阿耆多翅舍欽婆羅意譯即為「無勝髮褐」「無勝髮衣」。慧琳《一切經音義》云：「阿耆陀，此云無勝。翅舍云髮，欽婆羅云衣，此以人髮為衣，五熱炙身也。」然據僧肇注《維摩詰經》云「其人著弊衣，自拔髮，五熱炙身，以苦行為道」，則髮、衣分而論之，並非以髮為衣。褐衣本謂粗弊之衣，近頭髮之色，多以獸毛等材料織成。釋迦牟尼以髮褐為譬喻，僅取最末等之意，未必是指代阿耆多之名字，而「無有精進」之語亦與末伽梨言論相吻合。

　　從這段描述來看，婆浮陀迦旃延那（Pakudha Kaccayana，又譯浮陀·迦旃延）主張人身由七種元素構成，而此七種元素常住不變。《雜阿含》在羅列各種邪見時，曾解釋過這種「七身」的概念：「何等爲七？所謂地身、水身、火身、風身、樂、苦、命。……七身間間容刀往返，亦不害命。」婆浮陀迦旃延那認爲人身就是七種元素的堆砌，根本不會產生任何新的東西，也不可能會死亡。即使揮刀切斷別人肢體，也不過是穿越七種元素的縫隙，並沒有眞的殺死別人。從另外的角度出發，婆浮陀迦旃延那將苦、樂、命都列入七身，而七身非能創造、非所創造、不動搖、不轉變，等於說人的一生所能感受到的苦樂都是提前規定好的，苦不會轉化爲樂，樂也不會轉化爲苦，一切只與人身構成的比例相關。

　　尼乾子回答：「大王！尼乾子〔離繁者〕行四種防護禁戒。大王！尼乾子如何行四種防護禁戒耶？大王！尼乾子，〔避〕一切水，以防（殺生之惡）；以（避）一切水，控制（殺生之）〔惡〕；以〔避〕一切水，抖落〔惡〕；以〔避〕一切水觸，達〔制惡〕。大王！如是尼乾子行四種防護禁戒。大王！是故尼乾子被稱爲心最高之自達、自抑制、自在者。」

　　從這段描述來看，尼乾子（Nigantha Nataputta，又譯尼健、尼虔）強調的是四種禁戒，認爲只要遵守此四種禁戒，就能防止殺生作惡，從而獲得自在。尼乾子的教派被稱爲耆那教，此教派歷史悠久，相傳在尼乾子之前還有二十三位祖師，但實際可以考證的只有第二十三祖巴濕伐那陀（Pārśvanātha，又譯白史婆）一位。尼乾子是耆那教最主要的開創者，被後世教徒尊稱爲大雄（Vardhamāna Mahāvīra，又譯筏馱摩那、馬哈維那）。耆那教的傳承沒有斷絕，今天的印度仍然有耆那教的信徒，其教派文獻也留存於世。從耆那教存世的文獻來看，其核心教義遠比這段經文中提到的四種禁戒要豐富。這段經文中並沒有像稱呼其他人一樣使用全名尼乾子·那答子，所述觀點簡略而句意殘缺不全，語氣也不像尼乾子本人的語氣，推測可能是由後人補入或經文在流傳中出現了問題。佛教貶稱耆那教爲「裸形外道」，因爲此教派主張離世間之衣食束縛，堅持苦行，不以露形爲恥。尼乾子去世之後，耆那教分裂爲天衣、白衣兩派，天衣派依舊主張不著衣服而裸體生活，白衣派則因流行於北印度之僧訶補羅國一帶，爲避寒氣而改著白衣。現存記述大雄說教最早的典籍爲《十二安伽》，〔註43〕其中宣稱人畜與植物都存在靈魂、可以輪

〔註43〕《十二安伽》（又名「十二支」）最早於公元前 3 世紀華氏城第一次結集時

迴（人畜爲動者，植物爲不動者），因而耆那教拒絕吃根莖埋於地下的植物，並且嚴格地禁止一切殺生，也不食用魚、肉。耆那教的戒律稱爲「五誓言」：不殺生（非暴力／不傷害）、不欺誑（誠實語／不妄語）、不偷盜、不蓄私財（不執著／完全不黏著人、地和物）、不姦淫（純潔行）。五誓言的前四種爲巴濕伐那陀所規定，最後一種則由尼乾子所增加。耆那教以正智、正信、正行爲「三寶」，也稱呼自己的宗教聖典爲「阿含」，同樣以佛陀（覺悟者）、耆那（勝者）、大雄（偉大的英雄）、如來、阿羅漢、世尊等詞作爲本教究竟解脫之聖者的稱謂。耆那教認可業果報應，倡導非暴力和苦行主義，日常以乞食爲生，強調通過積累善業、嚴格持戒、修行實踐來達到靈魂解脫，而解脫的最高境界也稱爲「涅槃」。耆那教與佛教存在大量的相近之處，因而玄奘《大唐西域記》稱：「本師所說之法，多竊佛經之義，隨類設法，擬則軌儀。大者謂芻，小者稱沙彌，威儀律行，頗同僧法，唯留少髮，加之露形，或有所服，白色爲異，據斯流別，稍用區分。其天師像竊類如來，衣服爲差，相好無異。」但從眞實的歷史來看，尼乾子與釋迦牟尼同時而稍年長，其更早的上代祖師則要早於釋迦牟尼，況且在佛教盛行的初期，釋迦牟尼尙沒有開始制定戒律與教儀，〔註44〕因而耆那教與佛教之間若存在相互影響，更有可能是佛教借鑒了耆那教，而非相反。

整理，後第十二支散佚。白衣派認爲《十二安伽》是眞傳，天衣派則認爲是僞造，兩派共同承認的經典是烏瑪斯伐蒂所著的《入諦義經》（又譯《眞理證得經》《諦義證得經》），今已有方廣錩譯注本，收入《藏外佛教文獻》第二輯。

〔註44〕根據《南傳律・經分別・比丘戒・四波羅夷法》記載，長老舍利弗請求釋迦牟尼「爲諸弟子制立學處，教誡波羅提木叉」，釋迦牟尼回覆：「舍利弗，汝應待之！如來自知其時。」可知直至此時，佛教尚未開始制定戒律與教儀。

印度卡納塔克邦班加羅爾市的大雄雕像

　　散若夷毗羅梨弗回答：「汝若問我『他世有耶？』我若以爲『他世有』者，當答汝『他世有。』然，我不如是想、不想如此、亦不想其他、不想非如此、亦不想非非如此。汝若問我：『他世無耶？』……『他世亦有亦無耶？』……『他世非有亦非無耶？』……『有化生之有情耶？』……『無化生之有情耶？』……『化生之有情亦有亦無耶？』……『化生之有情非有亦非無耶？』……『有善惡業之異熟果耶？』……『無善惡業之異熟果耶？』……『善惡業之異熟果亦有亦無耶？』……『善惡業之異熟果非有非無耶？』……『如來死後存在耶？』……『如來死後非存在耶？』……『如來死後亦存在亦不存在耶？』……『如來死後非存在亦非不存在耶？』……然，我不如是想、不想如此、亦不想其他、不想非如此、亦不想非非如此。」

　　從這段描述來看，散若夷毗羅梨弗（Sanjaya Belatthiputta，又譯散惹耶·毗羅梨子）是一位典型的懷疑論者。散若夷毗羅梨弗假設了十六個最關鍵的哲學問題，但卻對所有可能導致確切結果的答案都給予了否定，這也讓他一度被視爲一個詭辯論者。事實上，這十六個問題都是人類無法進行確切驗證

的問題，故而所有的答案都取決於個人的判斷，並沒有足夠可靠的依據證明某種判斷比另一種更準確。與其說散若夷毗羅梨弗是一位詭辯論者，倒不如說他對可能導致誤判的問題傾向於保留意見，而不做出任何抉擇。這十六個問題中，釋迦牟尼對於最後四個問題也曾拒絕回答，認為「如此論者，非義饒益，非法饒益，非梵行饒益，非智、非正覺，非正向涅槃」。〔註45〕釋迦牟尼拒絕明確回答的問題共有十四個，〔註46〕我們既然沒有因其拒絕回答這類問題就把他歸為詭辯論者或不可知論者，同樣也不該輕率地這樣認定散若夷毗羅梨弗。要明瞭散若夷毗羅梨弗的立場，不應該只看他拒絕回答了什麼，還應當看他主張了什麼。遺憾的是存世資料太少，部分學者想當然地認定散若夷毗羅梨弗對任何問題都持這種模糊的立場，從而將其定義為一位不可知論者和詭辯論者，這一觀點實在有繼續商榷的必要。有部分學者認為散若夷毗羅梨弗亦即舍利弗、目犍連皈依佛門前的外道老師刪若（又譯散惹耶），其真假尚難以認定。

以上六師及釋迦牟尼七人，在當時皆有極大之聲譽，經文稱其「是僧伽之主，教團之首領，一派之導師，智識廣博，名聞甚高，為一派之開祖，受眾人之尊敬，出家甚久，富有經驗之長老」。佛教將此六師及其各十五名弟子總稱為「九十六種外道」，又根據外道各派見解的不同而區分為「六十二見」。這些導師的思想雖然不統一，但都反對婆羅門教的三大教義（吠陀天啓、祭祀萬能、婆羅門至上），成為當時思想解放潮流的主要代表人物。其中佛教雖然並非態度最激烈的教派，也非歷史最悠久的教派，但卻廣受古印度各階層歡迎，甚至吸引了大批其他教派的弟子皈依，這是與釋迦牟尼獨特的個人魅力及佛教特色鮮明的教義所分不開的。

〔註45〕《雜阿含經》卷十六，大正新修大藏經第 2 冊，No.99。
〔註46〕釋迦牟尼拒絕回答的十四個問題，佛教稱之為「十四無記」或「十四難」，分別為：世間常、世間無常、世間常無常、世間非常非無常、世有邊、世無邊、世有邊無邊、世非有邊非無邊、命即是身、命異身異、如來死後有、如來死後無、如來死後有無、如來死後非有非無。佛經中多處提及十四無記，可參見《雜阿含經·思惟經》《雜阿含經·俱迦那經》《雜阿含經·阿那羅經》《中阿含經·箭喻經》等經文。

第二章　原始佛教的創立

第一節　釋迦牟尼的生平

　　佛教的創立，不僅是古印度歷史上的大事，也是整個世界歷史上的大事，而影響中國文化尤其深遠。但其創始人釋迦牟尼的生平，卻並沒有準確可靠的歷史記載，而只能通過數量稀少的考古證據與大量佛經中的本生、因緣故事來拼湊。前者中最主要的是阿育王石柱，可以確定下釋迦牟尼的出生地、最初說法（佛教謂之「初轉法輪」）之地等等，雖然對於研究佛教傳播史意義重大，但對於其生平事蹟輔助甚少；後者則夾雜有宗教徒的誇張、渲染、神化，加之佛教盛行輪迴觀，釋迦牟尼的生平又被擴展到過去許多世，更加降低了這些事蹟的可信性。相對而言，原始的小乘佛經要比晚出的大乘佛經更爲樸實可信，故而有學者主張利用巴利藏經中的材料來研究釋迦牟尼的生平，並取得了一些可喜的成果。〔註1〕但即使是小乘佛經，也包含有相當數量的神秘化成分，宗教徒眼中的「眞實」描述畢竟不同於史官的忠實記錄，而拋棄小乘佛經之外的材料不予採信，本身也是一種極大的浪費。要正確認識釋迦牟尼的生平並剖析其思想產生之淵源，必須將其置於當時古印度的歷史環境中，將其還原爲一位眞實的、有血有肉的人，而非一位全知的、擁有若干神通的教主，才有可能个偏離正確的方向，並最終觸摸到歷史的眞相。

〔註1〕其中較出色的著作當屬斯里蘭卡髻智比丘（Bhikkhu Nanamoli）的《The Life of The Buddha》，目前已有釋見諦、牟志京的漢譯本，題名爲《親近釋迦牟尼佛——從巴利藏經看佛陀的一生》。更早的著作中，英國渥德爾（A.K.Warder）的《Indian Buddhism》已有類似的嘗試，但較爲簡略，此書已有王世安的漢譯本，題名爲《印度佛教史》。

藍毗尼花園的阿育王石柱

　　中國古代將天竺視為佛法的源頭，並習慣上認定釋迦牟尼為古印度人，但若依據出生地決定國籍的原則，釋迦牟尼的出生地藍毗尼花園則位於今天的尼泊爾境內。唐代玄奘法師遊學至此，曾有所記載：「至臘伐尼（即藍毗尼）林，有釋種浴池，澄清皎鏡，雜華彌漫。其北二十四、五步，有無憂華樹，今已枯悴，菩薩誕靈之處。……有大石柱，上作馬像，無憂王（即阿育王）之所建也。後為惡龍霹靂其柱，中折仆地。」〔註2〕1896年，藍毗尼遺址的「阿育王石柱」被尼泊爾官員克哈德卡（Gen.Khadga Shumsher）和德國著名考古學家費約赫爾（Dr.A.A.Fuhrer）發現，柱高 7.79 米，周長 2 米多，其時柱頭馬像已失，柱體還有一道裂縫，被後人用三道鐵箍固定。石柱的下部刻有用婆羅米字母記錄的古印度北部方言普拉克利語的阿育王敕文，其文稱：「天愛喜見王灌頂登基二十年（公元前 249 年）親自來此朝拜，因此處乃是釋迦牟尼佛誕生之地，茲在此造馬像、立石柱，以紀念釋尊於此地誕生，並特諭藍

─────────────────────

〔註2〕玄奘《大唐西域記》卷第六，大正新修大藏經第 51 冊，No.2087。

毗尼村為宗教免稅地，僅需繳納收入的八分之一作為稅賦。」考古證據與古代記載相吻合，當可確證此處即為佛祖出生地藍毗尼花園。此地處於尼泊爾西南和印度交界處，在魯潘德希縣境內，距加德滿都 360 公里。

　　釋迦牟尼本名喬達摩·悉達多（Gotama Siddhāttha），是古印度迦毗羅衛國的釋迦族人，屬於剎帝利種姓。「釋迦」是他所屬部落的名字，本義有「能」「勇」之意；「牟尼」是對出家修行成就者的稱謂，又譯作「文」「寂靜」等，釋迦牟尼意為「釋迦族聖者」，漢譯又作「能仁寂默」「釋迦文佛」等。釋迦牟尼之父為迦毗羅衛國國王淨飯王（Śuddhodana），其母為鄰國天臂城善覺王的長女（一說為妹妹）摩訶摩耶（Mahāmāyā），摩訶是敬語，意為大，當為後人所追加，習慣上稱其為摩耶夫人。當時習俗，女子懷孕後須至母家待產，故摩耶夫人行至藍毗尼花園時遂誕下釋迦牟尼。原始典籍更看重佛陀的言論教誨，因而對類似生平事件的記載極為簡略，而後世的大乘佛經及佛教其他文獻卻對此大肆渲染，製造出種種靈異傳說，藉以顯示佛陀從一開始出生就迥異常人。這種神格化釋迦牟尼的風氣，與後期佛教偶像崇拜之風的大肆興盛直接相關，也是導致佛教部派分裂的誘因之一。但需要指出的是，造成這種風氣的種子在小乘佛經中已經孕育，甚至可能是釋迦牟尼本人出於弘法需要而做出的宣傳。《中部阿含·希有未曾有法經》敘述了釋迦牟尼成佛前的最後一世──生於兜率天的菩薩，自入胎至降誕時的種種不可思議之事，而根據經文所敘，釋迦牟尼就在現場印可，並要求阿難等弟子受持。這些經文應當就是釋迦牟尼出生之事蹟被神化的最早源頭，儘管並不能排除這些文字是由後世弟子所摻入的可能性。經文中宣稱「菩薩之母立而生菩薩」「菩薩生七日，菩薩之母命終，生兜率身」，考慮到即使是渲染之事蹟也要與基本的事實相吻合，因此大乘《佛本行集經》關於「（摩耶夫人）到波羅叉樹下之時，伸舉右手，攀彼樹枝」，「（釋迦牟尼）從右脅出」的記載，至少前半段當屬可信。波羅叉樹即玄奘法師所謂「無憂華樹」，也因此成為佛陀的象徵物之一。無論是學者還是佛教徒，也同樣都承認釋迦牟尼出世後七天，其母摩耶夫人即去世的真實性，因為我們也很難相信經文會對佛祖之母的死期說謊。釋迦牟尼實際上是由其姨母摩訶波闍波提（Mahaprajapati，又譯摩訶缽剌闍缽底、摩訶卑耶和題）撫養長大，摩訶波闍波提意譯為大愛道，她又是佛教之中第一位出家的女性，因此漢傳佛教界習慣上稱之為大愛道比丘尼。

　　對於宗教徒而言，他們相信佛教的一切教義都是由釋迦牟尼覺悟後所自

行開創，佛陀無所不知，因而佛陀不存在思想淵源的繼承問題。但對於歷史的佛教而言，釋迦牟尼的出生時間對於研究佛教的理論來源至關重要，因為這決定了佛陀本人處於怎樣的社會環境之下，並受到了什麼樣的現實影響。遺憾的是，釋迦牟尼的生卒年代眾說紛紜，僅其卒年之說法就有六十餘種，時間最大偏差則將近六百年。〔註3〕北傳《增一阿含經・莫畏品第四十一》中，釋迦牟尼云：「吾今年老以向八十，然如來不久當取滅度。」南傳《長部阿含・大般涅槃經》中，釋迦牟尼亦云：「我歲二十九，出家求善道。我出家以來，已經五一年。」此經為釋迦牟尼入滅前最後遺教，故佛陀壽命當為八十歲。佛陀之壽命雖可確定，但卒年的異說分歧導致生年同樣無法確定。南傳佛教國家大多認為釋迦牟尼生於公元前624年，卒於公元前544年，並以此為據舉行大型的佛事活動，而在漢地流行最廣的則是「眾聖點記」的說法：

> 師資相傳云：佛涅槃後，優波離既結集律藏訖，即於其年七月十五日受自恣竟，以香華供養律藏，便下一點置律藏前，年年如是。優波離欲涅槃，持付弟子陀寫俱，陀寫俱欲涅槃，付弟子須俱，……如是師師相付，至今三藏法師。三藏法師將律藏至廣州，……以律藏付弟子僧伽跋陀羅。羅以永明六年，共沙門僧猗，於廣州竹林寺譯出此善見毗婆沙。因共安居，以永明七年庚午歲七月半，夜受自恣竟，如前師法，以香華供養律藏訖，即下一點，當其年計得九百七十五點。點是一年。〔註4〕

此說謂釋迦牟尼入滅之後，親傳弟子優波離於當年結集律藏，此後每年七月十五日會在律藏經文前用筆落下一點，其歷代弟子亦奉行無違，至南朝齊永明七年（公元489年）共得點975個。由此逆推，則釋迦牟尼當卒於公元前486年，生年則為公元前565年。又，永明七年歲次己巳而非庚午，故有學者主張永明七年當為永明八年之誤，按此，釋迦牟尼卒年當為公元前485

〔註3〕藏傳格魯派一般認為釋迦牟尼的滅度時間為公元前961年，而日本學者則提出了公元前384滅度的說法，二者之間相差577年。此外，《周書異記》記載釋迦牟尼出生於周昭王二十四年（公元前1027年）四月初八的說法，按此則佛陀當滅度於公元前946年，部分中國佛教徒（如虛雲等）主張此說，但《周書異記》為志怪傳奇之類，其中謂周穆王稱「朕常懼於彼（佛陀），今已滅度，朕何憂也」云云，其時佛教尚未傳入中國，故可靠性極低。

〔註4〕《歷代三寶紀》卷十一「善見毗婆沙律」條，大正新修大藏經第49冊，No.2034。

年。「眾聖點記」之說盛行甚廣，在中國、日本、印度等地皆有大量的學者或宗教徒認可，此說也是流傳時間最久的說法之一。然此說其實破綻百出：優波離結集律藏之後，經文在數百年間一直口耳相傳，並未書寫成文，根本無從落點；《善見毗婆沙律》雖為律藏，但頗為晚出，與較早之《四分律》多有不合，其上縱有落點也絕非承襲優波離一脈而來；釋迦牟尼在世時，以方言俗語傳教，並嚴令弟子不得使用當時的雅語（梵語），優波離所結集律藏必然如此，而僧伽跋陀羅傳至中國的律藏則為梵語文本，顯然並非優波離最初所結集者；以古人當時之條件，縱然確有律藏之寫本，但若暴露在空氣中輾轉流傳、漂洋過海，也很難將近千年仍完好無損，況且在後代已有紀年方式的情況下，經文上落點亦毫無意義。但「眾聖點記」雖不可靠，亦勢必有所從來，後人附會時也未必會偏離真相太遠。據 2013 年 12 月號英國《文物》雜誌報導，美國、英國與尼泊爾等國人員組成的國際考古隊在釋迦牟尼出生地——摩耶夫人廟挖掘，發現一座此前未知的木結構寺廟遺跡。放射性碳技術等測試表明，這是一座公元前六世紀的建築，而此前佛教建築最早的考古證據僅可追溯到不早於公元前 3 世紀。研究人員認為，這是首次有考古證據證明釋迦牟尼出生於公元前六世紀。儘管更準確的出生日期仍舊無法確認，但釋迦牟尼的大致生卒年代應當在公元前六世紀至公元前五世紀，此時正是吠陀時代的晚期，四部《吠陀》本集已完全定型，而解釋《吠陀》的梵書也已經基本確立，雖然其中一部分的《奧義書》仍未成書，但大部份觀點卻已經在社會上普遍盛行。婆羅門教的統治地位雖然有所鬆動，但仍然是社會上的主流意識形態，種姓制度則是社會階級組成的主要方式。

　　儘管一部分佛教徒和民族主義者宣稱釋迦牟尼屬於黃色人種，但實際上並不可信。釋迦牟尼應當屬於白色人種，甚至不能排除其屬於雅利安人的後裔。佛教文獻中記載他具有「三十二相」，這是三十二種異於常人的相貌，其中個別特徵（例如廣長舌相、馬陰藏相）更是在經文中被多次突出強調。「三十二相」中的一種為「目色紺青相」，這很清楚的標明了他眼珠的顏色，但這一特徵在晚出的經文中卻刻意遭到了迴避，被篡改為「眼色如金精相」，或許是因為後者更為稀少，而且能迴避釋迦牟尼並非古印度本土人的事實。根據一部佛教編年史及當地的相關傳說敘述，迦毗羅衛城是為紀念一位來此禪修的迦毗羅聖者所建立，而這位聖者就出自婆羅門教，甚至被後世追認為古印度數論哲學的創始人。釋迦牟尼的相貌符合古印度上流人種的定義，其父又是迦毗羅衛國的國王，因而從小備受看重，生活環境十分優越。根據釋

迦牟尼自述，年輕時他擁有三個宮殿，分別供其夏季、冬季、雨季使用，而雨季的四個月內，他幾乎從不下樓，終日都在欣賞清一色的女性為他歌舞作樂。他穿著名貴的衣料，使用名貴的旃檀香，所到之處僕人們為其撐舉白傘以遮擋陽光和沙塵，連宮殿中的蓮池中都分別栽植了白蓮花、紅蓮花、青蓮花供其欣賞。釋迦牟尼的自述應當是十分可靠的資料，但因為《阿含經》在描述富商之子耶舍、釋迦族王子摩訶男等人出家前的奢侈生活時，使用了幾乎是同樣的描述，不由令人懷疑這些材料是否僅是一種慣用的文學渲染，而類似的做法在佛經中並不罕見。可以確信的是，雖然迦毗羅衛國並非當時首屈一指的大國，但由於淨飯王對於兒子的格外疼愛，釋迦牟尼獲得的享受並不比任何其他的王子遜色。從中國傳統文化的角度出發，放棄這樣的王子地位而選擇出家修行似乎是不可思議的事情，因而佛教徒一直對此大肆宣揚，藉以彰顯佛陀人格之高尚與行為之偉大。但若依據當時的歷史環境來考察，這種出家修行的做法是極其自然的事情。婆羅門教已經將再生族（包含婆羅門、剎帝利、吠舍三種階層）的一生劃分為四個階段：梵行期、家居期、林棲期、遁世期。這種「四行期」的制度誕生於吠陀時代早期，雖然當時執行並不嚴格，但至佛陀出生的時代，這已經成為當時社會上的主流行為規範。一位正直的、受人尊敬的剎帝利，必須在幼年時（5～8歲）開始尋找並跟隨老師學習《吠陀》經典，直到成年（25歲）為止，這期間必須過著簡樸純潔的生活，而拒絕一切享樂活動，這也就是人生的第一階段——梵行期；在學成之後，他才能返回家中，娶妻生子，並按自己的階層承擔具體的社會職責，這一階段直到中年（50歲）為止，是為家居期；在完成其社會職責之後，他必須拋棄家庭、職業，放棄一切物質享受，去森林中棲息，乃至堅持苦行，以全心全意地鑽研吠陀經典，追求解脫之道，這是自中年至老年（75歲）的林棲期；在人生最後階段的遁世期，他必須棄絕人寰，遁世而行，徹底征服自己的感官欲望，專心追求對於梵的親證，以實現生命的徹底解脫。如前所述，迦毗羅衛本是婆羅門教盛行之地，而釋迦牟尼屬於剎帝利階層，甚至很可能具有雅利安人血統，因而履行「四行期」才是最正統的做法。根據《佛祖統紀》等書的記載，釋迦牟尼出生後，其父曾請一位婆羅門教的阿私陀仙人為其占卜，稱其因具有三十二相，或為轉輪聖王（統一世界的君主），或為具有一切德智的出家人，而以後者最為可能。淨飯王晚年得子，〔註5〕唯恐釋

〔註5〕 部分佛教典籍記載，釋迦牟尼誕世之時，其父淨飯王已經五十歲，其母摩耶夫人四十五歲。

迦牟尼出家，故幼年時對其十分溺愛，廣立宮殿器具，安排美女歌姬，希望他沉醉於世俗生活。淨飯王的這種安排，實際上違背了「四行期」的社會主流規範，剝奪了釋迦牟尼的梵行期。在當時，若一個上流階層的人在成年後尚未開始梵行期，是一種會被人歧視的行為。儘管後出的典籍（如《佛祖統紀》等）偽造了佛陀的神奇之處，謂在其七歲時，其父淨飯王曾請婆羅門師選友上門教導，但選友稱「太子是天人中師，云何欲令我教」，且釋迦牟尼「凡技藝、典籍、天文、地理、算數、射御，皆悉自然知之」，〔註6〕但根據原始典籍《增一阿含經》中釋迦牟尼的自述，「我初學道時年二十九，欲度人民故，三十五年在外道中學」，可知釋迦牟尼直到二十九歲時才開始離家覓師，正式開始其梵行期，而他最早追隨的幾位師父也都是傳授吠檀多教義的婆羅門僧人。據《中部阿含》記載，釋迦牟尼自云：「我想：『在家的生活雜亂不潔，出家的生活寬廣無羈。在家要修如光輝真珠般圓滿清淨的梵行，談何容易？我何不剃除鬚髮，著袈裟，出家而過無家的生活呢？』後來，當我仍年輕，有著一頭黑髮，充滿青春氣息，剛剛步入人生的第一階段時，於父母不贊同並為此而悲傷流淚之中，我剃除鬚髮，著袈裟，出家而過無家的生活。」〔註7〕釋迦牟尼於青年時期能夠勇敢衝破家庭的束縛，轉而追求清淨的梵行，這其實是符合當時社會主流價值的行為，這可能也是他勇氣的來源之一。

　　二十九歲之前，釋迦牟尼實際上長於深宮之中，但嚴格而言並非處於「四行期」中的家居期，因其尚未承擔成年後具體的社會職責。釋迦牟尼三十二相中的「馬陰藏相」，實際上是一種醫學上的生殖器官畸形現象（隱睪症），這可能為他造成了一定的心理壓力。據《根本說一切有部毗奈耶破僧事》記載，釋迦牟尼白云：「我今有三夫人及六萬婇女，若不與其為俗樂者，恐諸外人云我不是丈夫，我今當與耶輸陀羅共為娛樂。其耶輸陀羅因即有娠。」而在《佛說太子瑞應本起經》中則云：「傍側侍女咸有疑意，謂不能男。太子以手指妃腹曰：『卻後六年，爾當生男。』遂以有身。」至後出的大乘《觀佛三昧海經‧觀馬王藏品》，則宣稱「爾時諸女各各異說，皆謂太子是不能男」，「是時太子誓願力故應諸女人」，展現了馬陰藏相的種種神異之處，從

〔註6〕志磐《佛祖統紀》卷第二《教主釋迦牟尼佛本紀》，大正新修大藏經第49冊，No.2035。
〔註7〕此段文字在《中部阿含》中的《聖求經》《薩遮迦大經》《菩提王子經》《傷歌邏經》中重複出現。

「平如滿月」直到「漸漸如丈夫形」，乃至「身根花花相次如天劫貝，一一花上乃有無數大身菩薩，手執白花圍繞身根」。從前後經文的演變，可見一件樸實無華的小事，經過後世佛教徒的大肆渲染，可以演變到如何荒誕不經的程度。佛陀涅槃後，其弟子阿難還因為將遺體的性器官展現給女人看，因而遭到迦葉的斥責，〔註8〕足見此事在佛陀身後仍然頗受關注。馬陰藏相屬於佛陀的隱私，時人對此頗為好奇，流言頗多，後世的佛教徒為了維護佛陀的權威，不得不對此加以神化。佛教的教義雖然反對性愛，但釋迦牟尼娶妻生子皆在出家修行之前，站在歷史真實的立場上，這本是一件極為自然之事。然而佛教徒既然主張多世生命，小乘佛教認為經過前世的修行，今世的釋迦牟尼已經到了由菩薩行而成佛的階段；大乘佛教則主張釋迦牟尼在久遠世前就已經成佛，此生不過是示現，故而佛陀此世為何要娶妻生子，就成為宗教徒必須要解釋的問題。從早期的經文來看，似乎佛陀早年娶妻生子只是為了向世間證明自己是丈夫，破除身為黃門（天生沒有生育能力的男子）的流言，獲得社會的認可。如《慧上菩薩問大善權經》所云：「何故菩薩而有室娶？菩薩無欲不尚配匹，其於離欲則為正士。所以示現眷屬妻息，傍人懷疑菩薩非男，斯黃門耳。欲除沉吟，故納瞿夷釋氏之女，緣此現生子男羅雲。」佛教傳入中國後，這種出家前娶妻生子的做法恰與儒家的孝道相吻合，故而又生造出淨飯王要求釋迦牟尼必須留有後代才可出家的說法。站在這樣的立場上，釋迦牟尼娶妻生子就變成了一種盡人子之孝的高尚行為。按此說法，釋迦牟尼在兒子羅睺羅（一譯「羅雲」）出世之後，已經滿足了淨飯王的要求，隨即選擇離家修行，不再留戀夫妻生活。相當一部分佛經（如《佛說太子瑞應本起經》《雜寶藏經》等）甚至宣稱，在釋迦牟尼離家之時，其妻耶輸陀羅只是有孕在身，六年後方才生下羅睺羅。因此緣故，眾人懷疑羅睺羅並非佛陀之子，直至將其擲之火坑而無恙，眾人方才信可。然而為父盡孝的說法仍然存在邏輯上的悖論，儘管大部分佛教徒依據《佛說起世經》等經文記載，普遍相信羅睺羅是釋迦牟尼的獨子，但佛陀早年其實共生育有三個兒子：善星、羅睺羅、優摩耶。考慮到釋迦牟尼「有三夫人及六萬婇女」，這一情況應當並不令人意外。據南傳《小部》：「我耶輸陀羅，在家為卿第一妃，生於釋

〔註8〕據《大智度論》載：「大迦葉復言：『佛陰藏相，般涅槃後以示女人，是何可恥？是汝突吉羅罪！』阿難言：『爾時，我思惟，若諸女人見佛陰藏相者，便自羞恥女人形，欲得男子身，修行佛相，種福德根。以是故，我示女人，不為無恥而故破戒。』」

迦族，而立爲王妃。」又據《十二遊經》記載：「瞿夷者是太子第一夫人，其
父名水光長者。太子第二夫人、生羅雲者名耶惟檀，其父名移施長者。第三
夫人名鹿野，其父名釋長者。以有三婦故，太子父王爲立三時殿，殿有二萬
婇女，三殿凡有六萬婇女。」其中羅雲即羅睺羅，耶惟檀即耶輸陀羅。善星
爲鹿野所生，年齡爲長，但瞿夷沒有生育，耶輸陀羅又被立爲王妃，羅睺羅
才是第一順位的繼承人。〔註9〕優摩耶事蹟不詳，而善星雖然跟隨佛陀出家，
但作惡多端，又信受外道（耆那教），佛陀評之云：「我亦如是，求覓善星微
少善根，便欲拔濟。終日求之，乃至不得如毛髮許，是故不得拔其地獄。」
〔註10〕有子如此而不堪教化，對於維護佛陀形象的影響顯然是負面的，以至
於迦葉菩薩都發問：「善星比丘是佛菩薩時子，……如來何故不先爲其演說正
法、後爲菩薩？如來世尊若不能救善星比丘，云何得名有大慈愍、有大方便？」
〔註11〕佛陀爲迦葉菩薩設譬喻，謂父母若有三子，其一有信順心、恭敬父母，
其餘二人不敬父母、無信順心，則應當先教誡前者。此說邏輯上雖然自洽，
但也表明佛陀沒有能力同時拔救三子，這可能正是後世佛教徒不肯再提及佛
陀其他兒子的緣由之一。

　　釋迦牟尼早年一直過著養尊處優的生活，但在物質生活達到巔峰、無所
更進之時，人的心靈很自然會轉向更高層次的哲學追求。釋迦牟尼察覺到，

〔註9〕　佛有三子之事，記載之文獻不在少數。如《法華玄贊》卷一末云：「又經云：
　　　　『佛有三子，一、善星，二、優摩耶，三、羅睺。』故《涅槃》云：『善星比
　　　　丘，菩薩在家之子。』」《大般涅槃經》云：「佛言：『善男子，我於往昔初出
　　　　家時，吾弟難陀，從弟阿難、調婆達多，子羅睺羅，如是等輩皆悉隨我出家
　　　　修道。我若不聽善星出家，其人次當得紹王位，其力自在當壞佛法。』」關於
　　　　佛陀三子的記載，經文間有矛盾之處，《法華玄贊要集》卷第九對此有詳細剖
　　　　析：「問：『《涅槃經》云善星是菩薩在家之子。既爾，如何當日太子初擬出家，
　　　　父母王不放：待汝有子，任去。後指耶輸腹，方有羅睺。不說有善星耶？』
　　　　答：『以彼善星鹿母所生，不堪紹國位，當日不言有子。』問：『《涅槃經》說
　　　　善星是長子，如何《法華經》說羅睺爲長子？』答：『《涅槃經》鹿生故善星
　　　　長。《法華經》言長，約長夫人所生承嫡紹位，言長也。』問：『亦有說耶輸
　　　　是長夫人，不說瞿夷，如何？』答：『一，瞿夷死後，策爲長夫人。二，約母
　　　　因子貴，子堪紹位，母得長名也。』」又，南傳《中部・師子吼大經》稱善星
　　　　爲「離車族之子」，則或善星之母出自離車族，或另有一同名善星比丘。佛經
　　　　中重名者頗多，名字前往往加限定語以示區分。
〔註10〕關於善星比丘的事蹟，可參看《大涅槃經》第三十七卷《經律異相》卷第二
　　　　十《善星比丘違反如來謗無因果十二》。
〔註11〕《大般涅槃經》卷第三十三《迦葉菩薩品》第十二之一，北涼天竺三藏曇無
　　　　讖譯。

無論眼前的一切多麼快樂富足，都仍然避免不了生、老、病、死、憂傷與煩惱。所身處社會階層的普遍生活模式（四行期）和所接受的吠檀多教義的婆羅門教育，都成爲釋迦牟尼選擇離家出走、勇於探索生命眞諦的動力與指引。如前所述，在當時的歷史環境下，出家拜師、精修梵行，這是一種極爲自然的選擇，也是無數上流階層的人最爲正統的一種生命模式。釋迦牟尼的離家出走，所經受到的阻力並沒有後世佛教徒所宣揚得那麼大，他不是第一位、也不是最後一位離家修行的王子。而當時每一位名師的門下，都凝聚有成百上千名弟子，這些弟子皆是來自於上流階層的青年才俊。

釋迦牟尼離家之後，先後追隨阿羅邏‧迦羅摩和郁羅迦‧羅摩子兩位師父學習瑜伽，這兩位師父通常被認爲是數論派的婆羅門僧人。瑜伽是《奧義書》所給出的三條獲得解脫的重要途徑之一：「爲了臻至極樂，他需練習瑜伽，身體的頭頸胸三個部位需保持挺立，它們應在一條直線上。在其大腦的幫助下，他應於內心集中所有的感知，然後，以梵（亦即「唵」音）爲舟筏，去穿越生命──這條頗可畏懼的激流。」〔註12〕《奧義書》中還對如何選擇瑜伽的場所、如何維持身體的舒適等內容進行了具體的規定，可見這種可以追溯到印度河文明時期的修行方式〔註13〕至此已十分完善，並被融入了婆羅門教的修行方法之中。瑜伽是一種幫助修行者獲得禪定力量的修行方法，它主張通過調節呼吸或意識進入一種深度的寧靜狀態，從而放下現實世界的一切紛雜思慮，甚至忘掉自我的身體及一切對於物質的迷戀。根據心境靜息程度高低，又可以劃分爲不同層次的境界，其中阿羅邏‧迦羅摩達到了無所有處定，而郁羅迦‧羅摩子則到達了更高的非想非非想處定，這兩種禪定的境界都屬於拋棄了色身之後的境界，甚至于連心中的念想也要一併捨棄。釋迦牟尼經過認眞的記誦與練習，很快達到了兩位老師的境界，然而他並沒有滿足，因爲他追求的是離欲、離貪、滅盡、寂靜、證智、覺悟、涅槃的境界，而這兩種禪定的境界都做不到這一點。儘管兩位老師不約而同地邀請釋迦牟尼留下來，與自己一起領導弟子的團體，但釋迦牟尼都拒絕了，他要繼續自己的探索之路。從釋迦牟尼的選擇也可以看出，儘管他尚未找到證悟的方法和途徑，但他很清楚覺悟之後的境界應該如何，這是單憑修習瑜伽所無法實

〔註12〕 【印】斯瓦米‧洛克斯瓦南達著，聞中譯《印度生死書》，浙江大學出版社，2013年，第145～146頁。

〔註13〕 哈拉帕出土的獸主（pasupati）印章均爲瑜伽坐式，一般認爲即是濕婆神的原型或前身。印章圖片可參考第一章。

現的。瑜伽所達到的定境是通過抑止心的作用來實現的，入定時似乎已經放下了一切塵世的思慮，獲得了心靈的止息，但貪愛的種子實際上並沒有被拔除，一旦停止瑜伽又會回到塵世的自我。概言之，瑜伽是對貪欲的一種暫時忘卻，而非徹底斷除。過度沉迷於定境的靜謐，反而會影響對於智慧的探求，效果適得其反。儘管如此，這一段修行瑜伽的經歷仍然對釋迦牟尼影響深遠，在他後來搭建佛教的理論體系時，幾乎全盤吸收了瑜伽的技巧與概念，而將禪定作為有助於證悟的關鍵途徑之一。古印度《瑜伽經》中的四種三摩地境界，基本對應佛教《阿含經》中的四禪；《瑜伽經》中強調持五戒——非暴力、不說謊、不偷盜、不縱慾、不貪圖，這與佛教五戒大部分吻合；瑜伽修行者相信禪定會產生超自然的神通，如《瑜伽經》所云「對過去的習性作冥想，便能得知過去生命的知識；對他人的身體作冥想，便可知道他人的思想」等等，〔註14〕釋迦牟尼也同樣這樣宣示，而分別稱之為宿命通、他心通等等；像無所有處定、非想非非想處定等概念，釋迦牟尼更是直接引用，並成為佛教時空觀中的重要部分。單從禪定的修習方法而言，佛教並沒有特別的發明，甚至顯得更為保守。釋迦牟尼並不認為僅通過禪定就可以獲得解脫，也不認為入定的境界越高越好，他只是將其作為尋求解脫智慧的一種輔助工具，而一位修行者甚至可以在不修習禪定的情況下證得解脫。〔註15〕

在拜師學習的「梵行期」之後，釋迦牟尼又去到摩揭陀國的將軍村附近，開始嘗試密林苦行。釋迦牟尼出生在一個普遍相信神靈存在的時代，對於神靈的怖畏已經成為時人的普遍心態。於是，釋迦牟尼特別挑選所謂神聖之日（初八、十四、十五）的夜晚，前往密林中的神廟之地，以克服自己內心升起的恐怖。對於黑暗和未知的恐懼，是人類內心深處的本能，是長期凝固在族群中的集體無意識。釋迦牟尼敢於對此發起挑戰，實際上也是對於人類認識的侷限發起衝擊，希望尋求到生命真正解脫的智慧。當行走時心中升起了恐怖，釋迦牟尼的做法是不站立、不坐下、也不躺臥，始終保持行走的姿勢，直到克服它為止，其餘的姿勢也同樣如此。這是一種典型的對治法門，佛教後來以不淨觀應對治色慾、以慈悲觀對治嗔恚等法門，其實也是採用了這樣

〔註14〕董必明編著《瑜伽八支冥想》，羊城晚報出版社，2009年，第256頁。
〔註15〕此種不依賴禪定而獲得解脫之法被稱為「慧解脫」。《中部·枳吒山邑經》云：
「諸比丘！然，何人為慧解脫者？諸比丘！對此而論，有一類人，彼等為寂靜解脫者、超越色而為無色者，彼等未以身體驗〔八解脫〕而住之，然彼等是以慧見，諸漏滅盡者也。諸比丘！是人被稱為慧解脫者。」

一種直接面對、直到克服爲止的方法。此後，釋迦牟尼又嘗試了止息、絕食、少食等苦行法門，這些都是典型的婆羅門教修行方法。然而類似的修行，仍然沒有讓釋迦牟尼獲得解脫，反而嚴重傷害到了他的身體，令他骨瘦如柴，眼窩深陷，頭皮皺縮，就連大小便時頭都會向前栽倒。最終釋迦牟尼終於認識到，以如此極端瘦弱之身，將無法獲得解脫之樂，於是他開始進食固體食物，而在同行的比丘看來，這無疑是一種懦弱而放棄的行爲，因而紛紛棄之而去。釋迦牟尼端坐在優樓頻螺村的尼連禪河畔的菩提樹下，發誓不覺悟不離此地，終於在七天七夜的精進修行之後，他相信自己獲得了眞正的解脫智慧。部分佛經記載，當釋迦牟尼在菩提樹下證得覺悟的時刻，東方的啓明星剛剛升起。這幅溫馨的圖畫場景，與其懷疑是後人的文學渲染，無寧假設是一種歷史的巧合。從此以後，一個影響世界數千年的宗教終於迎來了它的開創者：一位出身於釋迦族的先行者，一位卓越的教育大師，一位偉大的東方哲學家。

巴基斯坦拉合爾博物館藏 2 世紀佛陀苦修像

　　雖然佛教產生之後，客觀上成為與婆羅門教對立的幾大宗教之一，但釋迦牟尼本身並非一位反婆羅門者，他只是單純地追求真理，希望找到真正的解脫之路。為了實現這一目的，他虔誠地嘗試了當時婆羅門教的一切修行法門，甚至在他宣布自行證悟之後，他也並沒有打出反對婆羅門教的旗號，而是將自己視為當時唯一真正獲得解脫的婆羅門。當釋迦牟尼在菩提樹下獲得證悟之時，他感歎道：「精進禪修婆羅門，諸法向其顯現時，了知諸緣之息滅，彼之疑惑悉消除。」在回答別人堪稱婆羅門的條件時，釋迦牟尼指出：「婆羅門若除惡法，無慢無染且自制，知識圓滿成梵行，不以世事為榮傲，方不愧稱婆羅門。」〔註16〕正是因為釋迦牟尼將自己定義為真正的婆羅門，所以儘管佛教的教義與婆羅門教有著重大的差異之處，但在傳播時並沒有受到很大的阻力。據南傳《長部・三明經》記載，婆羅門的不同教派爭論自己的教義才是能夠與梵天合一的正確途徑，雙方相持不下，於是去找佛陀裁判。佛陀指出「三明諸婆羅門，溯至七代先師，亦無有一親見梵天者」，「唯依此等古仙人遺下之咒文、讚歌而讀誦、歌詠而已」，「而作如是言：我等招請因陀羅；我等招請蘇摩；我等招請婆留那；我等招請伊沙那；我等招請生主；我等招請梵天；我等招請摩醯提；我等招請夜摩」，雖然自名為婆羅門，但執行的卻並非是真實的婆羅門教義。佛陀指出梵天無愛著、無怨心、無瞋心、無恨心、自在，因而修行者也需要消除自己的愛著、怨心、瞋心、恨心從而獲得自在，然後才可以與梵天合二為一。從經文來看，佛陀雖然否定了咒語、祭祀等婆羅門的傳統修行方式，但並沒有否決其追求「梵我一如」的最終目的，而是指出了另外一條更符合理性和邏輯的途徑。也正因如此，原本爭論不休的婆羅門在聞佛說法之後，全部虔誠地選擇了皈依佛門。簡言之，佛教是以婆羅門教修正者而非革命者的形象出現的，儘管佛教廣泛傳播之後，實際上動搖了婆羅門教的統治根基。當婆羅門教的後身——印度教崛起之後，不僅廣泛吸取了佛教的理論概念，甚至一度將釋迦牟尼定義為毗濕奴的化身之一，二者的相互融合性由此可見。古代印度人對於思想淵源的繼承性並不十分看重，他們相信終極真理只有一種，婆羅門和沙門都是為了獲得解脫而修行，因而覺悟者不僅代表了真正的婆羅門教義，也代表了真正的沙門教義。站在

〔註16〕 以上兩處引用文字來源於南傳《小部・自說經・第一品　菩提品》。以上觀點不僅見於釋迦牟尼初覺悟時，其於王舍城、舍衛城等處說法時，也有若干類似立場之言論。概言之，將自己定位成真正的婆羅門，是釋迦牟尼自始至終的一貫立場。

這一立場上，釋迦牟尼的表述是十分自然的，因為他本人並非想要假借婆羅門之名推行佛法，而只是想要傳播他心目中真正能證得覺悟的無上智慧。

第二節　釋迦牟尼的主要弟子

　　釋迦牟尼生活的時代，古印度的政治中心已經轉移到恒河和亞穆納河之間的地區，鐵器開始普及，農業成為經濟生活的支柱產業，甚至國王也會帶頭耕作。生產力大幅度提高之後，剩餘產品大量豐富起來，手工業和商業貿易變得十分興盛，專門以牟利為生的高利貸商人也開始出現。數量眾多的繁榮城市開始建立，徵稅代替了過去的自由納貢，社會財富開始逐漸向一些大地主、大商人手中聚集。生活節奏加快之後，思想自由化的程度也開始加深，各種與傳統吠陀理論不盡一致的學說開始紛紛出現，各擅勝場。原本只需要固守《吠陀經》教義、嚴格按照典籍的規範進行生活就可以佔據社會最高層的婆羅門僧人，其特權地位開始有所動搖，而掌握了世俗權力的剎帝利階層與掌握了主要社會財富的吠舍階層，渴望進一步提升自己的社會地位，反而更有興趣接受新的理論架構，這也為佛教及其他宗教（例如耆那教等）的傳播帶來了機遇。例如，當摩偷羅王阿萬提普陀向佛陀弟子迦旃延詢問對於「婆羅門如是說：婆羅門始為最高之種姓，其他之種姓為卑劣。惟婆羅門為白色，其他為黑色。唯婆羅門為清淨，非婆羅門則不然。唯婆羅門為梵天真正之子，由其口中生，由梵天生，是由梵天所造之梵天嗣子」的看法時，迦旃延回應「此不過是世間之巷說」，假如剎帝利等其他種姓以財寶、米穀、金銀稱富，婆羅門也同樣會去侍奉、巴結他們，因而「此等四姓為平等」。〔註17〕在北傳《中阿含經‧阿攝和經》中，佛陀也以不同的邏輯反駁了同樣的婆羅門論點。

　　儘管佛教的教義主張眾生平等，但釋迦牟尼本人並不是一位平民和社會最底層人民的解放者，他對於衝擊當時的社會制度並無興趣。釋迦牟尼拒絕手、足、耳、鼻、指被割截者以及佝僂、聾啞、半身不遂等三十二種殘疾人出家，〔註18〕拒絕奴僕出家，〔註19〕拒絕患癩、癰、疹、肺病、癲狂等病者

〔註17〕此事詳見南傳《中部‧摩偷羅經》。
〔註18〕具體規定可參看《南傳律‧犍度‧大品‧第一　大犍度‧不得令出家之三十二種人品》。
〔註19〕《根本說一切有部毗奈耶出家事》：「汝等苾芻不應與奴出家，若有求者，當可問之：『汝是奴不？』若與奴出家，得越法罪。」

出家，拒絕受笞刑、烙刑者出家，拒絕軍士等王臣出家，拒絕強盜、盜賊、逃債者出家，〔註20〕而且在很長一段時間不肯接受女人出家，直到阿難屢次懇請才破例許可，但認為女子出家會讓佛法住世時間縮短五百年。應其父淨飯王之請，釋迦牟尼又規定凡未成年子女志願出家者，還必須獲得父母許可，否則佛教拒絕其出家的請求。凡此種種，皆顯示佛教對於世俗制度有極大的妥協性，不接受奴隸出家就不會傷害到上流階層的利益，拒絕軍士等王臣出家就不會影響到國君的統治，拒絕殘疾人、受刑者、重症患者、在逃犯出家就會保證僧團不至於被世俗輕慢斥責，出家前必須徵求父母許可就會緩和家庭矛盾。釋迦牟尼在制定各種戒律時非常看重對社會的影響，我們還可以舉一件小事為證：釋迦牟尼在一次說法時，突然打了個噴嚏，諸比丘皆高聲祝其「長壽」，這本是當時圖吉利的一種風俗。釋迦牟尼認為打噴嚏並非生死攸關，祝人長壽毫無必要，故規定「打噴嚏時不得言『長壽』，言者墮惡作」。但當其餘比丘打噴嚏時，世俗聽眾祝其長壽，該比丘沉默不應，引發了眾人不滿。釋迦牟尼因此意識到在家人慾圖吉祥，又轉而修改了戒律，允許比丘對在家人回應「長壽」。〔註21〕事實上，除了少量事關佛法核心要義的內容外，佛教的一切規章制度都是在考慮世俗影響的情況下制定出來的，而且往往表現出對世俗觀念的妥協。部分戒律甚至到了極為瑣碎的程度，以至於釋迦牟尼在去世前曾下令可以將其廢除，但在他入滅之後，因為弟子們無法搞清具體是指哪些戒律，最終不得不繼續保留了下來。也正是由於佛教在規章制度上的隨和性，所以在接受佛法時不會有過多的阻礙，滿足條件的信眾無論種姓、職業、過去的行為如何，都可以選擇皈依佛門，即使是低賤的剃頭匠人都不例外。而絕大多數在家弟子，都可以完全不改變自己日常的生活模式，只是選擇多信仰一種理論而已。佛教傑出的理論體系與規章制度的隨和性，讓它在誕生後的極短時間內就擴散開來，在當時變成一波聲勢浩大的思想潮流。

　　釋迦牟尼在宣布證悟之後，最先想要為他過去的兩位師父阿羅邏・迦羅摩和郁羅迦・羅摩子說法，但他們都不幸已經去世。釋迦牟尼最初招攬的五位弟子，是當時居住在波羅奈國鹿野苑的五位比丘。釋迦牟尼放棄苦行之時，五位比丘曾捨他而去，故佛陀覺悟後最先找尋到他們，對他們宣說佛法，佛教界稱之為鹿野苑「初轉法輪」。五位比丘的身世記載不詳，而佛經中的

〔註20〕以上四條規定可參看《南傳律・犍度・大品・第一　大犍度・不得令出家者》。
〔註21〕此事載於《南傳律・犍度・小品・第五　小事犍度・雅語及其他》。

記載互相矛盾，連各自的姓名也是眾說紛紜。〔註22〕據《中本起經》記載，釋迦牟尼離家之後，其父淨飯王派人去追勸王子回國，但因為釋迦牟尼立志修行、不為所動，遂留下憍陳如等五人以供給麻米、執侍勞苦。一說憍陳如出身為婆羅門，在釋迦牟尼出生時曾為其看相，預言其此生將要成佛，但這一記載似乎不能說明為何在釋迦牟尼放棄苦行時他會和四位同伴捨之而去，而釋迦牟尼當面宣稱自己已然成佛之後，五位比丘卻又拒絕承認而屢次加以否定。釋迦牟尼為五位比丘詳細宣講了佛法的四聖諦要義，五位比丘歡喜信受，並最終都證得了解脫，其中憍陳如則是第一位獲得證悟的出家弟子（南傳音譯為比庫，北傳稱比丘、苾芻，漢譯為「僧」）。此後富商俱梨迦之子耶舍因為厭倦了家裏的奢侈生活，所以離家出走，恰巧來到佛陀住處，其父俱梨迦一路尋至鹿野苑，聞聽佛陀說法而信受，因而成為最早皈依的俗家男弟子（南傳音譯為沙馬內拉，北傳稱優婆塞，漢譯為「居士」）。俱梨迦邀請釋迦牟尼攜耶舍赴家飲食，耶舍之母與妻得見佛陀並聞聽佛法，也因而皈依佛門，成為最早皈依的俗家女弟子（南傳音譯為沙馬內莉，北傳稱優婆夷，漢譯為「女居士」）。耶舍的四位出身富商的朋友，在聽說耶舍出家之後，紛紛猜想：「能讓耶舍剃除鬚髮、著袈裟，出家而過無家的生活，那肯定不是尋常的法與律，也不是尋常的出家之舉。」他的四位朋友尋找到了耶舍，從而聞聽了佛陀的說法，也決定追隨佛陀出家，並最終證得了解脫。但從四位朋友之前的描述中，我們也可以看出，耶舍這次出家並非「尋常的出家之舉」（「梵住期」），因為此前社會上「尋常的法與律」（婆羅門教）肯定無法說服耶舍，佛教在吸引新興商賈階層入教方面的優勢已經展現了出來。隨著信仰佛教的商人數量逐漸增多，他們所給予佛教的各種布施、供養也就越來越豐厚，這些資助對於一個宗教的發展與壯大顯然有著重要意義。在釋迦牟尼的父親淨飯王去世之後，釋迦牟尼的養母摩訶波闍波提也屢次請求出家，但一

〔註22〕關於五比丘的名字，《中本起經》記載為拘鄰、拔提、摩男拘利、十力迦葉、頰陛，《佛所行讚》記載為憍鄰如、跋陀羅、十力迦葉、波澀波、阿濕波誓，《佛本行集經》記載為：憍陳如、跋提梨迦、摩訶那摩、波沙菠、阿奢逾時，《過去現在因果經》記載為憍陳如、跋陀羅闍、摩訶那摩、跋波、阿捨婆闍，《四分律》記載為憍陳如、婆提、摩訶摩男、婆敷、阿濕鼻，《新婆沙論》《法華文句》記載為憍陳如、跋提、摩訶男、婆敷、頰鞞，《最勝王經》記載為阿若憍陳如、婆帝利迦、摩訶那摩、波濕波、阿說恃多阿鞞，《無量壽經》記載為了本際、仁賢、大號、正語、正願，《法華玄義》記載為頰鞞、跋提、俱利、釋摩男、十力迦葉，《梵本無量壽經》記載為 Ajnata-kaundinya、Bhadra-jit、maha^-naman、Vaspa、Asvajit。

直遭到拒絕，最後由阿難代爲祈求才獲得許可。摩訶波闍波提因此成爲第一位出家的女弟子（南傳音譯爲比庫尼，北傳稱比丘尼、苾芻尼，漢譯爲「尼姑」）。

鹿野苑遺址

佛教所謂的「七眾」除了比丘、比丘尼、優婆塞、優婆夷之外，還有沙彌、沙彌尼和式叉摩那三類。沙彌是指年齡在七歲以上、未滿二十歲時出家的男子，因爲尚未成年，他們只接受了最基本的十條戒律，而沙彌成年後出家即爲比丘。沙彌尼本該與沙彌相對應，但由於佛教對於女性的態度及女性自身的特殊性，後來又分化出式叉摩那這一階段。式叉摩那，意爲學法女、正學女。若未婚女子年滿十八歲、已婚女子年滿十歲以上，需要在受沙彌尼戒後，進受六法戒二年。若二年內嚴持六法不犯，才許進受比丘尼戒，正式出家；若有過犯，則要再加二年，直到通過爲止。佛教之所以有此規定，原因有二：其一爲認定女性報弱，志意不堅，深恐中途退悔，故令漸學漸受；其二爲曾有婦女懷孕後出家，以比丘尼的身份胎滿生子，世人譏嫌，謂出家人亦行此穢事。因此緣故，佛教特別爲有意出家的女性增設了式叉摩那的階段。應該強調的是，正式出家雖然有年齡限制，但若沙彌或沙彌尼受過十戒後一直未能正式出家，則他們的年齡可以很大。歷史上佛陀的養母摩訶波闍波提，就是先以高齡成爲沙彌尼，然後才獲得正式出家身份的。同樣，沙彌

或沙彌尼也並不是必須的預備階段，成年男子或女子也可以直接正式出家，從而獲得比丘或比丘尼的身份。又，宋代莊季裕《雞肋編》卷上云：「京師僧諱『和尚』，稱曰『大師』；尼諱『師姑』，呼爲『女和尚』。」〔註23〕這其實是民間一種廣爲流行的訛呼。和尚在佛經中對應「阿闍梨」，用來稱呼行爲端正合宜、堪爲弟子楷模的導師，只有修爲和地位崇高的比丘、比丘尼才有資格使用。但中國的風俗慣於貶低自己並抬高對方，故宋代以後，和尚已經成爲對男女僧人的普遍稱呼。流俗相煽而不已，時至今日，「和尚」又成爲特指男性僧人的一般稱呼（沙彌也稱之爲「小和尚」），以與女性僧人的稱呼「尼姑」相區別。

在釋迦牟尼招收門徒的過程中，有幾次因爲數量龐大而應特別注意，其中規模最大的一次即爲度化優樓頻螺迦葉、那提迦葉、伽耶迦葉三兄弟爲首的一千位外道沙門。從經文的描述來看，這些沙門螺髻裝束（結髮於頂），擁有各種拜火的器具，整日劈柴以保持火種不斷，還有專門的火堂建築，定期舉行盛大的火祭儀式，似乎所信持的是一種源於吠陀經典的火神信仰。〔註24〕按佛經的記載，佛陀說服迦葉三兄弟時使用了展現神通的方式，其中充滿著豐富的文學渲染，顯然是後期加工而成。拋開神秘因素之後，可以看出釋迦牟尼與優樓頻螺迦葉一起居住時，先後經歷了寒冬、暴雨、洪水等事件，實際上耗費了相當長的時間。釋迦牟尼的這番辛苦並沒有白費，這一成功的傳教行動不但爲他贏得了一千名門徒，而且由於優樓頻螺迦葉在當時擁有非常高的聲譽，這樣一位外道大師皈依佛門，背後的宣傳效果也無疑是巨大的。當摩揭陀國的頻婆娑羅王來拜見釋迦牟尼時，發現優樓頻螺迦葉在座，他們一行人甚至懷疑：到底是釋迦牟尼在優樓頻螺迦葉的指導下修梵行，還是優樓頻螺迦葉在釋迦牟尼的指導下修梵行？直到優樓頻螺迦葉從座而起，偏袒一肩向釋迦牟尼行禮，並宣布釋迦牟尼是自己的導師，頻婆娑羅王一行才能

〔註23〕莊季裕《雞肋編》卷上，清文淵閣《四庫全書》本。
〔註24〕之所以認定迦葉三兄弟所信持的是一種源於吠陀經典的火神信仰，而非瑣羅亞斯德教（又稱祆教、拜火教）信徒，是考慮到該教的創始人瑣羅亞斯德的生活時代爲公元前 628 年至公元前 551 年，從時間上來看，此時祆教應當尚未傳入古印度地區。但祆教的思想根源是伊朗——雅利安人多神信仰中的火神信仰，這一信仰也保留在印度——雅利安人的吠陀經典之中，像稍晚的《禿頂奧義書》《卡塔奧義書》中也記載有舉行火祭的儀式條文，並將火祭視爲抵達天堂之路。由此可見，火神信仰在釋迦牟尼生活的時代也十分流行，並非由祆教傳播而來。

確認。由此也可以看出，優樓頻螺迦葉的知名度大到了何等程度。釋迦牟尼在指導以迦葉三兄弟爲首的一千比丘時，提出了「一切都在燃燒」的理論，將貪、瞋、癡比喻成火種，要求弟子們止息火焰，證得解脫。這應當是佛陀針對弟子們崇拜火神的特點而應機說法，體現了佛教因材施教的特性。同樣，釋迦牟尼也成功地說服了頻婆娑羅王，讓後者成爲佛教的俗家弟子。摩揭陀國在當時是首屈一指的大國，頻婆娑羅王不僅爲佛教貢獻了一座竹林園，而且憑藉他的特殊身份一直在護持佛法的傳播。在國王本人的帶動下，摩揭陀國的官員和百姓爭相皈依，讓佛教一躍成爲當時社會的主流宗教之一。

　　釋迦牟尼說法四十五年，所收弟子不計其數。南傳《增支部·是第一品》、北傳《增一阿含·弟子品》《增一阿含·放牛品》《佛說阿羅漢具德經》等佛經中記載了佛陀對弟子們（比丘、比丘尼、優婆塞、優婆夷）的品評之詞，其中僅所提到某方面特長第一的比丘就有四十餘位，譬如憍陳如出家最久、優樓頻螺迦葉最具大眾。但在民間，最廣爲人知的是十位皆具眾德而各有偏長的弟子，他們被俗稱爲「釋迦十大弟子」，分別是：舍利弗智慧第一、目犍連神通第一、須菩提解空第一、阿難陀多聞第一、優波離持戒第一、阿那律天眼第一、大迦葉頭陀第一、富樓那說法第一、迦旃延論議第一、羅睺羅密行第一。

【舍利佛與目犍連】

　　舍利弗與目犍連是釋迦牟尼身邊最爲傑出的兩位弟子，他們原本追隨一位外道師父刪若修行，〔註25〕雙方約定誰先證得解脫必須要告知對方。舍利弗遇見了佛陀的一位弟子阿說示（Aśvajit，又譯頞鞞、阿濕縛氏多，漢譯「馬勝」），阿說示是鹿野苑五比丘之一，已經證得解脫，此刻正托鉢沿城乞食。舍利弗觀其儀態不似常人，遂向前請教，並聽其訴說了一個簡要概括佛法要義的偈子：「諸法從因生，諸法從因滅。如是滅與生，沙門說如是。」〔註26〕智慧過人的舍利弗聞聽之後立即信受，並去告知了好友目犍連，目犍連聞聽之後同樣立刻相信這就是解脫生死的要義。兩人決定去拜見佛陀，以佛陀爲

〔註25〕部分學者認爲刪若即六師外道之一的散若夷毗羅梨弗，詳見本書第一章第五節。

〔註26〕此偈子內容依據《佛本行集經》。不同的佛經中，此偈子有不同的版本，但內容基本一致。例如《南傳律·犍度·大品·第一　大犍度·舍利弗、目犍連出家因緣》中云：「諸法因緣生，如來說其因。諸法滅亦然，是大沙門說。」

師，並將他們的決定告知了刪若的其他二百五十名弟子。這二百五十名弟子素來依止舍利弗與目犍連兩人，並以兩人為模範，因此也共同決定一起去追隨佛陀。儘管刪若一再挽留，甚至難過到口吐鮮血，但舍利弗與目犍連兩人不為所動，最終率領著僧團皈依了佛門。釋迦牟尼宣布舍利弗與目犍連是他最優秀的一對上首弟子，他們兩人果然也很快就證得了解脫。

　　舍利弗與目犍連兩人的個性有差異，在僧團中所發揮的作用也並不一致。舍利弗號稱智慧第一，善於宣說高深的佛法以啓發他人。佛陀曾經詢問弟子阿難：「於尊者舍利弗善說法，心喜樂不？」阿難回答道：「何等人不愚、不癡、有智慧，於尊者舍利弗善說法中心不欣樂？所以者何？彼尊者舍利弗持戒多聞，少欲知足，精勤遠離，正念堅住，智慧正受，捷疾智慧，利智慧，出離智慧，決定智慧，大智慧，廣智慧，深智慧，無等智慧，智寶成就，善能教化，示教照喜，亦常讚歎示教照喜，常爲四眾說法不倦。」〔註27〕佛陀完全認可了阿難的觀點。舍利弗不但是佛陀弟子中公認的智慧第一，而且善於感恩，樂於幫助別人，因而是備受歡迎的代理僧團領袖。目犍連號稱神通第一，《阿含經》中很常見的模式就是目犍連突然宣布自己看到了別人沒有看到的其他生命體，其中又多爲墜入地獄受苦的眾生，然後由佛陀講述其受苦因緣，勸告諸位弟子認眞修習佛法。〔註28〕有一次佛陀在爲弟子講說波羅提木叉（佛教出家眾所應遵守的戒律）之前，宣布有犯不淨邪惡業行者坐於比丘群中，亦由目犍連憑藉神通之力找到此人，並捉彼腕驅出門外而下門。〔註29〕在排除神秘因素之後，就可以清晰看出，目犍連所擔任的角色是佛陀宣教時的搭檔，以及僧團日常管理的維護者。據《十誦律》記載，目犍連多次運用神通所作的預言均失誤，譬如預言跋耆人當破摩竭陀人、妊身婦人當生男嬰、七日後當有大雨等等，僧團認爲其大妄語而應擯治驅遣，但佛陀均爲目犍連作證，聲稱其「見前不見後」，在他以神通所見之時的確如此，只是後來結果發生了變化，所以目犍連「隨心想說」，並未妄語。由於佛陀本

〔註27〕引文出自《雜阿含經・須深經》。

〔註28〕例如《雜阿含》中收錄的《屠羊者經》《屠牛者經》《屠牛兒經》《賣色經》《屠羊弟子經》《盜食石蜜經》《調象士經》《好戰經》《憎嫉婆羅門經》《不打油經》《比丘經》《獵師經》《盜取七果經》《盜取二餅經》《駕乘牛車經》《摩摩帝經》《惡口名經》《好他淫經》《鍛銅人經》《卜占女經》《墮胎經》《阿難所問經》《愛盡經》《卜占師經》《殺豬經》《斷人頭經》《捕魚師經》《瞋恚燈油灑經》等篇，皆爲這一模式。

〔註29〕此事可參看《小部阿含・自說經・第五品　蘇那長老品》。

人的著力維護，目犍連仍然維持住了他在僧團之中的聲譽，被廣泛認為具有絕大神通。舍利弗與目犍連是舊日的好友，彼此配合默契，很好地完成了僧團中兩位上首弟子的職責。在釋迦牟尼閉關或坐禪的時間，領導僧團的責任一直由舍利弗與目犍連兩人承擔。當提婆達多率領五百位比丘另立門戶時，佛教僧團遭遇到了最大的分裂危機，也正是由於舍利弗與目犍連兩人的勸說開導，五百位比丘才重回佛陀的僧團，危機得以順利化解。兩位上首弟子原本應是繼任僧團領袖的當然之選，但兩人均先於佛陀而去世，舍利弗死於疾病，目犍連則被仇恨他的外道以瓦石砸死。號稱神通第一、可以上天入地的目犍連竟然沒能逃開亂石，為了解釋這一矛盾，佛經中宣稱這是由於他前世的惡業所導致的惡果。舍利弗、目犍連涅槃之後，佛陀曾這樣評價兩人：「我觀大眾，見已虛空，以舍利弗、大目犍連般涅槃故。我聲聞唯此二人善能說法，教誡、教授，辯說滿足。」〔註30〕

【須菩提】

須菩提，南傳《增支部》給他的評價是「住無諍者」「應供養者」，北傳《增一阿含經》又謂其「喜著好衣，行本清淨」，「恒樂空定，分別空義」，並明確提出了以他為首的「諸上人皆是解空第一」。從經文的敘述來看，須菩提的兩大長處分別為無諍、解空。據《無諍分別經》，釋迦牟尼親口宣布「善男子須菩提乃〔實〕行無諍之道」，要求諸比丘以其為模範加強對無諍之道的修習。根據經文中的敘述，無諍之道要求「不應語惡口，不應於面前而私語、應語柔緩、勿緊急。不應執〔各〕國土之語言，不應用過剩之俗稱」，由此可以推知須菩提是一位言語柔緩清晰、性情溫和持重之人。關於須菩提分別空義，主要於來源於《增一阿含經》中的兩則故事：第一則出自《利養品》，謂須菩提得苦患，甚為沉重，於是便思維「苦痛為從何生，復從何滅，為至何所」，最終領悟到「一切所有皆歸於空」，於是所患疼痛苦惱已除，無復患苦。另一則出自《聽法品》，謂須菩提在一山側縫衣裳，聞佛陀將至，想要趕去問訊禮拜，但突然醒悟，眼中所見只是佛陀無常之形體，「若欲禮佛者，當觀於空法」，於是還坐繼續縫衣。從須菩提的表現來看，他已經深刻理解了佛法中一切色相、感受都虛幻不實的空義。此外，大乘《金剛經》是一部闡發空義的重要典籍，在中國流傳甚廣，而其中所錄主要是佛陀與須

〔註30〕引文出自《雜阿含經・布薩經》。

菩提的問答,這對於鞏固其「解空第一」的評價也頗有助益。

【阿難】

阿難陀是淨飯王之弟白飯王之子,是釋迦牟尼的堂弟,後來也追隨佛陀出家。因為釋迦牟尼另有一位堂弟兼弟子名難陀,與阿難陀名字相近,故後者一般簡稱為阿難。在佛陀五十五歲的時候,由目犍連邀請阿難出任佛陀的常隨侍者,阿難提出了三個前提條件:不穿佛陀的新、舊衣服,不吃單獨請供佛陀的食物,只在正常的規定時間內見佛陀,不會私下獨自去見佛陀。佛陀明白阿難的心意,是怕會有人譏諷他是因為貪圖自己的衣物、食物、修行指導而充任侍者,因此稱讚這是阿難的「未曾有法」(指稀有難得、不可思議之行為)。由此亦可以看出,阿難是一位不貪圖個人利益而又能任勞任怨之人。阿難此後一直擔任佛陀的常隨侍者,直到佛陀涅槃之時為止,共達二十五年之久。而在此之前,佛的侍者由弟子輪流擔任,阿難也經常跟隨在佛陀身邊,因此他成為聞聽佛陀說法最多的人,「多聞第一」的稱號當之無愧。佛陀在世時,經文都是對眾宣說,沒有紙本,大家各自聞聽記誦,所得參差不齊。阿難不僅多聞第一,而且記憶力、理解力也十分超群,這讓他成為傳承佛法的不二之選。在佛陀入滅之後,僧團開始結集佛經,其流程就是先由阿難憑記憶誦出佛經,再經由參會的大眾審核認可,最終才被固定下來。阿難本人戒行堅固,對佛法充滿信心。曾有比丘尼對阿難心中愛慕,於是借病苦為由邀請阿難探視,等阿難至其居所時,她則裸露身體、蒙頭橫臥床上以誘之。阿難不為所動,為其講說斷食、斷愛、斷慢的佛法要義,終於讓該比丘尼慚愧悔過,善法增長。〔註31〕釋迦牟尼評價阿難為「多聞者」「具憶念者」「具悟解者」「具堅固者」「近侍者」,並宣稱過去、現在、未來諸佛的侍者均沒有能超過阿難者。〔註32〕

佛陀涅槃之前,將佛法付授予迦葉及阿難比丘,使之能不斷絕而流佈世間。迦葉雖然修為高深,但所聞佛法不如阿難多,而且並不擅長說法,因而並沒有受到聽眾歡迎,甚至有比丘尼口出惡言,認為他不配在阿難之前說

〔註31〕 此事記載見於北傳《雜阿含經·比丘尼經》、南傳《增支部·比丘尼經》,二者文字略有差異。

〔註32〕 《中阿含經·侍者經》:「世尊告曰:『阿難!若過去時,諸如來、無所著、等正覺有奉侍者,無勝於汝。阿難!若未來諸如來、無所著、等正覺有奉侍者,亦無勝汝。阿難!我今現在如來、無所著、等正覺若有侍者,亦無勝汝。』」

法。〔註33〕因此緣故，在佛陀入滅之後，阿難客觀上成為佛教徒問法的核心，而且他善於說法，聽眾「終無厭足」。但阿難比較年輕，加之個性天眞善良，忍辱不爭，在侍奉佛陀時有若干行為都有可議之處，再加上證得解脫的時間要晚於其他長老比丘，於是迦葉率領長老僧團結集佛經之後，又對阿難進行了斥責，要求其當眾懺悔。〔註34〕迦葉的種種指責多為瑣碎無謂之事，但其中沒有請佛多住世一劫之事關係重大，這可能成為阿難在後世地位下降的重要原因之一。按經文記載，佛陀宣稱修習四神足的人可以隨意將自己的壽命延長一劫或以上（一小劫約為一千六百萬年，一大劫包含八十個小劫），但阿難由於被惡魔所覆蔽，並沒有懇請佛陀多住世一劫。在佛陀將要涅槃之前，阿難又三次請佛多住世一劫，但請求的時機已錯過，佛陀已答應惡魔的請求進入涅槃，因而拒絕了阿難，隨後即進入了涅槃。〔註35〕對於佛教徒而言，由於確信佛陀具有此神通，故阿難的過錯不可原諒。但若排除神秘因素，早在佛陀涅槃的二十五年前，亦即阿難被選為佛陀常隨侍者時，佛陀已親口宣布自己「體轉衰弊，壽過垂訖」，而多住世一劫之事在歷史上亦無此可能。此事若非後人為了渲染佛陀神通而虛造，則是當時的弟子皆信任佛陀有此神力，故而阿難未能及時請求就負有不可推卸的責任。此後阿難的地位一降再降，至後出的大乘佛經中，阿難已經淪為一位意志不堅定、過錯不斷、修為淺薄的僧人形象，但他個性中溫順隨和、知錯必改的特點仍然被保留了下來，這也令他成為佛陀弟子中趣味最多、色彩最鮮明的人物。

【優波離】

優波離本為一位剃髮師，釋氏跋提王、阿那律、阿難、婆咎、金毗羅、提婆達多等人決意出家時，假託率兵出遊，優波離也隨行。中途諸王子越過邊界後，將隨身衣具贈給優波離，作為日後生活之資產，讓他自行返回。優波離擔心回國後會遭到洩憤而被殺害，於是將一切行李皆掛於樹上，跟隨諸王子而出家。諸王子要求佛陀先為優波離剃度出家，因為優波離一直是他們的僕人，他們向優波離敬禮、迎送、合掌、恭敬，這樣能去除他們身為貴族

〔註33〕此事見於《雜阿含經・是時經》，口出惡言者為偷羅難陀比丘尼，迦葉因此而作獅子吼。
〔註34〕此事詳見《南傳律・犍度・小品・第十一　五百〔結集〕犍度》。
〔註35〕以上情節見於《小部・自說經・第六品　生盲品》《長部・大般涅槃經》《增支部・地震經》等經記載。

的傲慢之氣。〔註36〕由於優波離出身僕人，因而服從主人的各種要求是他長期以來的生活特點，這種特點也讓他在出家後成為持戒精嚴、無絲毫過犯的第一人。當遇到難以處理的糾紛時，優波離都會向佛陀請教處理辦法，許多戒律都因此而被制定出來。因為優波離精通戒律，許多新、舊比丘都跟隨優波離學習戒律，但也因此引發了六群比丘的不滿，進而宣揚「說示此小小戒有何用？唯導致疑惑、苦惱、混亂而已」，佛陀因此制戒嚴禁比丘誹謗戒律。〔註37〕由於優波離出家前的低賤身份，僧團內亦有若干比丘尼在心底對其不滿。在優波離制止了六群比丘尼企圖殺害迦毗達迦的違法行為後，六群比丘尼罵之為「卑姓著袈裟之理髮師」，佛陀因此制戒嚴禁比丘尼辱罵比丘。〔註38〕出家之後，優波離曾請求佛陀希望「親近於阿蘭若之林間、邊陬之坐臥處」，想要離群獨居，但佛陀沒有許可，而是要求他與僧團一起居住，這樣更有助於他的修行。佛陀入滅之後，僧團結集佛說，負責誦出戒律者即為優波離，「持戒第一」的稱號當之無愧。

【阿那律】

　　阿那律亦即阿那律陀，是釋迦牟尼之堂弟。據《起世經》記載，阿那律為淨飯王之弟斛飯王之子，而《佛本行集經》則記載他是淨飯王之弟甘露飯王之子。阿那律從小嬌生慣養，他的兄弟摩訶男邀請他一起出家時，他並無意出家，只想盡情享受五欲之樂。但是摩訶男為他描述了一下父輩們的耕作辛苦，而且這些辛苦之事永無止盡，阿那律因而決意出家。從阿那律的出家因緣來看，他出家的目的並非為了親近佛法，而是為了逃避繁瑣的日常生活，嚮往外界的輕鬆自由。經過一段時間的修習之後，阿那律最終證得阿羅漢果，據說還擁有了「天眼通」。按大乘《大佛頂首楞嚴經》記載，阿那律陀自云：「我初出家，常樂睡眠，如來訶我為畜生類。我聞佛訶，啼泣自責，七日不眠，失其雙目。世尊示我樂見照明金剛三昧，我不因眼，觀見十方，精真洞然，如觀掌果，如來印我成阿羅漢。」此說在中土流行甚廣，但較為

〔註36〕優波離出家事蹟，記載於南傳《律藏・犍度・小品・第七　破僧犍度・〔釋種諸童子出家〕》。

〔註37〕此事載於南傳《律藏・經分別・比丘戒・九十二波逸提法・波逸提七二〔疑惑戒〕》。

〔註38〕此事載於南傳《律藏・經分別・比丘尼戒・一百六十六波逸提法・波逸提五二〔罵比丘戒〕》。

晚出，而且與早期佛教中的記載並不吻合。據南傳《律藏》記載，阿那律曾於傍晚抵達拘薩羅國一村，並借宿於某女子房舍之中，該女子因對阿那律動情而生染心，遂脫衣行步於阿那律面前，或立、或坐、或仰臥。其時阿那律垂目不視彼女人，亦默然不語。該女子心生慚愧，阿那律又爲其說法開示，令其皈依佛門，最終成爲優婆夷。此事後來引發僧團議論，佛陀因此制戒比丘不得與女人同宿一處。〔註39〕從此事來看，阿那律之境界已非「初出家時」，而女子既然於其面前脫衣，阿那律又「垂目不視」，可見他也並非雙眼已盲之人。另外，南傳《中部·阿那律經》記載尊者阿那律接受工匠供養時，工匠要求他「少微早來」，於是阿那律「其夜過後，清晨著衣，執持缽衣」而獨自先去，也不見有盲人之態。同樣在此經中，尊者阿那律爲尊者迦旃延講述了天界眾生的種種因緣，迦旃延聞所未聞，於是思惟「實是尊者阿那律曾與彼諸天共住也、曾言話、曾談論也」，這可能就是傳言阿那律具有「天眼通」的直接原因。阿那律經常爲聽眾陳述天界的美好境況，再由佛陀或自己解釋眾生需要從事那些善行，才可以獲得來世往生天界的福報。即使在佛陀涅槃之後，也同樣是由阿那律轉述天界哀悼佛陀之狀況，以及天界要求如何處理佛陀之遺體，再由眾弟子遵照諸天的意向舉行葬禮。〔註40〕由此亦可看出，阿那律是一位很擅長借天界而說世間法的僧人。阿那律在僧團中的地位崇高，當他的三衣壞盡之時，曾由阿難集合八百比丘爲其縫紉衣服，甚至世尊也要求親自參與，爲其舒張衣裁。

【大迦葉】

佛陀弟子中以迦葉爲姓氏者甚多，習慣上將十大弟子之一的迦葉稱爲摩訶迦葉、大迦葉。按《佛本行集經·大迦葉因緣品》記載，大迦葉出身於一個極爲富裕的婆羅門家庭，因在樹下所生，故幼名畢缽羅耶那（意譯爲「樹下生」）。大迦葉黠慧聰明，八歲時即受婆羅門戒，包括四吠陀在內的諸雜技藝、祭祀法式皆悉學得。大迦葉爲父母獨子，也是龐大財產的唯一繼承人，但他本性質直，常厭世間，故一心想出家修行。父母爲其娶妻跋陀羅，但大迦葉與跋陀羅志趣相投，雖同居十二年而終不行欲。父母去世之後，大迦葉

〔註39〕 此事詳見南傳《律藏·經分別·比丘戒·九十二波逸提法·波逸提六〔第二共宿戒〕》。
〔註40〕 此事載於《長部·大般涅槃經》。

散盡家資，將白氈毛所做之昂貴衣服截斷改作僧伽梨（漢譯「袈裟」），遂捨家而覓師求道。又據南傳《相應部‧迦葉相應》所載，大迦葉行至半途，在王舍城與那羅（聚落）中間遇到了佛陀，聞法之後八日即證得智。大迦葉以僧伽梨供養世尊，而著佛陀之粗布糞掃衣，從此成為佛教僧團中的長老比丘之一。由於性格與生活背景的因素，大迦葉更看重少欲知足、獨居而不染於世俗的生活方式，主張比丘應當修「頭陀行」，亦即住於林中，著糞掃衣，自乞食而活。大迦葉身體力行「頭陀行」，終不退轉，故被譽為「頭陀第一」。大迦葉在僧團中的地位甚高，佛陀也曾讚美大迦葉「如月譬住，常如新學」，並當著廣大僧眾之面，邀其同坐一座。大迦葉的品行、修為、身世都無可挑剔，這也讓他在佛陀入滅後成為僧團的實際領袖。但大迦葉事實上並不善於領導僧團，而習慣用自己嚴峻的高標準來要求他人，對於立場、觀點不同的僧人不夠包容。早在佛陀在世時，就多次提出要大迦葉教誡比丘，而大迦葉皆表示「今甚難向諸比丘說示，彼等對所說有難色。彼等不忍，所教不能率直執受」。〔註41〕與此相反，阿難雖然修行不夠，但性格謙虛溫和，很受僧團中年輕比丘或比丘尼的歡迎。而這些新進比丘因為出家未久，往往小錯不斷，對長老比丘不夠尊重，甚至動輒捨戒還俗，既影響到了僧團的聲譽，也給大迦葉造成了管理上的不便。大迦葉斥責頭髮花白的阿難為「年少之童子不知量」，〔註42〕並企圖將其排斥於僧團結集之外，儘管後來因為僧團的推薦而允許其加入，但仍然勒令阿難當眾懺悔若干罪過。在結集佛說時，由於大迦葉只允許證得阿羅漢果的長老比丘參與，這就導致許多其他人的意見沒有被討論與吸取，因而埋下了後來僧團分裂的禍根。南傳佛經並未記載大迦葉涅槃事蹟，但北傳較晚出的佛教文獻中則記載大迦葉已於雞足山入定，肉身不滅，等待未來佛彌勒出世，再次現身以護持佛法。〔註43〕推測此傳說流

〔註41〕詳見南傳《相應部‧迦葉相應》。
〔註42〕據《相應部‧迦葉相應》載，大迦葉云：「友，阿難！如何汝與於諸根不守護，於食無節制，於夜坐不虔誠之此等年少比丘，相共遊方耶？想來，汝是踐踏穀物之徘徊者。想來，汝為害良家之徘徊者。友，阿難！汝之徒眾被破壞，友！汝之年少徒眾被消滅。此年少之童子不知量。」阿難回應：「大德迦葉！我頭髮亦呈灰白矣。然今日我等仍為尊者大迦葉，尚未除卻童子之語。」
〔註43〕記載其事者有《彌勒下生經》《阿育王經》（又名《阿育王傳》）、《天業譬喻》《大毗婆沙論》《大唐西域記》《釋迦方志》《四分律名義標釋》《佛祖統紀》等文獻，相關記載中情節曲折離奇，充滿文學渲染色彩。以《阿育王經》為例：「爾時迦葉起三三昧：一者如入涅槃竟，被糞掃衣，以三山覆身，如子入

行的原因，當由大迦葉樂於林中獨住，故入滅時無人在側料理後事，後世遂衍生種種想像。

【富樓那】

富樓那，全名爲富樓那彌多羅尼子，又譯爲滿慈子。據《佛本行集經‧富樓那出家品》記載，富樓那出身於一個極爲富裕的婆羅門家庭，其父爲淨飯王之國師。富樓那與釋迦牟尼同時而生，自小巧智聰慧，不但能背誦一切《吠陀》諸論，而且能分別義理，爲他人作解說。當釋迦牟尼舍家出走之夜，富樓那亦與朋友二十九人捨家而往至於波梨婆遮迦法之中，請乞出家，隨後一直居在雪山，苦行求道，並修得四禪及五神通。富樓那以天眼神通觀察，發現釋迦牟尼已證得佛果，正在鹿野苑演說佛法，遂與二十九名好友飛行而至鹿野苑，跟從佛陀出家。富樓那等三十人全部證得阿羅漢果，當此之時，佛陀弟子中獲得阿羅漢果者共有九十一人。《佛本行集經》所記各種佛陀弟子出家事蹟，不但情節雷同，而且充滿大量的神話渲染，可信度甚低。但經文羅列了九十一名阿羅漢名單，若與原始典籍對比，可知富樓那三十人所對應的正是南傳《律藏》中所記載的《賢眾友事》。按《律藏》所載，有三十賢眾友伴隨夫人遊玩密林，其中一位並無夫人，於是攜帶了一名妓女。由於彼三十人遊玩時過於放逸，妓女遂竊取財物而逃。三十人追蹤妓女的途中，在密林中遇見了佛陀，向他詢問妓女的去向。佛陀爲此三十人演說佛法，故三十人皆於佛陀面前出家，受具足戒。《賢眾友事》並未記載此三十人是否最後證得阿羅漢果，但此前《五十人出家》　篇則明確記錄了世間共有六十一名阿羅漢，而此六十一名之名單與《佛本行集經》中的記載吻合。由此可知，富樓那一行三十人亦即三十賢眾友，富樓那當時的身份應當是一名富家紈綺子弟，而非雪山修行的婆羅門教僧人。佛教原始典籍往往只注重佛法要旨的探討，而對弟子出家前的事蹟不甚關注，晚出的典籍爲了維護長老比丘的聲譽，往往又會對其生平加以虛構、美化和渲染，導致眞僞參半，使用時尤當加以注意揀選。

富樓那被稱爲「說法第一」，不僅是因爲他擅長說法，更是因爲他具有勇

母腹而不失壞，乃至彌勒法藏應住。二者若阿闍世王來山應開。迦葉思惟：『若阿闍世王不見我身，當吐熱血死。』三者若阿難來山當開。是時從三昧起，捨命入涅槃。入涅槃竟，地六種震動，帝釋等無數天人以天諸花供養迦葉身，三山還合以覆其身。」

往直前、捨身為法的氣魄。據南傳《中部・教富樓那經》記載，當佛陀詢問富樓那受持佛法後將要住於何國時，富樓那回答要去往西方輸那國。〔註44〕佛陀告訴富樓那，西方輸那國人兇惡粗暴，很可能會呵罵、毀辱他，而富樓那表示：這說明西方輸那國人實為賢者，至少他們還沒有打擲自己的手。佛陀再次告知，西方輸那國人很可能會打擲他的手，富樓那表示：這說明西方輸那國人實為賢者，至少他們還沒有以棒打擲自己。佛陀依次告知很可能會以棒、以笞杖、以刀打擲他，甚至可能會奪取他的生命，但富樓那都不為所動，於是佛陀讚歎他具足堅忍，認可他可以去往西方輸那國。在西方輸那國的雨季安居之中，富樓那先後指導五百優婆塞、五百優婆夷修行，為佛法的傳播做出了巨大的貢獻。富樓那去世之後，佛陀評價「善男子富樓那是賢者，彼行法之隨法，又彼為我法故無惱」，並認可他已經般涅槃。晚出的《部執異論疏》聲稱在佛陀去世之後，由富樓那在結集時誦出論藏（阿毗曇），實為不可能之事，因為富樓那先於佛陀而入滅。

【迦旃延】

佛經中以迦旃延為姓氏者頗多，習慣上將十大弟子之一的迦旃延稱為摩訶迦旃延、大迦旃延。據《佛本行集經・那羅陀出家品》記載，迦旃延出身於一個極為富裕的婆羅門家庭，其父為嚴熾王之國師，共有兩子，幼子名那羅陀（意譯「不叫」），亦即後來的迦旃延。迦旃延與長兄皆可誦得一切《吠陀》諸論，因而廣受讚譽，長兄擔心迦旃延會動搖自己的繼承權，遂心中惡念，欲害其弟。其父得知後，將迦旃延送至曾為釋迦牟尼看相的婆羅門阿私陀處為徒。經文此後的記載荒誕不經，光怪陸離，謂夜叉宮殿中舊有二偈文，只有佛陀出世之後才有人能讀知，而只有佛陀才能夠解說其義。伊羅鉢龍王欲見佛陀，遂令夜叉王前往宮殿讀取偈子，發現偈子已能讀懂，內容為：「在於何自在，染著名為染？彼云何清淨，云何得癡名？癡人何故迷，云何名智人？何會別離已，名曰盡因緣？」伊羅鉢龍王因此知佛陀已出世，遂與商佉龍王一起尋覓能解說此偈子者，情願以金器滿盛銀粟、銀器內滿盛金粟，連同商佉龍王的一名龍女作為布施。迦旃延於二龍王邊受此二偈，承諾七日後給予答案。迦旃延先去詢問了末伽梨瞿舍羅等外道六師，但他們均不能解此

〔註44〕 西方輸那國，南傳《相應部・六處相應》記載為「須那巴蘭陀國」，當為音譯全稱。

偈，於是迦旃延就去詢問佛陀，佛陀則給出了答案。迦旃延依樣回覆了兩位龍王，兩位龍王遂攜帶無量諸龍眷屬前往佛陀處問法，各各皆生歡喜心、得無礙心。迦旃延不願接受兩位龍王的豐厚布施，而是選擇皈依佛門，成為佛陀弟子。若拋開佛經中的神祕因素，單從歷史文獻的角度出發，則此二偈子只是尋常問句，不同教派的人可能回答並不一致，但絕無不能作答之理。迦旃延的出家因緣充滿神話傳奇色彩，若非全盤虛構，則此二偈子可能是他覓師之憑據，而惟有佛陀之答案能令其認可滿足。既然迦旃延幼年即能持誦一切《吠陀》諸論，又經阿私陀傾心傳授，則若非佛教新穎、精闢之理論體系，終難以厭足其心。

　　迦旃延具有特殊的從學經歷，因而在他解說佛法之時，能夠從各個角度詳細闡發微言大義。佛陀在後期說法之時，往往僅略說佛法要點，而對其義不作詳細之解說。比丘眾在記誦佛陀所說要點之後，仍然難以明瞭具體含義與修行次序，往往就前往迦旃延處詢問。迦旃延能夠針對要點巧妙設譬，又能逐條分別詮釋其內涵，令問法之比丘眾皆得歡喜。眾比丘屢次以迦旃延所廣說之語向佛陀印證，佛陀均讚歎道：「予亦唯如從大迦旃延所解說，其義完全唯如其解說也，應如是受持之。」〔註45〕所謂「論議第一」，主要強調的就是迦旃延「廣為分別略說」的能力。

【羅睺羅】

　　羅睺羅，舊譯羅雲，是釋迦牟尼之子。據《佛本行集經‧羅睺羅因緣品》記載，釋迦牟尼離家求道後六年，羅睺羅才出母胎；釋迦牟尼得道後返家之時，羅睺羅年方六歲。羅睺羅懷胎六年之事當出於後世佛教徒之神化，一聞而知必為無稽之談。據南傳《小部‧因緣譚總序》所載，耶輸陀羅生產羅睺羅之時，淨飯王曾遣使向王子道喜，王子感歎：「邪障羅睺羅出，為我之繫縛！」淨飯王因名其孫為羅睺羅。又，釋迦牟尼離家出走之夜，還「思欲見幼兒一面」，遂赴耶輸陀羅之處，見其「以手置幼兒之頭上而眠」。此書所載之事亦未必屬實，但釋迦牟尼出走之夜，羅睺羅已經誕生，卻是無可辯駁之事實。《佛本行集經》所述之事可信度不高，但其記載羅睺羅於佛陀返家時年方六歲，則應當可信。釋迦牟尼二十九歲離家，三十五歲成道，共歷六年，

〔註45〕佛陀認可迦旃延之語可參看《中部‧蜜丸經》《中部‧總說分別經》《中部‧一夜賢者經》等佛經。

羅睺羅年齡與此正合。佛陀返家時，耶輸陀羅告訴羅睺羅：「這是你的父親，去跟他索要你世襲的財產！」〔註46〕按古印度風俗，若婆羅門等貴族階層進入林棲期或遁世期，準備永遠從事禪定或苦行以尋求解脫，則會將自己俗世的家業或繼承權交付子女。如前所述，釋迦牟尼共有三個兒子，其中羅睺羅年齡最小，因此耶輸陀羅希望自己的兒子能夠獲得王位繼承權（此時佛陀的父親淨飯王仍然在位）。釋迦牟尼並沒有給予羅睺羅世襲財產，反而要求舍利弗度化羅睺羅出家，因為在佛陀眼中，沒有任何財富能及得上證得解脫的價值。羅睺羅的年齡太小，佛陀因此制定了沙彌的三皈依令，讓羅睺羅出家成為沙彌。因為阿難、難陀、提婆達多、羅睺羅等王子、王孫相繼出家，釋迦牟尼擔心品行不端的兒子善星可能會因此獲得王位繼承權，從而破壞佛法，也令其隨後出家。〔註47〕

　　羅睺羅出家後不久，其母耶輸陀羅因為思念往日之夫君與兒子，也出家為比丘尼，同住於彼之近側。羅睺羅未能忘情母親，不時前往面見其母，問訊起居。耶輸陀羅為腹痛所惱，羅睺羅還通過長老舍利弗求取澆以砂糖之庵羅汁，供給其母以緩解病痛。〔註48〕羅睺羅出家之後，雖然由舍利弗照管，但佛陀也時常通過日常瑣事予以教誡，有一次甚至通過傾倒洗足水的方式來解釋持戒及省察的重要性。由於佛陀的循循善誘，羅睺羅十分喜好戒學，經常反躬自省，從來不憑藉自己的特殊身份而享受特權。據南傳《小部・三臥鹿本生譚》載，曾有比丘欲試其心，故意將手帚、簸箕投置戶外，而在羅睺羅經過時大聲詢問「何人投置於此處」，又由旁人回答：「羅睺羅適方通過此處。」羅睺羅沒有辯解，而是默然予以整理，並謝罪請求原諒。佛陀制定戒律「禁止比丘與未受戒人同宿」之後，因為羅睺羅身為未受具足戒之沙彌，比丘不敢與其宿處，羅睺羅既未當眾抗議，又不肯麻煩舍利弗等長老比丘，竟甘願整夜宿於佛陀常用之觸房（廁所）內。另據《央掘魔羅經》記載，央掘魔羅曾詢問為何佛陀稱歎羅睺羅為「恭敬戒第一」，羅睺羅以偈子回答：「一切佛所說，專心恭敬持，是則為世間，第一恭敬戒。」羅睺羅就是這樣內蘊

〔註46〕此事詳見南傳《律藏・犍度・大品・第一　大犍度・〔餘財〕》。
〔註47〕《大般涅槃經》云：「佛言：『善男子，我於往昔初出家時，吾弟難陀，從弟阿難、調婆達多，子羅睺羅，如是等輩皆悉隨我出家修道。我若不聽善星出家，其人次當得紹王位，其力自在當壞佛法。』」善星年齡最長，但其母的位次在耶輸陀羅之後，因而要到羅睺羅出家後，他才有可能獲得王位的繼承權。
〔註48〕此事載於南傳《小部・正中本生譚》。

善行，與世無爭，對一切佛說都恭敬奉持，所以被譽爲「密行第一」。

　　小乘諸經並未記載羅睺羅入滅之事，而據北傳大乘《大悲經》卷第二云：
「商主佛告羅睺羅：『……羅睺羅，汝亦不久當般涅槃。』……爾時世尊告羅
睺羅言：『……羅睺羅，我今般涅槃已，更不與他作父；羅睺羅，汝亦當般涅
槃，更不與他作子。』」按此，則羅睺羅當於釋迦牟尼涅槃後不久亦入滅。但
大乘《彌勒下生經》記載，釋迦牟尼命令自己的四位聲聞弟子不得涅槃，除
大迦葉需要等待未來彌勒佛出世外，其餘屠鉢歎比丘、賓頭盧比丘、羅雲比
丘三位堪任教化，須至現存佛法滅盡方可涅槃。若依此說，羅睺羅入滅當在
千年之後。大乘《妙法蓮華經》又記載羅睺羅迴向大乘，當於未來久遠之世
證得佛果。彼此矛盾的異說之存在，從側面說明羅睺羅去世之事蹟古時所載
即已不詳，故後世多所附會。

　　佛陀最主要之十大弟子略述如上。在考察其生平時，筆者主要依據較原
始之典籍，排除掉各種神秘因素，儘量不計入大量晚出之大乘佛經中的事蹟。
由於大乘佛經宣揚釋迦牟尼在久遠世之前已經成佛，故其在若干前世時都曾
說法並教授出了不計其數的菩薩弟子，而其中大多數修爲更勝過此世的小乘
弟子。上述十大弟子皆爲歷史上可靠之人物，並非向壁虛構之形象，與後世
佛教徒生造出的各種大乘菩薩弟子有顯著不同。

第三節　原始佛法的要義

　　《奧義書》將人類的欲望與獲得生命的解脫對立起來，這一立場成爲佛教
興起前的主流意識形態。儘管在釋迦牟尼之前，六師外道中的個別派別曾經向
這一立場發起過挑戰，但都沒有動搖或突破這一基本框架。沉浸於聲色犬馬的
感官欲望之中，無疑是對理性的腐化與摧毀，因而凡是鼓吹享樂主義的宗教，
都遲早會走向文明的反面。而想要克服與生俱來的好逸惡勞習氣，進而徹底滅
除人類的本能欲望，就必須磨煉人類的自主意志，而這就很容易走向極端的苦
行模式。釋迦牟尼早年的生活正是一種徹底縱慾的模式，而在離家修行之後又
嘗試了各種各樣的苦行，他發現二者都無助於解脫，因而倡導一種不偏不倚的
生活模式，他稱之爲離於二邊的「中道」，亦稱「不二中道」。〔註49〕具體而言，

〔註49〕關於「中道」或「不二中道」的解釋，部分佛教徒或學者經常脫離原始典籍，
　　　　望文生義，自我發揮。概括而言，其錯誤類型主要有三類：一類以爲「中道」
　　　　即「中」之道，將其與儒家的「中庸」之道相結合，主張任何行爲都要不偏

中道共可分為八正道，包括正見、正思惟、正語、正業、正命、正精進、正念、正定。正見是指佛教的四聖諦，亦即苦之智、苦集之智、苦滅之智、順苦滅道之智；正思維是出離之思惟、無恚之思惟、無害之思惟；正語是指離虛誑語、離離間語、離粗惡語、離雜穢語；正業是指離殺生、離不與取、離非梵行；正命是指斷邪命，於正命為活命；正精進是未生之惡不善法不令生起，已生之惡不善法一概斷絕，未生之善法使令生起，已生之善法繼續修習；正念是指四念處，亦即觀身不淨，觀受是苦，觀心無常，觀法無我；正定是指四禪定。八正道之中，正語、正業、正命是正確的行為規範，正見、正念、正思維是正確的思想意識，正精進、正定則是正確的修行方式。與徹底拋棄正常的社會生產活動而在密林中進行苦行或冥想不同，佛教在一定程度上肯定了人類正常生活的價值，只要不違背八正道，並不影響修行佛法，這使在家弟子（優婆塞、優婆夷）的出現成為可能。

　　八正道中的正見是其餘各項的前提，若無正確的見解，則一切修行都無從談起，而八正道本身其實也是一種正見。正見所指的四聖諦（苦、集、滅、道），是一切佛法的核心。苦諦，是指視人生為苦海，而生命循環流轉其中，沒有獲得解脫。具體而言，佛教認為人生共有八種苦難，分別為生、老、病、死、愛別離、怨憎會、求不得、五陰熾盛（按，「五陰熾盛」一譯「五取蘊」，實際上是對其餘七苦性質的一種簡要概括，不當單列為一苦，故原始佛經在羅列前七苦之後，又稱「略說為五取蘊苦」。〔註 50〕但前賢多誤讀典籍，「八

不倚；另一類將「中道」與「無我」的概念相結合，擴大了「中道」內涵，讓其涵蓋「一切悉皆非我、不異我、不相在」的世界觀；還有一類則根據晚出的大乘典籍（尤其是龍樹開創的中觀派），將「不二」的主旨拔高為「不生亦不滅，不常亦不斷，不一亦不異，不來亦不出」。但從佛陀的言論來看，「中道」或「不二中道」只是指既非縱慾亦非苦行的修行方式，亦即八正道。南傳《相應部‧大篇‧諦相應‧第一　如來所說》：「諸比丘！出家者不可親近於二邊。以何為二邊耶？（一）於諸欲以愛欲貪著為事者，乃下劣、卑賤、凡夫之所行、非聖賢，乃無義相應。（二）以自之煩苦為事者，為苦，非聖賢，乃無義相應。諸比丘！如來捨此二邊，以中道現等覺。此為資於眼生、智生、寂靜、證智、等覺、涅槃。諸比丘！云何乃能如來於中道現等覺，資於眼生、智生、寂靜、證智、等覺、涅槃耶？乃八支聖道是。謂：正見、正思惟、正語、正業、正命、正精進、正念、正定是。諸比丘！此乃如來所現等覺之中道，此乃資於眼生、智生、寂靜、證智、等覺、涅槃。」

〔註 50〕《相應部‧大篇‧諦相應‧第一　如來所說》：「諸比丘！苦聖諦者，即是此，謂：生苦、老苦、病苦、死苦、愁悲憂惱苦、遇怨憎者苦、與所受者別離苦、所求不得苦，略說為五取蘊苦。」

苦」之說相沿已久，此處亦姑且從俗）。這八種苦難，無論何種出身、何種民族、何種膚色、何種生命形態都無法避免，縱然塵世中稍有快樂之事，但因爲快樂稍縱即逝，而生死無常，輪迴不休，如同苦海無邊無際。集諦，指的是苦產生的原因。後有起、喜貪俱行、隨處歡喜之渴愛是導致輪迴之因，共可分爲三種：欲愛、有愛、無有愛。佛教將世界分成欲界、色界、無色界三種，欲愛、有愛、無有愛就分別對應對三種世界的渴愛，也會分別導致輪迴至此三種世界的苦果。〔註51〕滅諦指的是將此渴愛無餘離滅、棄捨、定棄、解脫，是度脫苦海之後的清淨境界，也就是佛教所稱的涅槃、入滅。道諦則是實現解脫的途徑，亦即八正道。

十二因緣圖

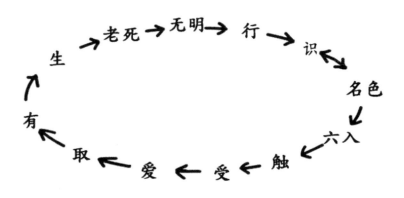

　　佛教解釋個體生命循環的具體理論則是「十二因緣法」，亦即緣無明生行，緣行生識，緣識生名色，緣名色生六處，緣六處生觸，緣觸生受，緣受生渴愛，緣渴愛生取，緣取生有，緣有生生，緣生生老死愁悲苦憂惱。其中識與名色兩項實際上是互緣的關係，亦即緣名色而有識，緣識而有名色。生命之初，嬰兒在母胎中漸漸生長，但有胎形，尚無六入，此時認知能力（識）與所認知的對象（名色）互爲因果，彼此催生。當色（物質）與名（精神）產生之後，眼、耳、鼻、舌、身、意等六入處隨之形成，嬰兒發育出胎。人類誕生之後，六根與一切外境接觸，都可能產生苦、樂等種種感受。有了具體的感受，人類就會對塵世的一切（包括自己的身體、意識）產生貪愛之心，

<hr/>

〔註51〕　《瑜伽師地論》卷十：「欲愛云何，謂欲界諸行爲緣所生，於欲界行染污希求，由此能生欲界苦果。色愛云何，謂色界諸行爲緣所生，於色界行染污希求，由此能生色界苦果。無色愛云何，謂無色界諸行爲緣所生，於無色界行染污希求，由此能生無色界苦果。」

因而拼命執取佔有所喜愛之物，逃避捨棄所憎惡之物。種種被貪愛所染污的所作所為，就會形成自己的業力，種下來世繼續輪迴受生的前因。無明，是指不懂得解脫智慧（四聖諦）的愚癡，也是眾生沉淪苦海的根本。因為沒有斷除無明，所以在此生臨近結束時，色身會逐漸衰老死亡，生命將會繼續輪迴，又開啓下一世的生命。輪迴不休，苦難不止，而不能獲得清淨的涅槃解脫。

佛教修行的目標，就是要打破這種循環的鏈條，從此可以擺脫生命的輪迴，獲得徹底的解脫與自由。在六入形成之前，嬰兒尚未出胎，修行無法著力；在業力已作之後，來世受生的因已種下，今生注定無法獲得解脫。從十二因緣的鏈條來看，修行可以用力之處就在於從「觸」到「取」一段，而且越早用力越能隔絕後緣。人非瓦石，眼睛難免要注視各種對象，但若保證在注視的過程中不產生苦、樂等等染污的感受，那麼這種注視就是清淨的，這種觸就不會形成最終導致苦果的貪愛。如南傳《中部·教富樓那經》所云：「有眼所識之諸色，〔此〕為可望、可好、可喜、可愛、俱欲者，當染著。若有比丘，歡喜、稱說、樂著而住者，彼因其歡喜、稱說、樂著而住故，喜生。喜之集故，富樓那！我言有苦之集。……若有比丘，其不歡喜、不稱說、不樂著而住者，於彼，其不歡喜、不稱說、不樂著而住故，〔即〕喜滅。富樓那！喜之滅故，我言有苦之滅。」不僅是眼睛所察之諸色如此，耳朵所聞之聲音、鼻子所嗅之氣味、舌頭所嘗之味道、身體所觸之感覺、意識所察之念頭皆是如此，這就是打斷觸－受－愛之間鏈條的方式。一旦貪愛已經產生，難免想要執取佔有，此時只能依靠外在的約束來制約，這就是戒律的作用。如南傳《增支部·優波離品》所稱：「如來緣十種義趣為諸弟子制學處，說波羅提木叉。何等為十耶？即為僧伽之極善，為僧伽之安樂，為惡人之折伏，為善美比丘之樂住，為防護現法之漏，為阻害當來之漏，為令未信者而信，為令已信者而增長，為令律正法，為攝受其律。」波羅提木叉，意譯為隨順解脫、保得解脫，指僧人所應遵守的戒律。戒律可以「防護現法之漏」，「阻害當來之漏」，實際上就是針對「愛－取－有」的鏈條下工夫。佛陀稱持戒為「救護之法」，謂「此比丘是具戒者，能防護波羅提木叉之律儀，具足行、所行而住，於見微小之罪而怖畏，受持而學學處，長老比丘亦思此為可談可教誡之人，中位比丘亦（思此為可談可教誡之人），新參比丘亦思此為可談可教誡之人。彼若能哀愍於長老比丘，能哀愍於中位比丘，能哀愍於新參比丘者，

善法增長是可預期，不可〔預期〕損滅。此乃救護之法。」〔註52〕憑藉嚴守戒律，可以防止造作惡業，可以獲得未來福報，可以有機會親近大德，可以增強抵禦各種誘惑的定力，對於進一步提高修行的水平大有幫助。但是，貪愛既然已經產生，只靠後天的自我抑制並不能從源頭上解決問題。要證得解脫，主要依靠的是智慧，因為只有憑藉智慧斷除無明，才能真正消除下一世的受生，達到「我生已盡，梵行已立，所作已作，自知不受後有」的境界。

　　依據原始佛經的說法，獲得解脫果位的共有三類聖者：佛、辟支佛、阿羅漢。辟支佛是辟支迦佛陀（Pratyekabuddha）的簡稱，但經文中對於辟支佛的解釋並不清晰，這也就導致了後世文獻對此果位的解釋互相矛盾，甚至出現了一系列的誤讀。今若端本清源，可考知辟支佛共有如下特性：其一，不與佛同時出世。據南傳《小部・水本生譚》記載：「昔日之賢人等，於佛未出世時，制伏煩惱得辟支佛之智。」又據《增一阿含經・力品》記載，佛陀出世之前兩年，「諸辟支佛即於空中燒身取般涅槃。所以然者，世無二佛之號，故取滅度耳。一商客中終無二導師，一國之中亦無二王，一佛境界無二尊號。」由此可知，辟支佛與佛存在差異，辟支佛可以同時在世，但辟支佛並不與佛同世。較晚出的大乘佛經已對此點不甚了了，如《法華經》云「若有眾生，從佛世尊聞法信受，殷勤精進，求自然慧，樂獨善寂，深知諸法因緣，是名辟支佛乘」，實際上已經違反了原始佛經的定義。辟支佛既然不與佛同時出世，「從佛世尊聞法信受」云云自然無從談起。其二，辟支佛雖然可以說法，但並沒有固定的弟子群體。據《增一阿含經・善聚品》記載：「辟支無此法，無歲無弟子，獨逝無伴侶，不與他說法。」此處的「不與他說法」容易造成歧義，因而不少佛學者主張辟支佛「為不教他人救道之佛」，〔註53〕但事實上《阿含經》中記載了大量的辟支佛說法事蹟，甚至佛陀本人也宣稱自己前世曾聞聽過辟支佛的教誡。例如南傳《小部・五師本生譚》：「我因守辟支佛之訓戒，始能得此榮光。」又，《小部・阿瓦利耶品》：「如是彼辟支佛依善巧之所說，救王超脫。……辟支佛說諸欲之罪障，解釋自己之所說。」再如《小部・犍陀羅品》：「彼妻聞彼之言云：『因貴君聞辟支佛之說教，予亦在此家庭不能滿足。』」可見辟支佛並非不說法教人，只是沒有固定的僧團或伴侶，亦即並無相對固定的說法對象。其三，辟支佛的地位雖在佛之下，

〔註52〕引文出自南傳《增支部・救護品》。
〔註53〕此處所引為元亨寺悟醒所譯南傳《小部・雛鳥品》下注釋之語。

但仍在阿羅漢之上。佛陀多次陳述應當供養辟支佛，而且應當爲其舍利造塔。據南傳《長部·大般涅槃經》記載：「有四種人，應該值得爲之造塔。四者何耶？如來、阿羅漢、等正覺者應值得造塔；辟支佛應值得造塔；如來之聲聞弟子應值得造塔；轉輪王應值得造塔。」從羅列的次序來看，辟支佛的地位介於佛與阿羅漢之間，因爲阿羅漢屬於佛陀的聲聞弟子。另據《四十二章經》云：「飯十億阿羅漢，不如飯一辟支佛。飯百億辟支佛，不如飯一三世諸佛。」可見這三種聖者地位排列之高低，在早期佛教是公認的事實。在無佛之世，供養辟支佛就是最大的功德，根據南傳《小部·雛鳥品》，佛陀自己在前世就曾供養過辟支佛。辟支佛不與佛同時在世，是通過自己的努力證得解脫，因此又被稱爲獨覺。後世的部分佛教徒由於對辟支佛的概念不瞭解，又受《法華經》之類的大乘佛經影響，誤以爲阿羅漢與辟支佛都是聞聽佛陀說法而證悟，區別在於阿羅漢修證四聖諦，而辟支佛則觀察十二因緣法，故將二者區分爲「聲聞乘」與「緣覺乘」。當今的大乘佛教徒發現其中矛盾之處，又將「緣覺乘」修正爲「沒有聽聞佛陀教說，獨自觀察十二因緣等法理而覺悟」，雖然追加了「獨覺」的特性，但又與《法華經》「從佛世尊聞法信受」的說法矛盾，處於一種左支右絀的境地。而實際上，四聖諦與十二因緣法均爲原始佛法的核心內容，無論阿羅漢還是辟支佛的證悟過程都離不開對二者的領悟，強行分隔二者本來就是違背佛法的做法。佛陀在世時，不僅爲弟子開示四聖諦，同樣也解釋十二因緣法，所謂的「聲聞乘」本身即兼修二者。

　　佛陀弟子眞正的解脫果位被稱爲阿羅漢（南傳多譯爲「阿拉漢」），這一稱呼並非佛教所獨創，而是當時人對於已證得解脫的修行者的尊稱，像耆那教等教派也用阿羅漢來稱呼自己教內的覺悟者。佛陀也宣布自己爲阿羅漢，而且佛經中曾多次宣稱，就解脫的境界而言，佛與阿羅漢的境界並無高低之分，也沒有任何差別，﹝註54﹞然而這一立場在大乘教派崛起之後遭到了徹底的摒棄。根據原始佛經的記載，佛陀親自陳述過佛與阿羅漢的區別：「如來、應、等正覺未曾聞法，能自覺法，通達無上菩提，於未來世開覺聲聞而爲說法，……是名如來、應、等正覺未得而得，未利而利，知道、分別道、說道、

﹝註54﹞《中阿含經·梵志品瞿默目揵連經》：「梵志瞿默目揵連即問曰：『阿難，若如來、無所著、等正覺解脫及慧解脫、阿羅訶解脫，此三解脫有何差別？有何勝如？』尊者阿難答曰：『目揵連，若如來、無所著、等正覺解脫及慧解脫、阿羅訶解脫，此三解脫無有差別，亦無勝如。』」

通道，復能成就諸聲聞教授教誡，如是說正順，欣樂善法。是名如來、羅漢差別。」〔註55〕亦即佛與阿羅漢的差別主要在於佛陀是憑藉自己的能力而證悟，是第一位阿羅漢，後來的阿羅漢則是通過聞聽佛陀說法而獲得證悟。儘管證悟之後的境界沒有差別，但從解脫的先後次序而言，則是源與流、師與徒的關係。另外，佛陀可以「成就諸聲聞教授教誡」，指導各種資質不同的弟子獲得解脫，但阿羅漢並不一定具備此能力。客觀上，佛陀在覺悟之前，曾經嘗試過各種不同的修行方式，因而對於其利弊有著清醒的認識，可以針對不同的對象進行針對性的指點，但聞聽佛陀說法而證悟的阿羅漢卻未必有此經歷，甚至許多阿羅漢慣於獨住林中，不樂說法。這兩點看似微小的差別，對於信眾的影響力卻十分巨大，這也成為後世大乘教派中佛陀的地位不斷被抬高、阿羅漢的地位一再下降的直接誘因，甚至於一個利益眾生、善於說法的菩薩階層因此而被創造了出來。

　　要證得阿羅漢的果位，通常要經過四個階段：

　　第一個階段被稱為預流果（音譯須陀洹，舊譯入流），證得預流果的修行者將獲得「無退墮之法」，在修行的道路上不再退步，未來必將證得涅槃。北傳《長阿含‧闍尼沙經》宣稱預流果「極七往返必盡苦際」，亦即最多七次往返於天界、人界之中，就將會證得解脫，而對應的南傳《長部‧闍尼沙經》則沒有這種明確的時間限定。預流果需要斷除三結——身見結、疑結、戒禁取結。「結」為繫縛、煩惱之意，是引發欲望增長、令修行無法前進的障礙，故南傳《增支部‧無上品》云：「所謂結者，是五種欲之增語。」佛教認為人身由五蘊（色、受、想、行、識）和合而生，虛妄不實，若妄執此五蘊和合之身以為是「我」，對「我」之生命難捨難棄，種種計較盤算，種種貪求享受，即墮入身見（音譯為「薩迦耶見」）。《雜阿含‧羅睺羅所問經》等佛經均反覆指出，正確的認識是「彼一切悉皆非我、不異我、不相在」，亦即一切物質（色）或精神（受、想、行、識）的存在既與我不一致，也沒有獨立於我而存在，彼此之間也並非互相包含的關係。破除身見、否定常我，這是佛教理論體系的重要基石之一，也是它區別於順世派等唯物論教派、婆羅門教等有神教派的關鍵所在。疑結指懷疑正理，不能深信佛法，對佛所說

──────────────────────

〔註55〕引文出自北傳《雜阿含經‧觀經》，南傳《相應部‧等覺者》有類似記載：「如來、應供、正等覺者，乃令起未起之道，令生未生之道，說未說之道，知道，覺道，悟道。諸比庫！如今諸弟子，隨於道，隨從而成就。諸比庫！此乃如來、應供，正等覺者與慧解脫比庫之差別，特相，殊異是。」

存在動搖疑惑。破除疑結，實際上是對信仰的過分強調，這也導致佛教後期逐漸由哲學向宗教演化，理性的精神大幅度減少，神秘化的成份則日益增多。戒禁指各種戒律、禁忌，戒禁取結指遵守種種戒禁，以爲藉此就可以獲得清淨解脫。佛陀在世之時苦行之風盛行，修行者「或唯食草葉，或唯食牛糞」等等，釋迦牟尼也曾身體力行，〔註56〕但在他覺悟之後，則宣布這種修行方式只會令人墮入地獄等處受苦。〔註57〕佛教早期不爲僧人制定戒律，故戒禁取結自然不會指佛教而言。但在佛教產生戒律之後，甚至部分戒律條文與外道的一致（譬如耆那教亦有不殺生、不偷盜等戒），佛教既要肯定自身戒律的價值，又要維護破除戒禁取結的教義，則不得不對「戒禁取結」的定義進行修正，特指遵守外道所堅持的、與佛教相背離的邪戒。類似的立場在佛教自身所遵守的戒律條文一致時，尚可以運行無礙，但一旦佛教不同的群體間出現戒律條文上的衝突，就很容易將對方或被對方打上「戒禁取」的標籤，釀成重大衝突。事實上，佛教後世的部派分裂，戒律衝突就成爲其中非常重要的原因之一。預流果需要破除的三結都是見解上的障礙，因而必須通過思維「四聖諦」而破除，「此等謂由見捨離漏也」。〔註58〕預流果是聲聞乘最初之聖果，故亦稱爲「初果」，此果及以上境界的修行者即可被視爲聖者。

第二個階段被稱爲一來果（音譯爲斯陀含），因與「初果」相對應，亦稱「二果」。要證得一來果，修行者除了要斬斷三結之外，還需要貪欲、嗔恚、愚癡都變得稀薄。證得一來果的修行者，最多還將會有一次往來於天界、人界中轉生，就會最終獲得解脫。後世高僧在概念上愈分愈細，謂三界九地各有九品思惑，〔註59〕一來果聖者斷除了欲界九品思惑中的前六品，而尚有後三品之惑，故云薄貪嗔癡。事實上，將貪欲等每種煩惱區分爲九個品位，不

〔註56〕南傳《中部・師子吼大經》：「舍利弗！於此予有如是苦行，……或唯食草葉、或唯食牛糞，……如是行種種身體之苦行難行。舍利弗！予有如是之苦行。」
〔註57〕南傳《中部・得法小經》：「云何受法爲現在樂、未來受苦報？……或〔唯以〕草爲食或〔唯以〕牛糞爲食，……如是，從事如是種種身之苦行、難行，彼身壞命終後，生於惡生、惡趣、墮處、地獄。諸比丘！是謂受法現在苦、未來受苦報。」
〔註58〕南傳《中部・一切漏經》：「彼正作意『此是苦也。』正作意『此是苦之集也。』正作意『此是苦之滅。』正作意『此是苦滅之道也。』作如是思念者，則三結令捨離也。三結者乃身見、疑、戒禁取是也。諸比丘！此等謂由見捨離漏也。」
〔註59〕據《俱舍論》卷二十三：三界總有九地，即欲界、四禪、四無色。其中欲界具有四種思惑——貪、嗔、慢、無明，四禪、四無色已除嗔，尚有其餘三惑。各界中思惑又分上上、上中乃至下下共九品，合之爲八十一品思惑。

僅瑣碎而無益，在實際操作上也不太可能實現。這種看似精細的概念區別，正是讓佛教從淺顯易懂轉向學院化、喪失傳播活力的罪魁禍首之一。

第三個階段爲不還果（音譯爲阿那含），也稱「三果」。要證得不還果，需要斷除五下分結，亦即除了斷除初果三結之外，還需要斷除欲界的貪欲結與瞋恚結。不還果聖者已斷除了所有的欲界九品思惑，成爲化生者，不再通過受胎轉生到人間。相對於阿羅漢果而言，不還果於戒圓滿，於定圓滿，但於慧仍不圓滿。不還果依據五根（信根、精進根、念根、定根、慧根）圓滿程度之不同，又可自高至低細分爲五種：中般涅槃、生般涅槃（又譯「損害般涅槃」）、無行般涅般、有行般涅槃、上流至色究竟。《阿含經》並未詳細解釋五者的區別，但後世高僧的論著如《人施設論》《清淨道論》《大毗婆沙論》《俱舍論》中則敍述得較爲清晰，然而其解釋並不統一，準確性令人生疑。矛盾的焦點在於「中般涅槃」之「中」所指爲何，一部分高僧（如《清淨道論》）認爲「中」指「中壽」，解釋「中般涅槃」爲「死後化生於梵天界，在其到達到應有壽命的一半之前進入涅槃」；另一部分高僧（如《俱舍論》）認爲「中」指「中有」，解釋「中般涅槃」爲「於欲界死後、尚未生至色界的『中有』之間，即進入般涅槃」。中有（又譯「中陰」）建立在輪迴理論的基礎之上，特指眾生在今世死與來世生之間的生命狀態。由於《阿含經》中對是否存在「中有」無明確說明，這也成爲原始佛教不同教派間爭論的焦點之一，後出的大乘佛經則多數支持「中有」存在，對其描述也逐漸詳細而充滿神秘化。〔註60〕五種不還果已難以確考，後世高僧或又將中般涅槃區分爲速般、非速般、經久般三種，將上流至色究竟分爲樂慧、樂定二種，每種再分爲全超般、半超般、遍沒般等三種，實在畫蛇添足，節外生枝。原始佛經只是強調不還果聖者不會再轉生到此世界，並未限定來世會在何處天界化生，但在南傳《中部・師子吼大經》中，佛陀自稱：「於此長遠之間，予未嘗輪迴，未得輪迴界，然除淨居天外。若輪迴淨居天者，予不再來此世界。……於此長遠之間，予未嘗生，然除淨居天外。若予生於淨居天者，予不再來此世界。……於此長遠之間，予未嘗有住，然除淨居天外。若住於淨居天，予不再來此世界。」因此緣故，後世高僧一般認爲不還果聖者來世將化生於淨

〔註60〕如《瑜伽師地論》卷一云：「死生同時，如秤兩頭低昂時等，而此中有必具諸根。造惡業者所得中有，如黑羺光，或陰闇夜；作善業者所得中有，如白衣光，或晴明夜。」

居天之中。大乘《楞嚴經》等佛經則指出共有「五不還天」（又名「五淨居天」），位於色界天的最高層，僅為三果聖人所居住之處，其下諸天皆不能知見。然據南傳、北傳《大會經》記載，佛陀與五百大比丘於迦維林中集會，「十方諸神妙天無不來此禮觀如來及比丘僧」，四淨居天亦來參會唱偈，但並未提及五淨居天。然則「五淨居天」云云，或者仍是由後世高僧所構建而成。

第四個階段為阿羅漢果（又音譯作阿盧漢、阿羅訶、阿拉漢，意譯應供、殺賊、不生、無生、無學等），也簡稱為「羅漢」，或稱為「四果」。要證得阿羅漢果，需要斷盡三界九地八十一品思惑，亦即在斷除五下分結的基礎之上，徹底斷除五上分結（色界貪、無色界貪、掉舉、我慢和愚癡），達到「我生已盡，梵行已立，所作已作，自知不受後有」的境界。阿羅漢是遵循佛陀的教導，最終脫離生死輪迴而達到涅槃的聖者，既是南傳小乘佛教的最高果位，也是佛陀本人的稱號之一。據《增一阿含經》卷七云：「爾時世尊告諸比丘：『有此二法涅槃界，云何為二？有餘涅槃界、無餘涅槃界。彼云何名為有餘涅槃界？於是比丘滅五下分結，即彼般涅槃，不還來此世，是謂名為有餘涅槃界。彼云何名為無餘涅槃界？如是比丘，盡有漏，成無漏；意解脫，智慧解脫；自身作證而自遊戲：生死已盡，梵行已立，更不受有，如實知之，是謂為無餘涅槃界。此二涅槃界，當求方便，至無餘涅槃界。如是，諸比丘！當作是學。』」據此，不還果與阿羅漢果的區別，是有餘涅槃與無餘涅槃的區別。不還果只是「不還來此世」，並沒有真正實現無餘涅槃，仍然需要繼續修行；阿羅漢果則已經具備了解脫的智慧，打破了輪迴的鏈條，肉身入滅後將會徹底獲得無餘涅槃。但依據原始佛經的描述，在證得阿羅漢果之後、肉身入滅之前的階段，由於身體尚在，阿羅漢仍然會感受病痛。據南傳《中部·教闡陀經》、北傳《雜阿含·闡陀經》記載，闡陀尊者因為不堪忍受病苦折磨，選擇了執刀自殺，但佛陀並不認為他有過咎，而是認定他已證得了解脫，不會再受生。此外，舍利弗、大愛道等阿羅漢，因為不忍見佛陀入涅槃而選擇了提前入滅，也是另外一種形式的「自殺」。即使佛陀本人，晚年也一樣飽受背痛、痢疾等困擾。由此可見，阿羅漢雖然生死之因已盡，但所依之肉身仍然有漏，只有肉身入滅之後，才能真正實現無餘涅槃。可能正因為如此，後世的高僧論著（如《大毗婆沙論》《成唯識論》等等）開始誤用了「有餘涅槃」

「無餘涅槃」的定義，將阿羅漢肉身入滅前的階段稱爲「有餘涅槃」，肉身入滅之後稱爲「無餘涅槃」。大乘教派崛起之後，又進一步貶低小乘佛教，乾脆將阿羅漢果也認定爲「有餘涅槃」，只有大乘佛果才配稱爲「無餘涅槃」，概念的內涵一變再變，彌失其眞。另據北傳《中阿含經・福田經》，「無學人有九」，分別爲「思法，陞進法，不動法，退法，不退法，護法（護則不退、不護則退），實住法，慧解脫，俱解脫」。按此經文，阿羅漢（無學）共分爲九類，從思法、退法至慧解脫、俱解脫不等，可見阿羅漢之境界還可能會有退轉。後世若干高僧論著（如《俱舍論》《雜阿毗曇心論》）則聲稱阿羅漢有六種，缺少「不退法」「慧解脫」「俱解脫」三種，與北傳《福田經》不合，南傳《阿含經》中則全然不見此種分類。但南傳《相應部・惡魔相應》、北傳《雜阿含・瞿低迦經》均記載了瞿低迦尊者在經歷了六次境界退轉後，爲了防止再次退轉而揮刀自殺的事蹟，佛陀亦爲其授記獲得解脫，由此可見阿羅漢境界可能退轉是經佛陀所認可的事實。但修行者在證得預流果之時就已獲得「無退墮之法」，證得阿羅漢果時又斷除了「掉舉」和「愚癡」，阿羅漢會退轉之說與此類經文有所矛盾，而阿羅漢會退轉至何境界，是旋退旋得，還是退至三果乃至初果，經文並未提及，這也成爲佛教宗派分裂時一個關鍵的分歧點。

　　要證得初果乃至四果，主要依賴於體悟「四聖諦」所產生的智慧。禪定之功雖然歷來被佛教界所看重，但對於解脫而言卻並不是必須的。禪爲梵文「禪那」（Dhyāna）之簡稱，意譯爲「思維修」，所看重的是對於佛法要義的如實思維，而非純粹的打坐淨心。從《阿含經》來看，早期比丘的修行方式，往往是在聞聽佛陀說法之後，「獨一靜處，專精思維，不放逸住，乃至自知不受後有」。聞法之後，遠離塵囂騷擾，以便於專心致志的體悟佛法，觀察其義，直到徹底領悟解脫的智慧，這才是禪修的準確內涵。〔註61〕禪修並不等於禪定，更不等於打坐。根據《雜阿含・須深經》記載，慧解脫阿羅漢雖然不具足禪定之力，甚至連初禪的定力都沒有，但卻已經證得解脫。在佛陀之世，慧解脫阿羅漢的數量也遠遠高於其他種類，佛陀曾告訴舍利弗，在五百位阿羅漢之中，「九十比丘得三明，九十比丘得俱解脫，餘者慧

〔註61〕經文中類似語句極多，例如《雜阿含經・羅睺羅經》：「爾時，世尊復觀察羅睺羅心解脫智未熟，廣說乃至告羅睺羅言：『汝當於上所說諸法，獨於一靜處，專精思惟，觀察其義。』爾時羅睺羅受佛教救，如上所聞法、所說法，思惟稱量，觀察其義，作是念：『此諸法一切皆順趣涅槃、流注涅槃、後住涅槃。』」

解脫」，〔註62〕可見慧解脫才是當時最主要的證果路徑。禪定雖然並非解脫的必要條件，但卻是解脫的重要助力之一，具備四禪八定的阿羅漢，能夠於八解脫皆得自在，故被稱為俱解脫阿羅漢。據南傳《長部・大緣經》記載，佛陀認為「此俱解脫之外，且無更殊勝之解脫」。俱解脫阿羅漢可以出入三界，有能力進入滅盡定，因而也就具有了隨時自主進入般涅槃的能力。以舍利弗為例，在他選擇進入涅槃之時，「正身正意、繫念在前而入初禪，從初禪起入二禪，從二禪起復入三禪，從三禪起復入四禪，從四禪起復入空處、識處、不用處、有想無想處，從有想無想起入滅盡定。從滅盡定起入有想無想處，從有想無想起入不用處、識處、空處，從空處起入第四禪，從第四禪起入三禪，從第三禪起入第二禪，從第二禪起入初禪。從初禪起入第二禪，從第二禪起入第三禪，從第三禪起入第四禪」，「從四禪起已」，「以其夜而般涅槃」。〔註63〕目犍連、大愛道、佛陀等聖者進入涅槃的次序與此一致，均經過九次第定的過程，最後由四禪起而取般涅槃。慧解脫阿羅漢由於沒有能力進入滅盡定，只能像瞿低迦尊者那樣，通過揮刀自殺等方式來結束生命，以擺脫肉體的束縛，證得般涅槃。此外，慧解脫阿羅漢也不像俱解脫阿羅漢那樣可能具備各種所謂的「神通力」，因而顯得更像普通人，在這點上反而不如許多宣稱具有神通的外道更能眩人耳目。慧解脫阿羅漢是阿羅漢的主體，也是歷史上的真實，他們無法宣稱自己具有各種上天入地的神通，無法陳述前世、來世的各種宿命，無法隨意與梵天、忉利天等諸天對話，因而也成為佛教無法宗教化、神秘化的障礙。在佛教的傳播過程中，尤其是大乘佛教崛起之後，佛陀的地位一再被拔高，阿羅漢的地位相應下降，二者之間的空隙則由施展神通更為頻繁、廣大的菩薩階層所填補。

　　綜上所述，在原始佛法的理論體系中，四聖諦是佛法的核心主旨，八正

〔註62〕《雜阿含經・懷受經》：「佛住王舍城迦蘭陀竹園夏安居，與大比丘眾五百人俱，皆是阿羅漢，諸漏已盡，所作已作，離諸重擔，斷除有結，正智心善解脫。除一比丘，謂尊者阿難，世尊記說彼現法當得無知證。……佛告舍利弗：『此五百比丘中，九十比丘得三明，九十比丘得俱解脫，餘者慧解脫。舍利弗！此諸比丘離諸飄轉，無有皮膚，真實堅固。』」

〔註63〕引文出自《增一阿含經・四意斷品》。《賢愚經》記載與此不同，謂舍利弗「從滅盡定起而般涅槃」。但目犍連、大愛道、佛陀進入涅槃次序皆與《增一阿含經》所記載一致，而據《長阿含・遊行經》記載，佛陀進入滅盡定後，「阿難問阿那律：『世尊已般涅槃耶？』阿那律言：『未也，阿難。世尊今者在滅想定。我昔親從佛聞，從四禪起乃般涅槃。』」由此可知，《賢愚經》所載有誤。

道是修行者的生活行為準則，十二因緣道是生命的輪迴生成理論，從初果到四果的過程則是修行者獲得解脫的次第順序。

第四節 佛教的時空觀

　　儘管宗教徒樂於將所有的理論體系歸功於教主或所信奉神靈的自土創造，但只要是歷史上真實存在的人物，就不可避免地受到當時社會現實的影響。一種宗教想要迅速傳播開來，對於當時社會上普遍接受的時空框架，往往僅能做有限程度的補充與修正，而不能徹底推翻重來。若對佛教的誕生、發展與傳播的歷史過程加以考察，我們會發現原始佛教同樣大幅度借鑒了吠陀時代的時空框架，並進行了一系列的巧妙改造，以便更好地適應社會的傳播需要。概括而言，其最主要的特色之處約有以下數端：

　　第一，在佛教誕生之前的古印度時期，人們普遍相信各種神靈的存在，釋迦牟尼既沒有能力也沒有興趣完全推翻這種設定，儘管原始佛教的教義中否定「常我」的存在，並不主張有神論。在這種情況下，原始佛教乾脆順水推舟，將吠陀時代的諸神均吸收為本教的護法神，把他們塑造成為扶持佛法、守護佛法的重要勢力。根據南傳《律藏·犍度·大品·第一　大犍度·梵天勸請因緣》記載，在釋迦牟尼覺悟之後，「心念默然，不欲說法」，幸得梵天屢次祈請，佛陀才改變主意，開始在世間宣說佛法要義。此外，依據《阿含經》記載，梵天、帝釋天等諸天神也時常於入夜之時，前來向佛陀詢問佛法，甚至會邀請佛陀前往天界說法。諸天神既然被塑造為佛法的守護者，則一切反對佛法之人也就站到了諸神的對立面上。據南傳《長部·阿摩晝經》記載，阿摩晝青年婆羅門因為三次拒絕回答佛陀的問題，於是「手持金剛杵之帝釋天」就出現在他頭部的虛空之上，喝令他必須回答，否則「其頭即座當破裂為七分」。顯然，一旦人們相信了佛教的這種設定，憑藉人們對於往日神靈的敬畏之情，佛教就會掃除相當程度的傳播障礙。

　　第二，原始佛教在吸收吠陀諸神的前提下，還進行了一系列的改造，在保留諸神往日威力的情況下，又降低了他們的地位，藉以抬高本教之聖者。在佛教的時空體系中，早先的諸神儘管仍居住於天界，且在壽命和法力方面大幅度超越了人類及其他生命，但仍然是眾生之一種。天界諸神不但沒有證得解脫，仍然要死亡，甚至會在未來世輪迴為其他更低等的生命。他們的境界不僅無法與阿羅漢相比，甚至連不還果乃至預流果的聖者都比不上。例如

上文所提及的帝釋天（梵文 Śakro devānām indrah，音譯「釋提桓因陀羅」，佛經中多簡譯為「釋提桓因」），就由吠陀時代威力強大的雷神因陀羅（Indra）演變而成，而他手持的法器金剛杵，其原型正是雷神原本的兵器「因陀羅之雷」（Vajra）。同樣，根據南傳《長部・堅固經》記載，原本地位至高無上的大梵天，儘管仍然宣稱「我是梵天、大梵天、勝者、無能勝者、一切見者、支配者、自在者、作者、化作者、優越者、創造者、主宰者、已生未生者之父」，但卻無法回答某位比丘的提問，只能私下奉勸比丘「汝宜往世尊之處，以詢問此疑問」。

第三，世界起源問題無疑是搭建時空框架中最為關鍵的一環。由於吠陀時期的古印度民眾普遍相信世界是由大梵天所創造出來的，而原始佛教則主張世界是由四大（水、火、地、風四種元素）和合而成，根據一定的規律自行運轉，這兩種理論本應存在激烈的衝突，但佛教卻以一種巧妙的方式化解了這一難題。在原始佛教所提出的創世理論中，大梵天其實是一位福盡命終後自光音天轉世至梵天界的天神，由於他是梵天界的第一位天神，他「誤以為」世界是由自己所創造的，於是宣布「我是梵天、大梵天、全能者、不敗者、一切萬物之支配者、世界之自在主、一切之創造主、化生主、最上之能生者、一切之主宰者、是已生、未生者之父，凡住此之有情皆我之化作」，〔註64〕而且獲得了隨後所生於梵天界的其他天神的認可。就這樣，不僅民眾有理由誤以為世界是由大梵天所開創的，就連大梵天自己也並不知道世界並非由他所開創，他其實只是世界運轉中的一部分。大梵天雖然誤導了民眾，但並非有意說謊，只是因為智慧仍比不上佛陀，因而無法看清真相。

第四，婆羅門教中的修行者，尤其是林棲期、遁世期的苦行僧人，已經將世俗欲望與證得解脫對立起來，並取得了卓越的成就。釋迦牟尼所創立的佛教教義，無疑受前者的影響很深，因此並沒有對他們進行徹底的否定，而是大幅度肯定了他們的修行方式，尤其是禪定的功效。在釋迦牟尼證悟之後，他腦海中最先浮現出的說法對象是曾經教授他禪定的兩位婆羅門師父，並認為他們「賢明、聰敏、伶俐，長夜甚少塵垢」，「若聞此法，當速悟」。〔註65〕儘管釋迦牟尼並不認可婆羅門高僧已獲得了解脫，但仍然將他們的來世安排到了色界天、無色界天等居處，這是比大梵天的生命層次更高的所在。

〔註64〕引文出自南傳《長部・梵網經》。
〔註65〕引文出自南傳《律藏・犍度・大品・第一　大犍度・〔初轉法輪〕》。

　　需要強調的是，佛教完備的時空框架並非由釋迦牟尼所完成，但佛陀本人的確提供了大部分的素材。譬如忉利天中的情形，由於絕大部分弟子並不具備「天眼通」及往返天界的「神通力」，故只能以佛陀本人的描述爲準。至於世界形成及毀滅時的慘烈狀況，除了佛陀的講述之外，弟子們更是無由得知。儘管佛陀本人對於搭建一個完備的時空框架缺乏興致，甚至拒絕回答一些關於時空起源的問題，〔註66〕而希望弟子們將主要精力集中於修證涅槃上去，但佛教理論體系若想繼續自我完善，最終演變爲一套完整的哲學或宗教理論，基礎的時空框架就將必不可少。後世高僧不斷在佛陀本人的描述之上增磚添瓦，以上述四條原則爲基礎，又結合當時社會上流行的世界觀，最終搭建出了頗有特色的九山、八海、一日月、四大洲、八小洲、三界、二十八天的空間系統，以及成、住、壞、空四者循環的時間系統。

【劫】

　　佛教中最重要的時間概念是「劫」，儘管這個概念並非由佛教所首創，而是來源於婆羅門教的教義。根據《薄伽梵歌》的記載，「梵天一日爲一千時代，梵天一夜爲一千時代。只有知道梵天的日夜，才是眞正的知道日夜。白天來到，一切事物從不顯現中顯現。黑夜降臨，又都消失，這時稱爲不顯現。物群始終都是這樣，不由自主。」〔註67〕在古印度早期的概念中，大梵天的一個白晝或一個黑夜的長度即爲一劫（Kalpa）。一個年代之和由薩提亞（Satya）、特瑞塔（Treta）、都瓦帕爾（Dvapara）、卡利（Kali）等或長或短的四時構成，一千個年代之和等於一劫，折合人間四十三億二千萬年。從薩提亞時代到卡利時代，人類的道德素養和生存環境也從優秀至低劣逐漸退化，直到退至最低點，然後才在梵天化身卡爾奎（Kalki）的幫助下，重新開啓下一個薩提亞時代。佛教借用了婆羅門教「劫」的概念，以及世界由好變壞、往復循環的主線模式，但是對於劫如何分類、如何計算，經論之中各執一說，彼此矛盾。究其原因，「劫」本身並非一現實之概念，但卻已被當時人普遍採用作爲一極長的時間單位，佛教既不能完全拋開社會習俗，又不能接受「大梵天一日一夜」的定義，故不得不提出其他劃分方法，以解釋世界之輪轉。據南傳《長部·轉輪聖王師子吼經》、北傳《長阿含經·轉輪聖王修行經》等佛經記載，

〔註66〕主要指「十四無記」，可參考上章腳註。
〔註67〕黃寶生譯《薄伽梵歌》，商務印書館，2010年，第80～81頁。

轉輪王在世之時，人的壽命八萬歲，世界富裕快樂，女人年滿五百才會出嫁，除了寒熱、大小便、欲、飲食、老之外別無病患。之後由於不敬沙門、道德墮落加之管理無方，人的壽命逐漸從八萬歲下降，直至十歲。人壽十歲時，女人出生後五月就會出嫁，一切諸甘美味不復聞名，地多荊棘，毒蟲肆虐，世間充滿各種惡行。物極必反，此後人類善根重生，世界日益漸趨美好，人的壽命又自十歲逐漸增長，最終至人壽八萬歲時，轉輪聖王及未來佛彌勒佛將出世。《阿含經》提出了這樣一種人類社會往復循環的框架，釋迦牟尼還指出了在他之前的六位佛陀出世的時間：「汝等當知：毗婆尸佛時，人壽八萬歲。尸棄佛時，人壽七萬歲。毗舍婆佛時，人壽六萬歲。拘樓孫佛時，人壽四萬歲。拘那含佛時，人壽三萬歲。迦葉佛時，人壽二萬歲。我今出世，人壽百歲。」〔註68〕作為一位歷史上的真實人物，釋迦牟尼雖然可以對過去、未來的世界進行誇張渲染，但只能宣稱當時人類的壽命為百歲，以與現實相符。由於科學尚未倡明，佛教的社會循環史觀中自然不可能出現恐龍時代、古生物時代等階段，而宣揚過去、未來有更好或更壞的人類社會，既能勸人行善，又能戒人作惡，也是一種極佳的教化法門。佛陀本人並未提出具體的時間劃分，但是後世的經論多將這種循環模式稱為一個小劫，而以八十小劫合為一大劫，至於小劫的具體計算方式則各書有別，參差不齊。

　　《阿含經》並未提出壽命增減的速度，因而小劫的時間長度事實上無法計算，但從「人壽由八萬歲，至其子成為四萬歲」「人壽由二萬，至其子成為一萬歲」「人壽由五千歲，至其子有成為二千五百歲，有成為二千歲」等語句來看，壽命大致是以接近半數的方式減少，或以接近倍數的方式增加。後世的《立世阿毗曇論》宣稱：「剡浮提人或十歲，或阿僧祇歲，是中間壽命漸長漸短，長極八萬歲，短極十歲。壽命八十千歲住阿僧祇年，乃至眾生未造十惡。從起十惡業道時節，壽命因此十惡減，度一百年則減十歲，次復百年復減十歲，次第漸減至餘十歲，最後十歲住不復減。長極八萬，短至十年。若佛不出世，次第如此。若佛出世如正法住時，眾生壽命暫住不減。隨正法稍減，壽命漸減。」按此說法，壽命的增減速度並非常數：若世界未起十惡業，眾生壽命八萬歲，可以維持很久（住阿僧祇年）；當有佛出世、正法住世時，眾生的壽命也不會發生變化（暫住不減）；其餘時間，眾生壽命則以每一百歲減少或升高十歲的方式勻速變化。《立世阿毗曇論》的說法已與《阿含經》不

─────────────────────────

〔註68〕北傳《長阿含經・大本緣經》。

合，而後世輾轉增訛，更是於古無徵。唐代窺基《劫章頌》有「及後百年減一年，八萬四千爲最上」的說法，〔註69〕而《法苑珠林》亦稱「如《阿含經》說，謂從人壽八萬四千歲，百年減一，乃至十歲，還從十歲復增至八萬四千歲」。〔註70〕唐代佛風大昌，《劫章頌》《法苑珠林》等著作流行甚廣，中國佛教界遂誤信「從人壽八萬四千歲，百年減一」之說出自《阿含經》，相沿成誤，直至今日。若據《立世阿毘曇論》推算，自人壽八萬歲開始減少起（此前一阿僧祇年內人壽皆爲八萬歲不變），中間扣除釋迦牟尼佛在世八十年、正法住世五百年（其間眾生壽命不變），其餘時間以「百年減十歲」的速度遞減，減至十歲爲止，則減壽階段應爲（80000-10）×100/10＋580＝800480 年。壽命增加時無佛出世、無正法住世，則共得（80000-10）×100 / 10＝799900 年。兩個階段相疊加，則我們所在的一小劫共得 1600380 年，目前正處於壽命減少的階段。若據《法苑珠林》推算，則一小劫共得（84000-10）×100×2＝16,798,000 年。前後兩種不同的推算方式，導致計算結果相差十倍有餘，而等候未來佛彌勒佛出世（人壽增至八萬歲時）的時間也將被大幅延長。

　　《增一阿含經・放牛品第四十九》云：「劫有兩種，有大劫、小劫。」小劫是佛教在探討世界運轉中的基本時間單位，但小劫（antara-kalpa）亦有不少高僧翻譯爲「中劫」「中間劫」，因而後世受中國小、中、大的習慣順序影響，又在小劫與大劫之間又插入了中劫的階段。《立世阿毘曇論》卷第九云：「佛世尊說：一小劫者名爲一劫，二十小劫亦名一劫，四十小劫亦名一劫，六十小劫亦名一劫，八十小劫名一大劫。云何一小劫名爲一劫？是時提婆達多比丘住地獄中受熟業報，佛世尊說住壽一劫，如是一小劫名一劫。云何二十小劫亦名一劫？如梵先行天二十小劫是其壽量，是諸梵天佛說住壽一劫，如是二十劫亦名一劫。云何四十小劫名爲一劫？如梵眾天壽量四十小劫，佛說住壽一劫，如是四十劫亦名一劫。云何六十小劫名爲一劫？如大梵天壽量六十劫，佛說住壽一劫，如是六十小劫亦名一劫。云何八十小劫名一大劫？佛說劫中世界散壞，劫中世界散壞已住，劫中世界起成，劫中世界起成已住。」按此說法，八十小劫合爲一大劫（maha^-kalpa），一大劫中包含了世界崩壞、滅亡、形成、堅固四個階段，而二十小劫、四十小劫、六十小劫也可稱爲一劫，則是針對地獄、梵天等不同眾生的壽量而言。惟此論中誤

〔註69〕窺基《劫章頌》，卍新纂大日本續藏經第 47 冊，No.794。
〔註70〕道世《法苑珠林》卷第三《壽量部第八》，大正新修大藏經第 53 冊，No.2122。

將梵輔天（舊譯「梵先行天」）與梵眾天的壽量相互顛倒，與諸經不合，應當更正。若將二十、四十、六十小劫皆稱為一劫，容易造成語意混淆，因而後世多以二十小劫為一中劫，形成了大劫、中劫、小劫的基本框架。具體而言，一個大劫包含成（形成）、住（堅固）、壞（崩壞）、空（滅亡）四個中劫，亦即世界從產生到消亡的全過程，也是一個循環單位。每個中劫又包含二十個小劫，其中在減壽階段會有刀兵災、疾疫災、飢饉災出現，是為三小災。諸經論所載雖然各有差異，但多數相差不甚遠。譬如《大毗婆沙論》卷第一百三十五認為「劫有三種：一中間劫，二成壞劫，三大劫」，其所謂「中間劫」即《立世阿毗曇論》中的「小劫」，只是譯名不同；其所謂「成壞劫」為「經二十中劫世間成，二十中劫成已住，此合名成劫；經二十中劫世間壞，二十中劫壞已空，此合名壞劫」，實際上是將成、住、壞、空的四分法合併為二種；其所謂「大劫」為「總八十中劫合名大劫」，與《立世阿毗曇論》的大劫定義一致。惟《大毗婆沙論》稱「中間劫復有三種：一減劫，二增劫，三增減劫」，是將小劫又分為三類，而主張「減者從人壽無量歲減至十歲，增者從人壽十歲增至八萬歲，增減者從人壽十歲增至八萬歲，復從八萬歲減至十歲」，其減者並非自八萬歲減起，與諸經論不合；又宣稱「成已住中二十中劫初一唯減，後一唯增，中間十八亦增亦減」，則是認為住劫之二十小劫中，第一小劫唯有減歲，第二十小劫則唯有增歲，其餘十八小劫才有一增一減，亦為異說。又如《優婆塞戒經》稱「從十年增至八萬歲，從八萬歲減還至十年，如是增減，滿十八反，名為中劫」，則是以十八小劫為一中劫，與諸經論皆不同。

　　據《長阿含經・大本緣經》記載，毗婆尸佛出現在過去九十一劫，尸棄佛、毗舍婆佛則出現在過去三十一劫，拘樓孫佛、拘那含佛、迦葉佛、釋迦牟尼佛則出現在賢劫之中。大乘教派崛起後，在以上經論基礎上又有所發展。大乘佛經將過去、現在、未來三大劫分別稱為莊嚴劫、賢劫、星宿劫，並宣稱每大劫中各有千佛出世，而且敘述了他們具體的出現次序和名號。據唐代窺基《金剛般若經讚述》卷上記載：「住劫之中咸時方有佛出世也，只如賢劫千佛之中已有四佛出世。謂此住劫之中，初之五劫無佛出現，第六劫中人壽四萬歲時拘留孫佛出世，第七劫中人壽三萬歲時拘那含牟尼佛出世，第八劫中人壽二萬歲時迦葉佛出世，第九劫中人壽百歲時釋迦牟尼佛出，第十劫中人壽八萬歲初減劫時彌勒佛出，至第十五劫九百九十四佛共出一劫，

至後住劫中有樓至佛獨出一住劫。」〔註71〕其中所述賢劫前四佛出世時間，與《佛說七佛經》等經文相符。至遼詮明《上生經疏會古通今新抄》，已訛稱前八小劫中無佛出世，而謂賢劫前四佛皆出世於第九小劫之中，明代《解惑編》等書又襲此誤，時至今日，中國佛教界僧人亦多沿襲誤說而未能深究。又，千佛之事既出於大乘所生造，故經文亦不能盡合。《三千佛名經》《觀藥王藥上二菩薩經》《大乘本生心地觀經》等佛經均宣稱過去莊嚴劫千佛、現在賢劫千佛、未來星宿劫千佛，而《賢劫經》卷十則宣稱賢劫千佛之後，六十五劫內無佛出世，其後為大名稱劫，有千佛出世；隨後八十劫內無佛出世，之後為喻星宿劫，有八萬佛出世；「過星宿劫中間斷絕，竟三百劫中久無佛興，然後有劫名重清淨」，有八萬四千佛出世。

　　劫為佛教所採用一較大之時間單位，但因為古人用語的不嚴謹及後人翻譯的差異，經論中的「劫」或指小劫、或指大劫，「中劫」「中間劫」或指合二十小劫之中劫，或指合十八小劫之中劫（如《優婆塞戒經》），或僅為小劫之異名；成劫、壞劫或各包含二十小劫，或又各包含四十小劫（如《大毗婆沙論》）；乃至小劫本身，或同時包含一減一增，或僅包含一減、一增，或分別可包含一減、一增、一減一增，而由於計算方法差異，每種小劫所指代時間又各有差異。不僅極大的時間單位如此，較小的時間單位同樣存在模糊與矛盾之處。《阿含經》中使用了「剎那」「彈指」等表示極小時間的詞彙，〔註72〕但並沒有準確界定其數值。後世高僧論著各造異說，《俱舍論》謂六十五剎那為一彈指，《摩訶僧祇律》謂二十念為一瞬、二十瞬為一彈指，《大智度論》謂六十念為一彈指，《往生論注》謂六十剎那為一念，《仁王經》謂九十剎那為一念，凡此種種，皆不能相合。若據《俱舍論》卷十二記載，「剎那百二十為一怛剎那，六十怛剎那為一臘縛，三十臘縛為一牟呼栗多，三十牟呼栗多為一晝夜，此晝夜有時增、有時減、有時等，三十晝夜為一月，總十二月為一年」，則一剎那約等於 0.0133 秒。

　　佛經中對於時間的描述大多不能確證，而往往又牽扯過去無窮多世、未來無窮多世，僅供宣傳教義時誇張渲染之用。不同經論中的計算方式又差異極大，而且對於計算方式的描述充滿隨意性，似乎並無一定之規則。這種時

〔註71〕窺基《金剛般若經讚述》卷上，大正新修大藏經第 33 冊，No.1700。
〔註72〕如南傳《增支品‧九集‧第二　師子吼品》：「若彈指之頃修習無常想，則生大果。」南傳《中部‧第四品　雙大品‧第三十一　牛角林小經》：「如是實彼等尊者，其剎那、其瞬間以至梵天界皆知也。」

間概念上的混亂性，既說明佛教並無一嚴密時間體系，也說明晚出的大乘佛經、高僧論著實際上並非成於一人、一時，而傳播過程中又增添了若干矛盾與錯誤。

【由旬】

佛經中所使用的最主要的長度單位為由旬（Yojana）。據《那先比丘經》記載：「那先問王：『阿荔散去是間幾里？』王言：『去是二千由旬，合八萬里。』」按此，則一由旬當為四十里。然據《注維摩經》稱：「僧肇曰：『由旬，天竺里數名也。上由旬六十里，中由旬五十里，下由旬四十里也。』」〔註73〕若此說可靠，則由旬又可分上、中、下三種，四十里僅為下由旬。又，玄奘《大唐西域記》云：「夫數量之稱，謂逾繕那，舊曰由旬，又曰逾闍那，又曰由延，皆訛略也。逾繕那者，自古聖王一日軍行也。舊傳一逾繕那四十里矣，印度國俗乃三十里，聖教所載惟十六里。窮微之數，分一逾繕那為八拘盧舍。拘盧舍者，謂大牛鳴聲所極聞稱拘盧舍，分一拘盧舍為五百弓，分一弓為四肘，分一肘為二十四指，分一指節為七宿麥。」〔註74〕玄奘法師曾親赴天竺，其謂「舊傳一逾繕那四十里」，與《那先比丘經》、僧肇等言論相符；其謂「印度國俗乃三十里」，應當是當時印度的真實狀況。但玄奘同時宣稱「聖教所載惟十六里」，是認定一切佛經中的「由旬」所指為十六里，其說不知何所出。若據《根本說一切有部百一羯磨》卷三注釋：「言瑜膳那者，既無正翻，義當東夏一驛，可三十餘里，舊云由旬者訛略。若準西國俗法，四俱盧舍為一瑜膳那，計一俱盧舍可有八里，即是當其三十二里。若準內教，八俱盧舍為一瑜膳那，一俱盧舍有五百弓，弓有一步數，準其步數才一里半餘，將八倍之當十二里，此乃不充一驛。親驗當今西方瑜膳那可有一驛，故今皆作一驛翻之，庶無遠滯。」按此說法，一由旬當為三十二里，為一驛之數，恰是玄奘說法之兩倍。今細考玄奘之說，唐代一里合今日之 454.2 米，則一由旬為 7267.2 米，一肘為 0.4542 米，一指約為 1.9 釐米，與人體狀況基本相符。《根本說一切有部百一羯磨》之注釋為義淨所加，其時代猶在玄奘之後，其「親驗」之「三十餘里」「三十二里」云云，當即玄奘所謂「印度國俗乃三十里」，只能反映當時之現實，而不得逆推至佛陀時代。因而在

〔註73〕僧肇《注維摩詰經・不思議品第六》，大正新修大藏經第 38 冊，No.1775。
〔註74〕玄奘《大唐西域記》卷第二，大正新修大藏經第 51 冊，No.2087。

探討佛經之時，玄奘一由旬爲十六里之說，或較爲可信。玄奘稱一由旬爲「帝王一日行軍之里程」，佛音（Buddhaghoa，又譯「覺音」）則稱爲「一隻公牛走一天的距離」，二說或並不矛盾。如前章所述，雅利安人描述戰爭的詞彙爲維希蒂（gavisti），意爲「求牛」，然則趕牛行軍，牛走一天的距離亦即行軍一日之里程。

【九山八海】

　　據北傳《長阿含經·世記經·閻浮提州品第一》記載：「今此大地深十六萬八千由旬，其邊無際。地止於水，水深三千三十由旬，其邊無際。水止於風，風深六千四十由旬，其邊無際。比丘！其大海水深八萬四千由旬，其邊無際。須彌山王入海水中八萬四千由旬，出海水上高八萬四千由旬，下根連地，多固地分。」按此說法，我們世界的大地浮於水上，而水又居於風上。至於風，則浮於虛空之中，如《華嚴經》所云：「大地依水輪，水依風輪，風依空輪，空無所依，然眾生業感世界安住。」空輪——風輪——水輪——地輪的世界構成體系，是佛教世界觀的基本框架，但不同經論的具體數值差異極大。例如《大樓炭經》卷一云：「是地深六百八十萬由旬，其邊無限。其地立水上，其水深四百六十萬由旬，其邊際無有限礙。大風持水，其風深二百三十萬由旬，其邊際無限。比丘！其大海深八百四十萬由旬，其邊際無崖底。比丘！須彌山王入大海水，深八萬四千由旬，高亦八萬四千由旬。下狹上稍稍廣，上正平。」兩相比較，除須彌山高度保持一致外，《大樓炭經》所有數值均大幅度高出《長阿含》的描述，可知在佛教的傳播過程中，相關描述一直在不斷誇大。至《俱舍論》時，不僅數值更爲誇張（以水輪爲例，深十一億二萬由旬），而且地輪也演變爲金輪，並宣稱金輪是由風搏擊水而結成，「如熟乳停，上凝成膜」。由此亦可見，儘管佛陀本人無意構建一嚴密系統，後世的高僧卻一直在努力完善佛教自身的理論體系。但佛陀涅槃之後，佛教再無一至高無上之權威，故晚出的種種理論無法統一，這也進一步加劇了部派分裂的程度。

　　佛教認爲須彌山（Sumeru，又音譯爲「蘇迷嚧」，意譯爲「妙高山」）是世界的中心，北傳《長阿含經》稱「其山直上，無有阿曲，生種種樹。樹出眾香，香遍山林，多諸賢聖，大神妙天之所居止。其山下基純有金沙。其山四面有四埵出，高七百由旬，雜色間廁，七寶所成。四埵斜低，曲臨海上。」此處描述須彌山「其山直上，無有阿曲」，與《大樓炭經》所謂「下狹上稍稍

廣，上正平」略有不合，蓋下狹上廣則必有阿曲。從歷代的雕塑、繪畫來看，須彌山多採用《大樓炭經》「下狹上稍稍廣，上正平」的描述，這可能是由於實際操作中的需要，上廣、正平更方便刻畫山頂的天宮等形象。近世以來，須彌山的形象又演變爲中間細、兩頭粗的沙漏形狀，蓋以爲山基若不粗大則不能承重，然於典籍無徵。

北傳《長阿含經》《大樓炭經》等經文對於須彌山極盡誇張之能事，而南傳《阿含經》中雖然提到須彌山，但僅提及其高度，〔註75〕對其周邊布置則未詳細描述。從文獻的演變脈絡來看，北傳佛經中的相關描述文字當爲後世所添加，甚至於自身即存在矛盾之處。以《長阿含經》爲例，其上文提及「其山四面有四埵出，高七百由旬」，下文卻又宣稱「其四埵高四萬二千由旬」，顯然並非一時增補之文字。須彌山本爲一神話之山，在地球乃至太陽系中並不存在。但神話之物往往有其原型，然則靠近尼泊爾之喜馬拉雅山脈，珠穆朗瑪峰爲其主峰，高度爲世界之最，或即須彌山之原型。

據《長阿含經》記載，須彌山矗立於海水之中，自內向外分別爲八山：伽陀羅山、伊沙陀羅山、樹巨陀羅山、善見山、馬食山、尼民陀羅山、調伏山、金剛圍山。後山的高度、寬度大致爲前山高度的一半，〔註76〕而後山與前山的距離也正是前山的高度，這些數據的巧合也反映出人爲設計的痕跡。《立世阿毗曇論》《俱舍論》等論著所記載的八山排列順序與《長阿含經》不同，其由內至外分別爲由乾陀山（逾健達羅山）、伊沙陀山（伊沙馱羅山）、訶羅置山（竭地洛迦山）、修騰娑山（蘇達梨舍那山）、阿沙千那山（頞濕縛羯拏山）、毗那多山（毗那怛迦山）、尼民陀山（尼民達羅山）、鐵圍山，諸山的高度尺寸也有差別。《長阿含經》並未指明九山的形狀、兩山間海的名

〔註75〕南傳《增支部·七集·第七　大品》：「諸比丘！須彌山工長有八萬四千由旬，廣有八萬四千由旬，入於海中，從海突出者是八萬四千由旬。」按，南傳《阿含經》中對須彌山的描述僅此而已。

〔註76〕以伽陀羅山爲例，《長阿含經·世記經·閻浮提州品第一》原文爲：「須彌山邊有山，名伽陀羅，高四萬二千由旬，縱廣四萬二千由旬。其邊廣遠，雜色間廁，七寶所成。其山去須彌山八萬四千由旬。」按，「縱廣」本指長與寬，但若長、寬均爲前者一半則勢必無法環繞前山，且後文又稱「其邊廣遠」，故此處「縱廣」應僅指寬度而言。此經前文又有「其土形如半月，縱廣八千由旬」「其土南狹北廣，縱廣七千由旬」等句，亦可確證「縱廣」非指長與寬，而僅指寬度。另據《立世阿毗曇論》：「海外有山名由乾陀，此山入水四萬由旬，出水亦爾。廣亦如是，四萬由旬。是山一邊長二十四萬由旬，周回九十六萬由旬。」乾陀山即伽陀羅山，可知四萬由旬僅爲寬度，既非邊長亦非周長。

稱，也沒有指出後山與前山的關係，而據《立世阿毗曇論・數量品第七》所述，除鐵圍山（即金剛圍山）為圓形之外，其餘八山皆為正方形，而且後山均環繞前山；除鐵圍山內大海名為「鹹海」之外，其餘兩山間海的名稱均同前山的名稱，譬如環繞須彌山之海即名為「須彌海」。如其敍述，「是世界地，形相團圓，如銅燭盤，如陶家輪。猶如燭盤邊緣隆起，其鐵圍山亦復如是。譬如燭盤中央聳起，其世界中有須彌山王，亦復如是」。

明代所造銅須彌山，位於北京雍和宮內

須彌山四面各有一天下，據《長阿含經》記載：「佛告比丘：須彌山北有天下，名郁單曰（即北俱盧洲），其土正方，縱廣一萬由旬。人面亦方，像彼地形。須彌山東有天下，名弗於逮（即東勝身洲）。其土正圓，縱廣九千由旬。人面亦圓，像彼地形。須彌山西有天下，名俱耶尼（即西牛貨洲，後訛為西牛賀洲），其土形如半月，縱廣八千由旬。人面亦爾，像彼地形。須彌山南有天下，名閻浮提（即南贍部洲），其土南狹北廣，縱廣七千由旬。人面亦爾，像此地形。須彌山北面天金所成，光照北方。須彌山東面天銀所成，光照東方。須彌山西面天水精所成，光照西方。須彌山南面天琉璃所成，光照南方。」《俱舍論》則記載東勝身洲形如半月、西牛貨洲形如滿月，與經文不符。我

們所處的世界即為閻浮提，位於須彌山的南方，天空的顏色為藍色，因為南面天由琉璃所成。《長阿含經》並沒有指明四天下的具體位置，而從其描述來看，應當緊鄰須彌山而存在，位於須彌山與伽陀羅山之間的大海之中。《俱舍論》等論著則宣稱四天下均位於鐵圍山之內的鹹海之中，並宣稱鹹海之外的七海，其海水為八功德水，甘冷可口，多有益處，鹹海之水則十分鹹苦。但《長阿含經·世記經·三災品第九》解釋「海水鹹苦有三因緣」時，提到「一者有自然雲遍滿虛空，至光音天，周遍降雨，洗濯天宮，滌蕩天下。從梵迦夷天宮、他化自在天宮下至炎摩天宮、四天下、八萬天下、諸山、大山、須彌山王皆洗濯滌蕩，其中諸處有穢惡、鹹苦諸不淨汁，下流入海，合為一味，故海水鹹。」按此說法，海水本只一味，況且除須彌山外，其餘八山並未觸及地輪，海水下部原本連通，也不存在其餘八海甘甜而唯獨鹹海鹹苦的可能性。另外，《俱舍論》等論著均宣稱日、月繞須彌山半山腰而運轉，則其高度僅與伽陀羅山齊平，若四天下位於鹹海之中，居於閻浮提天下的我們，其視線角度將無法望見日月。種種跡象標明，《俱舍論》《立世阿毗曇論》等論著對於《長阿含經》的描述進行了有意識的改造和補充，但因為不得不繼續沿用後者的若干概念和數值，也造成自身存在若干邏輯不合之處。而之所以進行一系列的改造，似乎是為了進一步神化須彌山，將其隔絕在人類的可接觸範圍之外。佛陀的時代，人類尚無穿越海洋的航行能力，而須彌山位於大海中央，足以留給當時人想像的空間。但隨著後世探索能力的進步，須彌山的山腳已並非無從觸摸，而預先將其隔絕在七重無法穿越的高山、海洋之外，就基本斷絕了古代人類求證真相的可能性，從而大幅度延長了佛教世界觀的生命力。

【欲界】

佛教的空間觀念包含三界：欲界、色界、無色界。欲界是三界中層次最低的，因為在這裡生活的眾生仍然沒有擺脫食欲、眠欲、淫慾等基礎欲望。據《佛說長阿含經》卷第二十《忉利天品　第八》云：「佛告比丘：『欲界眾生有十二種。何等為十二？一者、地獄，二者、畜生，三者、餓鬼，四者、人，五者、阿須倫，六者、四天王，七者、忉利天，八者、焰摩天，九者、兜率天，十者、化自在天，十一者、他化自在天，十二者、魔天。』」

阿須倫（Asura）又音譯為阿修羅，意譯為「非天」，是一種似天而非天的

大力神。據《增一阿含經・阿須倫品 第八》記載,「阿須倫形廣長八萬四千由延,口縱廣千由旬」,有時又會「化身十六萬八千由旬」觸犯日、月,日、月王各懷恐怖,不復有光明,因而造成日食、月食現象。阿修羅非天,故不與諸天同居,而樂於與龍、乾達婆、魚等生物居住於大海之中。〔註77〕欲界眾生可以根據今世所造之業,來世投胎爲其他生命。原始佛教宣揚「五趣」,亦即地獄、畜生、餓鬼、人、天五種去處,欲界眾生就在這五種生命中輪迴;晚出的大乘佛教則將阿修羅也補充進去,使之成爲輪迴之一道,因而合稱爲「六道輪迴」。阿修羅在原始佛教中多以邪惡的形象出現,但在大乘佛教中則被視爲福報高於人類的善道之一,儘管他們有嫉妒、爭鬥等缺點,但同時也具有長壽、大力、神通等優勢。

在吠陀時代的典籍中,人死後才去到的地獄是一個與祖先靈魂團聚的美好所在,其地點在天上,主管者閻摩則是一位慈祥的神靈,負責指引亡靈去往天界,但佛教完全扭轉了這一印象。《長阿含經・世記經・地獄品第四》云:「金剛山外復有第二大金剛山,二山中間窈窈冥冥,日月神天有大威力,不能以光照及於彼。彼有八大地獄,其一地獄有十六小地獄。第一大地獄名想,第二名黑繩,第三名堆壓,第四名叫喚,第五名大叫喚,第六名燒炙,第七名大燒炙,第八名無間。」又云:「又彼二山中間復有十地獄,一名厚雲,二名無雲,三名呵呵,四名奈何,五名羊鳴,六名須乾提,七名優鉢羅,八名拘物頭,九名分陀利,十名鉢頭摩。」從前後行文來看,後來所提及的「十地獄」,既未云大小,又與之前「八大地獄」的分類有異,或爲後世所增補。《俱舍論》等論著在羅列欲界眾生時,也僅羅列八大地獄而不及其他,亦可佐證。但《長阿含》文本定型之後,前後地獄相加,共得十八地獄,十八遂成爲地獄之成數,而後世遂有《佛說十八泥犁經》等佛經出現,不僅對地獄的描述大幅度相似,其中「百歲去一實,芥種盡,壽未盡」等譬喻,顯然亦是承襲《長阿含》「人百歲持一麻去,如是至盡」而來。據《長阿含》經文描述,地獄位於兩層鐵圍山(即金剛山、金剛圍山)之間,終年不見光照。後世束經不讀,遂有誤認地獄在地下者,而十八地獄遂演變爲十八層地

〔註77〕據南傳《增支部・八集・第二 大品》載:「大德!大海者,乃大眾生之住處,此中眾生者謂提麑魚、提麑者羅魚、提麑提麑者羅魚、阿修羅、龍、乾達婆。於大海有百由旬身、二百由旬身、三百由旬身、四百由旬身、五百由旬身之眾生。大德!此爲大海之第八種希有、未曾有之法,見此而諸阿修羅樂於大海。」

獄，謂位置愈靠下苦難愈增加。佛教稱主管地獄者爲閻羅王，其王宮位置在閻浮提南大鐵圍山中，而閻羅王本身亦飽受苦痛，晝夜三時常有大銅鑊自然在前，又「有大獄卒捉閻羅王臥熱鐵上，以鐵鉤擗口使開，洋銅灌之，燒其唇舌，從咽至腹，通徹下過，無不燋爛。受罪訖已，復與諸婇女共相娛樂。彼諸大臣同受福者，亦復如是」。〔註78〕凡惡業眾生命終時，若墜入地獄，閻羅王以「老」「病」「死」三種苦難相責問，謂其「汝自爲惡，汝今自受」，隨後交付獄卒，押入大地獄之中。地獄的這種設計，實際上肯定了靈魂的實有，對於佛教「無常」的核心教義是一種背離，後世不得不大幅度增改佛教理論體系，以解決這一顯而易見的矛盾。但在當時的社會現實下，佛教的地獄設計是一種非常成功的再創造，對於佛教的傳播至關重要。在必墮無間地獄的「五逆罪」中，與佛教有關的就佔了三項。據《阿闍世王問五逆經》云：「有五逆罪，若族姓子、族姓女爲是五不救罪，必入地獄無疑。云何爲五？謂殺父、殺母、害阿羅漢、鬥亂眾僧、起惡意於如來所。」所有曾嚴重破壞佛教傳播的人，佛陀都爲他在地獄中準備了一席之地。譬如瞿波梨，因爲曾誹謗舍利弗、目犍連，佛陀宣布他將在死亡之後墮入缽頭摩地獄中；提婆達多，因爲企圖分裂僧團、起惡意傷佛，佛陀謂其將墮入阿鼻地獄（即無間地獄），歷經一大劫地獄之苦。後世佛教界也一直在採用這一良方，凡中國歷史上滅佛毀教的帝王，佛教均宣布其死後墮入地獄中飽受極大苦痛，無一例外。流風所煽，地獄的數量在後世也開始泛濫，不再固守原始經典之數。至大乘《觀佛三昧海經·觀佛心品第四》中，已聲稱：「所謂苦者，阿鼻地獄。十八小地獄，十八寒地獄，十八黑暗地獄，十八小熱地獄，十八刀輪地獄，十八劍輪地獄，十八火車地獄，十八沸屎地獄，十八鑊湯地獄，十八灰河地獄，五百億劍林地獄，五百億刺林地獄，五百億銅柱地獄，五百億鐵機地獄，五百億鐵網地獄，十八鐵窟地獄，十八鐵丸地獄，十八尖石地獄，十八飲銅地獄，如是等眾多地獄。」如此多的數量，即使考慮上經濟發展帶來的人口增長，也能確保足堪眾用，不至於局促逼仄。一方面，地獄的存在對將欲作惡者造成了強有力的震懾，可令眾多惡行消弭於萌芽之中；另一方面，對於已經犯下惡業又想避免地獄之苦的眾生，佛教也爲其準備了回頭的機會，稱「有前惡後爲善，不入泥犁」，「知佛道變，雖入泥犁中，必當上天」。〔註79〕借助

〔註78〕引文出自《長阿含經·世記經·地獄品第四》。
〔註79〕引文出自《十八泥犁經》。

於對於地獄的實際「掌控」之權，佛教可以將當世所無法懲治的惡徒都「打入」地獄之中，對於捍衛教派尊嚴、培養信眾信心起到了不可替代的功效。

佛教徒早期不事生產，以乞食爲生，能否獲得足夠的食物就成爲教派生存和繁衍的前提。因此緣故，佛教大力提倡布施，宣稱眾生只要通過施捨財物給他人，就可以在今生或來世獲得福報，而向佛教布施所獲利益尤大。凡是「常懷慳貪，無施惠心，不肯分割，不念厄人」者，命終後則墮入餓鬼道中，常受饑渴之苦。〔註80〕佛陀在世時，雖然間或提及餓鬼，但分類並不詳細。今所見南傳《小部・餓鬼事經》羅列五十一種餓鬼之事，並宣揚獲得解脫之法，可謂集大成者，但此經第四品第三節有「蘇喇吒之國，王名賓伽羅，朝奉孔雀王」等語，賓伽羅王於佛陀涅槃後約兩百年方在世，可知此經實爲後人所增補，而且吸取了晚出的大量民間傳說。又據晚出的《正法念處經》卷十六敍述：「餓鬼所住，略有二種：一者人中住，二者住於餓鬼世界。是人中鬼，若人夜行，則有見者。餓鬼世界者，住於閻浮提下五百由旬。」按此說法，餓鬼或與人類雜處，或居住於我們大陸的地下世界中。《正法念處經・餓鬼品》分類羅列了無食鬼（阿婆）、欲色鬼（迦摩）、大力神通鬼（牟利提）等三十六種餓鬼，其前世所造惡業大多爲枉法取財、慳嫉妄語、貪吃僧食之類，而所受饑渴惡報則十分淒慘。以無食鬼爲例，其鬼「饑渴火燃，悲啼奔跑，才見泉池，水即枯竭，或見守水惡鬼毆打而不得飲」；又如地下鬼（波多羅），「頭髮蓬亂，身體羸瘦，風寒襟戰，常受饑渴，在地下黑暗之處受諸劇苦」。凡此種種，充滿大膽的虛構與想像。在後世的演變中，越來越多的罪行可能導致墮入餓鬼界。據《佛爲首迦長者說業報差別經》卷一記載：「復有十業，能令眾生得餓鬼報。何等爲十？一者，身行輕惡業；二者，口行輕惡業；三者，意行輕惡業；四者，起於多貪；五者，起於惡貪；六者，嫉妒；七者，邪見；八者，慳吝愛著資生，即便命終；九者，病困，因饑而亡；十者，惱逼，枯渴而死。以是十業，得餓鬼報。」對餓鬼道進行渲染，客觀上讓大量的社會財富向寺院集中，而僧產又不需要交納賦稅，長此以往即會引發嚴重的社會經濟問題。尤其在專制獨裁的政治體制下，若一國之帝王因崇信佛教而傾國庫之力肆意布施，不僅勞民傷財，造成社會財富的極大浪費，還極可能導致社會的劇烈震盪與政權的更迭。

〔註80〕 《長阿含經・世記經・三中劫品第十一》云：「爾時眾生身壞命終，墮餓鬼中。所以者何？斯由其人於飢餓劫中常懷慳貪，無施惠心，不肯分割，不念厄人故也。是爲飢餓劫。」

　　諸天是欲界中福報最高的一種眾生，因而也被設定為居住於最中央的須彌山處，其中四天王天居住於須彌山山腰，忉利天居住於須彌山山頂，其餘自焰摩天以上則懸空居住，不涉塵土。原始佛經中對於諸天的具體描述很少，而凡提及諸天時聽眾皆能回應，可知此類眾生之存在應是當時社會的共同認識。南傳《增支部阿含》提及四天王天至他化自在天（此六種因處於欲界之中，故亦合稱「六欲天」），稱他們「多作施類福業事，多作戒類福業事，未作修類福業事」，因而「諸天有十勝：天壽、天貌、天樂、天稱、天增上力、天色、天聲、天香、天味、天觸」。〔註 81〕按此，則眾生轉世為諸天的原因主要是布施與持戒兩項，而未做禪修工夫。後世有眷戀塵世繁華而不願取寂滅涅槃者，遂專修此兩類福業，寄希望於來世繼續在天人中輪迴，於是佛法遂派生有「人天法門」。另據佛經記載，「人之五十年者，是四天王之一日一夜。如是夜之三十夜為一月，如是月之十二月為一年，以如是年之五百天年，為四天王之壽量」，則四天王之壽命約折合人類壽命 $500 \times 12 \times 30 \times 50 = 9000000$ 年。人之一百年為忉利天的一日一夜，忉利天壽命為千天年，則忉利天的壽命實際上是四天王天的四倍，亦即人間 3600 萬年。此後諸天依次四倍之，至他化自在天，壽命即人間 92.16 億年。佛陀時代，古印度的曆法規定一年為 360 天，今人多不注意此點，而以 365 天為一年計算，故所得結果錯誤甚大。六欲天皆居住於莊嚴華麗的宮殿之中，以東方增長天王所管轄賢上城為例，「縱廣六千由旬，其城七重，七重欄楯，七重羅網，七重行樹，周匝校飾以七寶成，乃至無數眾鳥相和而鳴」，〔註 82〕無疑是人間帝王宮殿的理想化。六欲天有如是壽命，又有種種色聲香味觸法可供娛樂，是欲界中最高福報之處。但福報銷盡，天亦會死亡，其時有五種衰敗之相呈現。「當天子欲命終時，有五未曾有瑞應而現在前。云何為五？一者華萎。二者衣裳垢坋。三者身體污臭。四者不樂本座。五者玉女星散。」〔註 83〕六欲天福報充滿，但因為缺乏禪修之功，又無法出家修行，因而純從解脫的意義上而言，欲界天反而不如人間有利。因為「佛世尊皆出人間，非由天而得也」，是故佛陀宣說：「人間於天則是善處。得善處、得善利者，生正見家，與善知識從事，於如來法中得信根，是謂名為快得善利。」〔註 84〕

〔註81〕引文出自南傳《增支部阿含・八集・第四布施品・三十六　福業事》。
〔註82〕引文出自《長阿含經・世記經・四天王品第七》。
〔註83〕引文出自《增一阿含經・等見品第三十四・第三經》。
〔註84〕引文出自《增一阿含經・等見品第三十四・第三經》。

敦煌出土《三界九地之圖》，法國國家圖書館收藏

原始佛經中對於欲界諸天的描述並不細緻，後世的論藏及大乘佛經中的敍述則日益豐滿充實。《俱舍論》等敍述了六欲天行淫方式，「唯六欲天，受妙欲境。於中初二，依地居天，形交成淫，與人無別。然風氣泄，熱惱便除，非如人間有餘不淨。夜摩天眾，才抱成淫。睹史多天，但由執手。樂變化天，唯相向笑。他化自在，相視成淫。……隨彼諸天男女膝上，有童男童女欻爾化生，即說為彼天所生男女。」按此，四天王天、忉利天的繁殖方式與人類相似，只是無各種分泌物；夜摩天、兜率天（睹史多天）、化自在天（樂變化天）、他化自在天，行淫方式分別為擁抱、執手、相笑、對視。子女化生在父母膝上，無需分娩生育。《正法念處經》又謂忉利天以下有貧富之別，以上則財富均等。其中忉利天一層，除中央主國的帝釋天之外，四方各有八座天國，故又稱「三十三天」，《正法念處經》也給出了所有天國的具體名稱。《楞嚴經》則另闢蹊徑，指出了來世往生六欲天的性愛因緣，例如「我無欲心，應汝行事，於橫陳時味如嚼蠟，命終之後生越化地，如是一類，名樂變化天」。原本虛無縹緲的諸天之事，經過後人不停地累積增補，逐漸變得細緻實在，儼然就在我們身邊不遠處。

據南傳《長部阿含·堅固經》，六欲天依次陳述更上一層天較自己殊勝，因而自四天王天至他化自在天等級由低到高，這也是公認的最初設定。但佛祖自述菩薩自兜率天降世人間，後世為了抬高教主的權威，至《大般涅槃經》時已經宣稱：「兜率陀天欲界中勝，在下天者其心放逸，在上天者諸根暗鈍，是故名勝。」《彌勒上生經》則乾脆將兜率天劃分為內院與外院兩部分，謂內院為彌勒菩薩的弘法度生之處，外院才是兜率天的天宮，內外間隔，佛法難聞。在實際的佛法傳播過程中，除了原始典籍中的諸天侍衛（譬如毗沙門天王有五種鬼神侍衛：一名般闍樓，二名檀陀羅，三名醯摩跋陀，四名提偈羅，五名修逸路摩。〔註85〕），許多地區的本土神靈也被吸收到佛教體系中，諸天的範圍也逐漸在擴大。《大方廣菩薩藏文殊師利根本儀軌經》提及，在四天王天之下，又有「恒憍天、持鬘天、堅手天。或有山上住者、岩嶺住者、峰頂住者、曠野住者、城隍住者、虛空住者、中間住者、地上住者、林間住者、屋舍住者」，幾乎將諸天的居住地擴展到了一切可能的範圍，於是各種地方神、守護神、山神、鬼神、鳥神、龍神、水神之類也都被加入到諸天的

〔註85〕《長阿含經·世記經·四天王品第七》：「毗沙門王常有五大鬼神侍衛左右：一名般闍樓。二名檀陀羅。三名醯摩跋陀。四名提偈羅。五名修逸路摩。此五鬼神常隨侍衛，毗沙門王福報、功德、威神如是。」

眷屬或侍衛之中。與此同時，根據《長阿含經》記載，原本處在他化自在天與梵眾天（梵加夷天）之間的「魔天」，卻逐漸從欲界天的結構中消失，不包含在「六欲天」之內。但《雜阿含經》明確表示：「譬如欲界諸神力，天魔波旬為第一。」《起世經》亦云：「化自在所有光明，則又不如魔身天光明；魔身諸天牆壁宮殿、瓔珞光明，比於下天，最勝最妙，殊特無過。」魔王波旬在佛經中始終與佛陀為敵、阻撓佛法傳播，後世佛教徒似乎無法忍受魔天（魔身天）的存在，故對其形象重新塑造。據《雜寶藏經》記載：「（波旬）於前身但曾作一寺，受一日八戒，施辟支佛一缽之食，故生六天，為大魔王。」按此說法，波旬所享受之福報、神通亦是前世護持供養佛教之故。而波旬既為六天魔王，魔天遂與他化自在天相混淆，後世承訛襲誤，遂至混二為一。《佛祖統紀》稱：「諸經云：魔波旬在六欲頂，別有宮殿。今《因果經》乃為自在天王，如此則當第六天。有此兩異，蓋是譯者用義之不同也。」〔註86〕今若正本清源，則「六欲天」實當作「七欲天」，此非譯者用義不同，而是晚出的典籍不能盡守經說，凡此種種謬誤，細校之實在多如牛毛。

【色界】

　　色界眾生已經擺脫了淫慾和食欲，但仍然存在形體。要往生色界，僅靠布施、持戒等方式積累福德是無法實現的，必須要有禪修的定力。根據禪修的境界不同，色界可相應劃分為四層，分別為初禪天、二禪天、三禪天、四禪天。據南傳《增支部阿含‧怖畏品》敘述：「世間有一類之補特伽羅，離欲，離不善法，有尋、有伺，由離而生喜樂，具足初靜慮而住。彼嗜於此，希於此，又由此得滿足；住於此，信解於此，多住於此，不退下，死而生梵眾天同類中。諸比丘！梵眾天壽量是一劫，於彼處異生，盡其壽住已，渡過其天之全部壽命已，亦往地獄、亦往傍生、亦往餓鬼。然世尊弟子於彼處，渡其壽住已，渡過其天之全部壽量，即於其處般涅槃。」禪亦意譯為靜慮，「具足初靜慮」即「具足初禪」，此處所述梵眾天即為初禪天之事。南傳《相應部阿含》提及「向此梵天、梵輔天、梵眾天說法語」，則知初禪天之眾可再行析分為三種，其中大梵天為君，梵輔天為臣，梵眾天為民。後世甚者又將初禪天分為三層，謂梵眾天、梵輔天、大梵天分處其中，壽命亦各有等差，

〔註86〕志磐《佛祖統紀》卷第二《教主釋迦牟尼佛本紀》，大正新修大藏經第 49 冊，No.2035。

則是君、臣、民不同處一時空，違情悖理，每下愈況。大梵天本為婆羅門教的創世神，佛教將其吸納為初禪天之主，既保留了一定程度的神性，其殊勝程度依然遠超欲界諸天，又將其置於修行沙門之下，大幅度抬高了佛教聖者的地位。大梵天的壽命為一劫，但在壽命終了之時，仍然要往生地獄、餓鬼諸道，但世尊弟子卻可以於彼處取般涅槃，從而證得解脫，高低優劣顯而易見。經文復云，具足二禪者死後生極光淨天同類中，壽命是二劫；具足三禪者死後生遍淨天同類中，壽命為四劫；具足四禪者死後生廣果天同類中，壽命為五百劫。

「佛告比丘，世有三災。云何為三？一者火災，二者水災，三者風災。有三災上際。云何為三？一者光音天，二者遍淨天，三者果實天。若火災起時，至光音天，光音天為際；若水災起時，至遍淨天，遍淨天為際；若風災起時，至果實天，果實天為際。」〔註87〕當世界處於火災期時，七個太陽將同時出現在天空中，火焰一直燃燒至二禪天以下，須彌山崩壞，海水消亡殆盡，百穀草木自然枯死。所幸此時其餘五道之眾生，大多已通過修證二禪而往生至光音天，自地獄、餓鬼至他化自在天、梵天依次皆空，人間最後亦盡。當火災過去，天地重新開始形成時，虛空黑雲降雨，如是無數百千歲，其水漸長，乃至光音天。亂風吹大水沫，虛空中自然堅固，漸次形成天宮、山川等器世界，水勢亦逐漸降低。最初光音天中有福盡者，命終後降生空梵處，於彼生染著心，願餘眾生共生彼處。他是梵天中出現的第一位眾生，因而宣稱自己即是大梵天王，自然而生、無造我者，是一切眾生之父母。由於梵天以下諸界的確無早於大梵天王者，他就被眾生當成世界的創造者，而一切最初只是源於誤會。其後諸天降至人世，因為貪食地味，而失去飛行能力，顏色形貌優劣依次產生，人類社會重新開始繁衍生息。火災如此，水災、風災可類比推知，三災之後遂有三復，世界成住壞空往復循環不止。惟災難發生之先後次序，《雜阿毗曇心論》稱「七火次第過，然後一水災，七七火七水，復七火後風」，《優婆塞戒經》則稱「水火二災各五段過，有一風災，五風災過，名一大劫」，不甚相合。

色界諸天往生，主要源於自初禪至四禪的禪修境界之不同。據南傳《中部阿含·削減經》記載，初禪境界為「離欲、離不善法，有尋、有伺，離生喜樂，成就初禪而住」，二禪境界為「已息尋、伺，於內清淨，心成一向，無

〔註87〕引文出自《長阿含經·世記經·三災品第九》。

尋、無伺，定生喜樂，成就第二禪而住」，三禪境界為「不染於喜，而住於捨，正念、正智，以身正受樂，即聖者之所謂成就『捨念樂住』，成就第三禪而住」，四禪境界為「捨樂、捨苦，先已以滅喜憂，不苦不樂而捨念清淨，成就第四禪而住」。禪修會放下塵俗的種種欲望，因而在意念中產生喜樂，這是一種比基礎的物質欲望更高層次的精神快樂，但在進一步的禪修中，即使這種喜樂也要漸次捨棄，最終達到捨念清淨而不苦不樂的境界。單從禪修的層次而論，四禪之上仍然有更高者，亦即四無色禪，但從解脫的意義上而言，佛陀及俱解脫阿羅漢皆由四禪而取涅槃，過於沉迷於禪定的更高層次不僅無益，而且有害。因此緣故，後世在四禪天中又劃分出五淨居天（無煩天、無熱天、善見天、善現天、色究竟天），專供證得阿那含果（不還果）的聖者居住。實際上根據原始佛經的教義，證得阿那含果的聖者可以往生於色界任何一層天中，並在該處證得涅槃，並不僅限於五淨居天。色界最殊勝的色究竟天（Akanit!t!ha，音譯阿迦膩吒），其天主為摩醯首羅（Maheśvara，意譯大自在），亦即被佛教所吸納入自己體系的濕婆神，藏傳密宗佛教則稱之為大黑天。

【無色界】

禪修工夫並非佛教所獨有，而是當時社會一種普遍盛行的修練法門。許多傑出外道的禪定境界已經超越了四禪，進入了更高層次的境界。如前文所述，釋迦牟尼本人在證悟之前也曾跟隨婆羅門僧人練習禪修，並獲得了更高層次的禪定境界，但他認為自己仍然沒有獲得解脫。從這個角度出發，佛陀對於禪修理論並沒有太多發明，而且主張僅靠禪定工夫無法證得解脫，解脫的關鍵在於智慧。智慧不由禪定而生，所以慧解脫阿羅漢雖然禪定境界尚達不到初禪，卻可以證得涅槃，但具有禪修定力卻非常有助於獲得智慧，乃至具備隨時自主進入涅槃的能力。另外，按佛教的教義，一切匪夷所思的「神通」法力，也只有具有禪定之力的聖者才可以獲得。南傳《中部阿含・瞿默目犍連經》特別強調了「世尊未必對一切禪定皆加讚賞，又彼世尊對一切禪定亦非不加讚賞」，其區別的核心就在於是否能「如實了知，遠離已起之欲貪」。

部分外道由於過分追求定力，卻不具備解脫的智慧，因而來世會往生至無色界。無色界共分四層，分別為空無邊處、識無邊處、無所有處、非想非非想處。空無邊處「出離一切色想，消滅有對想，以不作意種種想」，識別無邊需要「出離一切虛空無邊處，成『識無邊』」，無所有處需要「出離一切識

無邊處，『任何亦無存在』，非想非非想處需要「出離一切無所有處」，臻至既非有想又非無想的境界。無色界的眾生已捨棄了欲望與形體，甚至意念的活動也開始漸次捨棄，最後進入一種難以用語言描述的境界。無色界的壽命，據北傳《長阿含‧世記經‧忉利天品第八》記載：空無邊處壽命一萬劫，識無邊處壽命兩萬一千劫，無所有處壽命四萬兩千劫，非想非非想處壽命八萬四千劫。儘管無色界眾生壽命極長，可以經歷世界無數次毀滅重生，但由於並沒有獲得解脫，因而在其命終之後，仍然要重新進入輪迴。

【娑婆世界】

據《長阿含經‧世記經‧閻浮提州品第一》：「佛告諸比丘：如一日月周行四天下，光明所照。如是千世界，千世界中有千日月、千須彌山王、四千天下、四千大天下、四千海水、四千大海、四千龍、四千大龍、四千金翅鳥、四千大金翅鳥、四千惡道、四千大惡道、四千王、四千大王、七千大樹、八千大泥犁、十千大山、千閻羅王、千四天王、千忉利天、千焰摩天、千兜率天、千化自在天、千他化自在天、千梵天，是爲小千世界。如一小千世界，爾所小千千世界，是爲中千世界。如一中千世界，爾所中千千世界，是爲三千大千世界。如是世界周匝成敗，眾生所居，名一佛刹。」南傳《阿含經》並無此段文字，亦未具體描述「三千大千世界」的概念；北傳《阿含經》所述上至梵天而止，並未陳述更高之色界天、無色界天與小千世界的對應關係，亦未說明世界下方如何安住。《俱舍論》《大毗婆沙論》《彰所知論》等論著及後來的大乘佛經對此多所補充，然所述往往相差極大，難以統一。例如，按《阿含經》經文之意，則三千大千世界即爲一佛刹，然《大智度論》則云：「百億須彌山，百億日月，名爲三千大千世界。如是十方恒河沙三千大千世界，是名爲一佛世界，是中更無餘佛，實一釋迦牟尼佛。」後者之意，乃以一佛刹包含無量多之三千大千世界，前後相去不知凡幾。後世之佛教文獻濫以己意增刪經文，又往往喜於誇大其詞，甚至歸其說於佛陀以彰顯神聖性，因而導致佛教的種種概念皆難以細究其內涵與外延。許多宗教領域普遍已接受的常識，若從文獻角度出發考察，會發現它們通常只是自相矛盾的若干種說法之一種，實在難以爲憑。

若依《俱舍論》敍述，世界的最下方是厚十六億由旬（約 11.6 萬億米）的風輪，其體堅密。風輪之上爲水輪，水輪下部分未凝結，深十一億二萬由旬（約 8 萬億米）；上部分凝結爲金輪，猶如熟乳表面凝固成膜，厚三億二

萬由旬（約 2.2 完億米）。水輪、金輪直徑一致，周長爲三十六億一萬三百五十由旬（約 26.2 萬億米）。金輪之上，容納九山八海。九山入水量均爲八萬由旬，出水量以中央的須彌山最高，爲八萬由旬，其餘八山自內而外依次減半，最外的鐵圍山出水量爲三百一十二半，諸山的廣量又與各自的出水量相同。八海的前七海中盛滿八功德水（一甘，二冷，三軟，四輕，五清淨，六不臭，七飲時不損喉，八飲已不傷腹），最外層的大海中盛滿鹹水，味道鹹苦，鹹海中則有東勝神洲、南贍部洲、西牛賀洲、北俱蘆洲分列四方，每大洲邊上又各有二中洲。南贍部洲中有大池，名無熱惱，因池側有贍部林，樹形高大，其果甘美，故得洲名。四大洲中唯有南贍部洲有金剛座，任何菩薩欲在此世界成佛，皆要自此座上起金剛喻定。釋迦牟尼既在此世界成佛，亦可推知我們人類即處於南贍部洲之上。南贍部洲之下兩萬由旬處，有無間地獄，深廣亦爲兩萬由旬，爲八地獄中苦難最重之處。其餘七地獄（一者極熱，二者炎熱，三者大叫，四者號叫，五者眾合，六者黑繩，七者等活）一說在無間地獄之上，一說在無間地獄之側。其餘七地獄中受苦之間或偶有樂事，惟無間地獄則受苦無間，恒爲苦痛。中央的須彌山自水面而上共分四層，前三層分別爲堅手、持鬘、恒憍三種藥叉神居住地，此三種藥叉神爲四天王所統領之天眾，第四層級則爲四大天王及諸眷屬共所居止。除須彌山、鐵圍山之外的其餘七山屬於四大天王所部封邑，其上亦有天居，名依地住四大王眾天。須彌山頂爲切利天（三十三天）所居，山頂四角各有一峰，金剛手藥叉神居於其上，守護諸天。切利天之上諸天皆依空而住，下界諸天可憑藉神通力或上界接引而去往上界之天，但若處於本處，則下眼不能睹上界之狀。日月眾星依風而住，圍繞須彌山腰旋轉，太陽的徑量爲五十一由旬，月亮的徑量爲五十由旬，最大的星徑量爲十六由旬，最小的星僅有一俱盧舍。下自風輪，上至梵天，中間包括水輪、金輪、九山、八海、一日月、四大洲、八中洲、八大地獄、六欲天，合爲一小世界。集一千個小世界爲一小千世界，集一千個小千世界爲一中千世界，集一千個中千世界爲一大千世界。因爲從一個小世界到一個大千世界共經歷了三個千的倍數，所以大千世界又名爲「三千大千世界」。大千世界同住同壞，故不妨視爲一體。我們所處的大千世界，佛經亦稱之爲娑婆世界，娑婆意爲「堪忍」。《法華文句》云：「娑婆，此翻忍。其土眾生安於十惡，不肯出離，從人名土，故稱爲忍。」另據《大唐西域記》云：「索訶世界三千大千國土，爲一佛化攝也。舊曰娑婆，又曰沙河，

皆訛。」

　　《俱舍論》所云既與《阿含經》頗有矛盾之處，也與其他大乘佛經、論著多所不合，但仍然是流行最廣的說法之一。較早的佛教典籍皆云小千世界中有一千梵天（初禪天），則每一小世界應有一梵天，但並未提及二禪以上諸天與小千世界之關係。元代八思巴《彰所知論》則稱：「初禪天量等四洲界，二禪天量等小千界，三禪天量等中千界，四禪天量等三千大千世界，其相去量皆倍倍增，謂曰色界。無色界者，無別處所，若有生者，何處命終即彼生處。住無色定，故曰無色。」今世僧人多據此宣稱：集一千小世界，上覆以二禪三天，為一小千世界；集一千小千世界，上覆以三禪三天，為一中千世界；集一千中千世界，上覆以四禪九天，為一大千世界。「上覆」之說於古無徵，但卻讓佛教的世界觀更為理想化、體系化，凸顯人工設計之美。

　　佛教的世界觀傳自數千年前之古人，顯然與現實世界不合，此本屬一望即知之事。但後世佛教徒既認為佛陀智慧具足，則無法接受佛陀宣說有誤，故又想方設法為之彌補，其法主要有二：一為佛陀隨順眾生說。因為當時古印度居民智慧有限，故佛陀只能依據眾生之程度，為其宣說他們所能夠接受之世界觀。若佛陀對當今社會之眾生說法，則亦當依據今日科學之程度而敘述宇宙生成。此非佛陀智慧不足，乃是眾生根器有限，故有接受程度之差異。二為聖凡所見不同說。此說謂「且如一色，人見唯水；鬼見膿河，或成猛火；天見瑠璃；魚龍窟宅。共一色體，不共見故」。〔註88〕若按此義，則大千世界實為佛所宣說之模樣，惟眾生顛倒夢想，因而無法睹見真實。若眾生能證得解脫清淨，則所見當如佛所說。此二法皆可謂巧思，然注定亦是白費力氣，而且越是牽扯過時的世界觀，就越無法融入現代社會，只能將一門傑出的哲學蛻變成為一門古老的宗教，依賴於信眾的盲目信仰而存活下去。但佛教對於世界之描述若被證偽，則諸天、地獄均無處安放，六道輪迴之根基亦為之倒塌，佛教勢必要對自身的體系大幅度修正，才能重新建立起更為科學的理論框架。

〔註88〕明昱《成唯識論俗詮》卷第二，卍新纂大日本續藏經第 50 冊，No.820。

第三章　部派分裂與大乘崛起

第一節　佛陀生前的宗教爭端

　　任何教派組織要形成較為嚴密的、可持續的體系，都必須制定群體共同遵守的行為規範及典章制度。對於一個宗教組織而言，能夠讓它維持長久生命力的關鍵，並不在於其核心主旨如何高妙，而往往在於其儀式軌範的前後一致性，以及與其他教派的區別。儘管釋迦牟尼早已經認識到了這一點，然而在佛教的早期傳播中，佛陀本人並沒有急於著手制定僧團戒律。根據佛教的過去六佛體系，毗婆尸佛、尸棄佛、毗舍浮佛的梵行未能久住，而拘樓孫佛、拘那含佛、迦葉佛的梵行久住，其區別即在於是否「為弟子制立學處，教示波羅提木叉」。波羅提木叉（pra^timoks!a，意譯為隨順解脫、別解脫）為戒律三名之一，其餘二名分別為尸羅（Śila，意譯為清涼）與毗奈耶（Vinaya，又譯毗尼，意譯為調伏、善治）。然而在舍利弗主動請求佛陀為弟子制定戒律以便梵行久住時，佛陀卻拒絕了這一請求，因為他認為「僧眾尚未歷久而龐大時，僧眾中尚不生起某一類有漏法」，「此等五百比丘眾中，最劣者亦證入須陀洹，不墮惡趣，已決定趣向正覺者」，「於僧眾中尚未發生何等有漏法時，如來不為聲聞弟子制立學處，不教誡波羅提木叉」。〔註1〕由此亦可見，在佛教的初創期，比丘的自我約束能力很強，並無主動違反僧侶道德之事發生。古印度居民對於哲學思辨較為用心，兼之《奧義書》「瑜伽」修行方法的倡導，婆羅門教「林棲期」「遁世期」的世俗規定，這也導致早期加入佛教僧團者多是素質較高的貴族人士及苦行沙門。佛教徒早期無固定居所，沿

〔註1〕引文出自《南傳律‧經分別‧比丘戒‧四波羅夷法‧波羅夷一（不淨戒）》。

途托缽乞食，世俗供養利益較少，這種現狀也過濾掉了大量追逐物質利益的投機者。因此，佛教早期雖然並未制定戒律，但僧團組織堪爲當時的道德表率，這也爲佛教贏得了巨大的聲譽。根據南傳《律藏‧小品》記載，一位王舍城長者觀察到諸比丘「行走、觀察、屈伸殊妙而眼向地，威儀具足，見而心明淨」，於是主動提出要爲僧團建立精舍，這也是佛教最早具有精舍之因緣。僧人的素質原本較高，再加上佛陀的親自教導，這也是讓佛教迅速崛起的關鍵。

最初小規模的衝突發生在佛教吸收摩揭陀國世族之人入教之時。此前佛教已經接納了一千位螺髻苦行沙門（優樓頻螺迦葉、那提迦葉、伽耶迦葉三兄弟爲首的一千位外道沙門）和二百五十位遊方沙門（舍利弗與目犍連所率領的刪若門下的二百五十名弟子），儘管人數眾多，但由於這些門徒原本身份即爲沙門，因而並不會對世俗社會產生影響。但當佛教開始接納世族之人入教時，引發了民眾的指責與不滿，他們認爲「沙門喬達摩斷人子孫，製造寡婦，毀滅種姓」，現在觸角竟然伸到了出身有名族姓之子，因而作了一首偈子諷刺佛教，遇見諸比丘就以此非難：「沙門瞿曇當眞來，摩揭陀國堡壘下。已經誘光刪若徒，今日又將誘何人？」面對這種輿論譴責，佛陀一方面安慰弟子「此聲應不久存，唯存七日而已，七日過後當消滅矣」，一方面也號令弟子以言論反駁，若遇民眾以前偈譴責，則以此偈回敬：「大雄如來尊，正法誘循循。以法誘智者，何生嫉妒心？」根據佛教典籍的記載，此種非難果於七日後消滅。〔註2〕由於皈依佛門者均爲自願，可以指責佛陀的餘地有限，再加上民眾的關注熱點總是很容易轉移，實際上這場風波很快被平息下去，並沒有給僧團造成太大的困擾。眞正的威脅，來自於外部其他教派的迫害，以及僧團內部的分裂。

佛教的崛起，一方面吸引了大量其他婆羅門、沙門教派的成員脫離原教，選擇皈依佛教成爲比丘，另一方面也開始吸引到上層階級如國王、官員們的支持，以及來自於商人階層的豐厚的供養資助。最爲典型的一個例子，就是給孤獨長者爲了購買祇陀王子之園以建造僧園，竟然甘願接受以黃金布滿空地的價格。而這座最後由祇陀王子與給孤獨長者共同捐獻給佛教的園子，後來建成爲祇園精舍（又稱「祇樹給孤獨園」），也是當時規模最大的精

〔註2〕此事載於《南傳律‧犍度‧大品‧第一　大犍度‧舍利弗、目犍連出家因緣》，不同漢譯版本對雙方偈子的翻譯略有差異，但大意基本一致。

舍，佛陀雨季時經常在此安居。當佛教成爲最主要的皈依和供養對象時，其他教派的生存空間逐漸遭到壓縮，宗教爭端也開始日益變得嚴重起來。

在佛陀與弟子安居於祇園精舍後，得到了信衆豐厚的衣服、飲食、床坐、醫藥的供奉，但外道沙門的待遇相應降低，遂由嫉妒而轉入仇恨。遊方沙門先讓一位女沙門孫陀利經常走訪祇園精舍，然後再將其殺害，並把屍體埋入祇園的溝坑裏。遊方沙門主動上報孫陀利失蹤，隨後在祇園中掘出她的屍體，抬著屍體進入舍衛城繞街示衆，控訴佛教比丘衆犯下強姦與殺人的罪行。民衆的情緒被煽動起來，開始侮辱咒罵佛教僧團，指責他們是「污戒者、惡行者、妄語者、非梵行者」，佛教的名譽岌岌可危。佛陀本人的處理方式，仍然是宣布這些流言只能持續七日，「過七日後，即自消失」，並令弟子在面對辱罵時以偈子回應：「說謊之人墮地獄，言『非我爲者』亦同。兩者命終於來世，將如惡徒同下場。」根據典籍記載，佛教以這種自我賭咒發誓的方式換來了民衆的信任，事件最終在七日後平息，世尊因此號召「比丘聞粗語，應忍無穢心」。〔註3〕宗教的爭端發展到以人命作爲代價，說明當時的形勢已經極爲嚴峻，但佛教僧團能巋然不倒，一方面是當時的僧團有唯一的核心（佛陀），群體素質很高，自上而下團結一致，另一方面也是因爲按照古印度的風俗，國王及各級官員都不直接插手宗教管理，也不按世俗的法律流程來處理宗教爭端。關於後一條，我們還可以舉一例說明：佛陀曾接納了一位殺人如麻的大盜鴦掘摩羅入教，根據南傳《中部阿含·鴦掘摩經》記載，洶湧的人潮聚集在波斯匿王的宮門前，要求國王出兵剿除這位強盜。國王由五百名騎士護衛，來到了佛陀所在的祇園精舍，要求捉拿鴦掘摩羅。佛陀告知波斯匿王，鴦掘摩羅已出家爲比丘，波斯匿王轉而禮敬並供養此人，最終向佛陀作禮而去。世俗的法律不能超越宗教事務之上，而佛教又擁有上層階級的全力支持，這也是佛教能成功應對外部爭端的關鍵所在。

對於一個持續發展的宗教而言，內部的分歧遠比外界的壓力更爲致命，佛教也同樣如此。佛陀本人對於僧團的自我約束十分看重，他曾經提出要解散僧團，僅僅是因爲僧團相互問訊、整理床坐時過於喧鬧。〔註4〕然而隨著僧團日益擴大，成員成份混雜，糾紛的理由和可能也隨之增加。佛教所面臨的第一次僧團分裂危機，其導火線來自於一樁生活中的瑣碎小事。憍賞彌城的

〔註3〕此事件記載於南傳《小部·自說經·第四品　彌醯品》。
〔註4〕此事詳載於南傳《中部阿含·車頭聚落經》。

一位比丘將淨瓶遺忘在了廁所之中，另一位比丘發現了淨瓶，指出這樣做有罪，但同時指出如果只是無意遺忘，就不算有罪。因而遺忘的比丘認爲自己無罪，發現的比丘則告訴自己的學生說這位比丘犯罪而不自知。學生之間相互傳遞消息，遺忘的比丘聽到了這番言論，因而認定發現的比丘是一位說謊之人，明明認可了自己無罪，卻告訴別人自己有罪。兩位比丘各自邀請與自己相熟的其餘比丘，形成了兩大派系，互相糾舉與反駁。佛陀本人聽聞這一糾紛，感慨「僧伽將會分裂」，於是分別前往兩大派系處訓誡以平息糾紛。佛陀規定，若某比丘不見己罪，而其他比丘認爲其有罪，爲防止破壞僧團和合，其他比丘不得檢舉其罪；同樣，爲防止破壞僧團和合，即使某比丘不見己罪，也應該接受其他比丘的判斷，主動認罪。然而世尊的勸解並沒有平息紛爭，比丘分成的兩大派系仍然在鬥諍不已。世尊連續三次要求諸比丘「勿鬥諍、勿異論，勿紛論」，然而並不奏效，世尊於是捨棄僧團而去，最終回到了舍衛城的祇園精舍。因爲憍賞彌比丘的紛爭致使佛陀離去，當地的信眾決定停止對於該處比丘眾的恭敬、尊重和供養，以逼迫他們或離開，或還俗，或者去向佛陀認錯。憍賞彌比丘發現信眾的態度變化，決定去王舍城尋找佛陀，以徹底解決這一紛爭。佛陀下令將他們的住所隔開，食物平均分配，此後一直等到那位遺留淨瓶的比丘主動站出來承認罪過，鬥諍雙方在僧伽面前和合，整個事件才最終結束。〔註 5〕如此瑣細的小事件，竟然會釀成如此嚴重之後果，甚至佛陀本人連續多次調解都不見效，最後還是在信眾斷絕供養的壓力下促成和解，也可以反映出佛教僧團內部之不穩定性。

　　僧團作爲一個鬆散的群體，缺乏嚴密的組織結構，群內個體來去自由，很不利於自身的持續與擴張。若無共同遵守的戒律以維持僧團的行爲一致性，情況將愈發惡化，大幅度縮短佛法駐世的時間段。爲了應對一系列紛至沓來的宗教糾紛，佛陀不得不逐漸制定戒律，以約束僧眾行爲。佛教第一條戒律的出現，是因爲一位已出家的須提那比丘，爲了給父母留下子嗣，重新與家中的故妻交合產子。佛陀嚴厲叱責了須提那的行爲，開始爲僧團制定學處，並指出戒律的十大利益：「爲攝僧、爲僧安樂、爲調伏惡人、爲善比丘

〔註 5〕此事件被記錄於不同的典籍，側重點各有不同，必須要將所有的記錄匯總到一起，才能掌握事件的前後經過。相關文獻按時間先後排序爲南傳《律藏·犍度·大品·第十　憍賞犍度·〔憍賞彌比丘之分裂〕》《中部阿含·隨煩惱經》《律藏·犍度·大品·第十　憍賞犍度·〔憍賞比丘之和合〕》。北傳《中阿含》《長壽王本起經》《增一阿含》等佛經中也有對應記載。

得安樂住、爲防護現世漏、爲滅後世漏、爲令未信者生信、爲令已信者增長、爲令正法久住、爲敬重律。」〔註6〕戒律有如是之功效，因而統一的條目就十分關鍵，若出現對戒律的不同理解則會釀成重大糾紛。佛陀在世之時，僧團所遭遇的最大分裂危機就出現在戒律條文上。提婆達多（Devadatta，又譯「調達」，意譯爲「天授」）是佛陀的堂兄弟，「十二年中善心修行，讀經、誦經、問疑、受法、坐禪，爾時佛所說法悉皆受持」，〔註7〕屬於非常傑出的比丘。提婆達多認爲佛陀已經衰老羸弱，主動提出由他來領導僧團，但遭到了佛陀的嚴厲訓斥：「即舍利弗、目犍連我亦不咐囑比丘眾，何況汝食六年涎唾者耶！」〔註8〕提婆達多受到當眾訓斥，從此懷恨在心，幾次借機謀害佛陀，但都沒有成功，於是轉而從戒律上下工夫。提婆達多向世尊提出五條新戒律：第一，比丘應當永遠住於森林中，不得住於村落；第二，比丘應當永遠乞食爲生，不得接受宴請；第三，比丘應當永遠穿著糞掃衣，不可以接受居士施衣；第四，比丘應當永遠坐於樹下，不得坐於室內；第五，比丘應當永遠不吃魚、肉。佛陀沒有認可這五條戒律，認爲前三條比丘可以自行選擇，第四條一年中八個月可以坐臥於樹下（雨季除外），第五條允許比丘可以食用不見殺、不聞殺、不疑我殺之魚、肉。惟提婆達多所提五條戒律，佛教典籍中的記載頗有差別，上述錄自南傳《律藏・犍度・小品・第七　破僧犍度・〔提婆達多之暴戾〕》之文字，而據《根本說一切有部毗奈耶破僧事》記載，提婆達多所提五條戒律爲：不食乳酪，不食魚、肉，不食鹽，受衣時不截縷績，不住阿蘭若而住村舍。此外，《四分律》《十誦律》所載亦略有差別。提婆達多的五條戒律比原有的佛教戒律更爲嚴格，也更能體現持戒者的苦行與人品，因而很受當時社會的歡迎。而佛陀之所以反對，是因爲這五條戒律實施起來相當不易，若是強行規定，只會將大多數人阻攔在佛教之外，並不利於僧團的生存與擴展，不如留待比丘自行選擇是否遵守。但佛陀拒絕制定這五條戒律，令相當一部分新出家的比丘認爲佛陀「奢侈而念奢侈」，提婆達多以此爲藉口，成功率領五百位比丘脫離佛陀而自立。幸運的是，僧團分裂之後，佛陀派遣舍利弗、目犍連兩大弟子追趕上去，趁提婆達多入睡休息之時，重新勸回了出走的僧團。

〔註6〕此事載於南傳《律藏・經分別・比丘戒・四波羅夷法・波羅夷一（不淨戒）》。
〔註7〕引文出自《十誦律》。
〔註8〕引文出自南傳《律藏・犍度・小品・第七　破僧犍度・〔提婆達多之暴戾〕》。

提婆達多之所以能夠煽動僧團分裂，關鍵即在於戒律。提婆達多雖然未能成功取代佛陀，但他的五條戒律卻影響深遠，門人弟子亦流傳不絕。據東晉法顯《佛國記》（又名《法顯傳》《歷遊天竺記》等）記載：「調達亦有眾在，常供養過去三佛，唯不供養釋迦文佛。」〔註 9〕又，唐玄奘《大唐西域記》卷十載：「（羯羅拿蘇伐剌那國）別有三伽藍不食乳酪，遵提婆達多遺訓也。」〔註 10〕可知直至公元七世紀時，提婆達多之影響仍然未息。實際上，五條戒律中最關鍵的一條「禁食魚、肉」，由於最受古印度民眾認可（如耆那教等亦守此戒，一直傳承至今），也為後來的大乘佛教所吸收，並假託於佛陀之口宣布，演變成為今日中國漢傳佛教所共同遵守之戒律。

第二節　戒律的結集與爭端

佛陀入滅之後，如何繼續管理僧侶集團就變成一個嚴峻的問題。任何一個宗教如果缺少了公認的教主，就失去了最高的權威和核心凝聚力，一旦遇到宗教爭端，也很難形成讓全部教眾都共同認可的判決。彼時佛教已演變成一極為龐大之組織，成員更是遍布古印度諸國，老少賢愚無所不有，成員魚龍混雜，組織結構鬆散。佛陀本人總是遇到糾紛隨時隨處制定戒律，比丘眾隨學隨去，四處乞食，並非一直跟隨在佛陀身邊，因而所聞各異，所守有差。許多樂於放逸之比丘，反而喜見佛陀入滅，以為失去了唯一能下令約束之人，此後可以憑自己的心意為所欲為。據南傳《律藏》記載，在佛陀去世之後，有一位年老出家者須跋陀羅對眾比丘宣稱：「諸友！勿憂！勿愁！我等得脫彼大沙門亦善。此應、此不應困惱我等，今我等若欲則為，若不欲則不為。」〔註 11〕《十誦律序》亦記此事，但僅云「有一頑愚不善及老比丘」，並未記其姓名。又據《雜阿含經‧須跋陀羅經》，須跋陀羅是佛陀在彌留之際所收的最後一位外道弟子，其時他已一百二十歲，在聞法後即證得解脫，因不忍見佛般涅槃而先取般涅槃，不可能有佛陀入滅後的惡口言論。今考原始佛典體例，若遇姓名相同者則在一人姓名前加修飾語以作區別，然則南傳《律藏》所云「須跋陀羅」者恐為偶然誤記。但類似的言論應當代表了相當一部分比丘的心態，若不能順利解決這一危機，令僧侶盡快形成統一的行為

〔註 9〕 法顯《高僧法顯傳》，大正新修大藏經第 51 冊，No.2085。
〔註 10〕 玄奘《大唐西域記》卷十，大正新修大藏經第 51 冊，No.2087。
〔註 11〕 引文出自南傳《律藏‧犍度‧小品‧第十一　五百〔結集〕犍度》。

規範，則佛教很可能不會演變成一種在後世廣爲流傳的宗教。

　　佛陀在入滅之前，曾提醒門徒此後要以佛法、戒律爲師。據南傳《長部阿含·大般涅槃經》云：「世尊告阿難曰：『阿難，若於汝等中有作如是思維：大師之教言滅，我等無復有大師。阿難，勿作如是見！阿難，依我爲汝等所說之法與律，於我滅後，當爲汝等大師。』」北傳《長阿含·遊行經》亦云：「佛言：當自撿心。阿難，汝謂佛滅度後無復覆護、失所持耶？勿造斯觀。我成佛來所說經戒，即是汝護，是汝所持。」兩相對照，可知關於佛陀之遺言並無異說。然而《根本說一切有部的雜事》和《佛遺教經》所記佛陀遺言，卻只宣稱以波羅底木叉爲比丘之師，只及戒律而不及經法。由於《佛遺教經》在中國較爲流行，故今日之佛教界多主張「以戒爲師」的說法，究其實則與佛陀之本意不符。佛陀曾屬意目犍連、舍利弗兩大弟子替代自己領導僧團，但兩人均先於佛陀入滅，佛陀並沒有明確指定其他的繼任領導者。從原始典籍的記載來看，當時最受僧眾歡迎的上座比丘是阿難，他本人既是佛陀的堂弟，又是佛陀晚年的常隨侍者，平素態度謙遜有禮，親和力無人能及。但阿難雖然聽聞佛陀說法最多，卻並沒有證得阿羅漢果位，不屬於佛法修爲最高的上座比丘。在這樣的情形下，威望較高的大迦葉走向前臺，成爲了實際的僧團領導者。大迦葉是一位作風嚴屬的上座比丘，自身持戒精嚴，他轉述了須跋陀羅樂於佛陀入滅的言論，然後倡議僧團將佛陀生前所說的佛法與所制定的戒律進行結集。根據南傳《律藏·五百〔結集〕犍度》記載，大迦葉挑選了四百九十九位已證得阿羅漢果位的比丘，又在諸比丘的共同推薦下，才允許補入阿難以湊足五百之數。由於阿難趕在結集開始前及時證得了阿羅漢果，因而這次結集也被稱爲「五百羅漢結集」，時間就在佛陀入滅後的第一個雨季。由於王舍城飲食豐而臥坐具多，五百比丘決定雨季在此地安居並結集經律，並通知其餘比丘不得前來此處。這種做法雖然避免了結集過程受到外界干擾，但也限制了結集人群的參與範圍，不能全面吸收不同群體的意見，更不利於向僧團傳達結集的成果，實際上給後來佛教的分裂埋下了伏筆。關於第一次結集的內容，原始典籍僅云佛經、戒律兩類，晚出的《大智度論》等典籍卻聲稱亦結集論藏（阿毗曇），[註12]顯然是爲了抬高論藏自身的地位

〔註12〕《大智度論》卷二：「是時大迦葉思惟思惟：我今云何使是三阿僧祇劫難得佛
　　　　法而得久住？如是思惟竟，我知是法可使久住，應當結集修妬路、阿毗曇、
　　　　毗尼作三法藏，如是佛法可得久住。」

而生造之說。同樣，《十誦律》《五分律》《摩訶僧祇律》《善見律》均記載結集人物為五百阿羅漢，《大智度論》卻聲稱結集者（除阿難外）為一千位具有六神通的阿羅漢，其晚出、渲染之形由此可見。玄奘《大唐西域記》亦取千人之說，〔註13〕蓋未嘗深考。

依據南傳《律藏》所述，結集律藏時由大迦葉負責詢問，優波離負責回答，依次敘述每條戒律的制定地點、當事人、制戒事件、處理標準等項，並由眾阿羅漢審議通過。如此循環，直到兩部律（比丘律、比丘尼律）全部敘述完畢。但是在戒律結集完之後，阿難轉述了佛陀的遺言：「我滅度後，僧伽若欲者，小小戒可捨。」在實際的制戒過程中，為了臨時應對一些瑣碎的小事，佛陀曾制定了一些微末小戒，而一旦時過境遷，這一類的戒律條文已無多大必要保留，故而佛陀將是否保留的選擇權交給了僧伽。譬如上章所述的「噴嚏戒」，亦即在別人打噴嚏時是否可以祝人「長壽」，就顯然屬於這一類的「小小戒」。所有戒律根據罪行輕重程度不同，可分為斷頭（音譯「波羅夷」）、僧殘（音譯「僧伽婆師沙」）、捨墮（音譯「尼薩耆波逸提」）、單墮（音譯「波逸提」）、悔過（音譯「波羅提提舍尼」，簡稱「提舍尼」）、不定、眾學、滅諍八類，其中舍墮、單墮同屬於波逸提，不定、眾學、滅諍同屬於突吉羅，故八類又可以合併為五篇。但在五篇八類中，除斷頭戒為根本極惡戒之外，其餘七類具體哪幾類才屬於佛陀所說的「小小戒」，僧團的意見並不統一：最寬鬆者以為斷頭戒之外皆為小小戒，最嚴厲者則認為只有突吉羅中的「眾學」「滅諍」兩類才為小小戒，態度居中者亦各為己說，互有齟齬。由於阿難並未向佛陀本人詢問「小小戒」的具體內容，僧團對於「小小戒」的分歧無法統一，最終大迦葉決定，「未制不得制，已制不得壞，隨所制之戒而持住」，亦即全盤保留佛陀所制定的戒律，以後也不再增添新的戒律。這種「快刀斬亂麻」的方式有效地抑制了僧團的分歧，但在客觀上也導致戒律條文死板僵化，無法針對時代的進步而進行相應的修改，這也成為佛教若干年後部派分裂的直接動因。

佛陀所處的古印度時代，印刷術並未發明，書寫工具也並不流行，無論是佛經還是戒律，都要依靠比丘背誦記憶，口耳相傳。佛陀在世時，曾制定了每半月一次於布薩日誦波羅提木叉的制度，亦即每過十四日或十五日，〔註14〕僧

〔註13〕《大唐西域記》卷九：「是尊者摩訶迦葉在此與九百九十九大阿羅漢，如來涅槃後結集三藏，前有故基，未生怨王為集法藏諸大羅漢建此堂宇。」
〔註14〕古印度曆法，將每月分為白月、黑月兩部分。從新月到滿月的十五天稱為白

伽齊集一處共誦波羅提木叉，自我檢查有無犯戒之事，若有則需要依法懺悔受過。但僧伽分布在古印度各處，布薩亦各自組織，且佛陀本人並不參加，〔註15〕因而戒律條文並不能保證彼此一致。在第一次結集之後，雖然形成了相對完整和權威的佛經及戒律，但僅有與會的五百羅漢能夠聽聞，之後才經由他們向各自的弟子們轉述。長老比丘們的記憶力與壽命參差不齊，每個人所能影響到的領域亦有限，其中還有相當一部分人不樂於或不善於說法，實際上根本無法在地域龐大的佛教僧團中統一認識。即使在結集剛剛結束時，不同的聲音也已經開始出現。富蘭那率領五百大比丘遊行於南山，因而未能參與結集，當諸比丘將結集的結果告知並要求他受持時，富蘭那宣稱：「結集法與律雖善，然而，我如世尊現前時所聞、所受而受持。」〔註16〕《五分律》記載此事則更為詳細：

> 富蘭那語迦葉言：「我親從佛聞，內宿、內熟、自熟、自持食從人受、自取果食、就池水受、無淨人淨果除核食之。」迦葉答言：「大德，此七條者，佛在毗舍離，時世饑饉，乞食難得，故權聽之。後即於彼，還更制四。至舍衛城，復還制三。」富蘭那言：「世尊不應制已還聽，聽已還制。」迦葉答言：「佛是法主，於法自在，制已還聽，聽已還制，有何等咎？」富蘭那言：「我忍餘事，於此七條不能行之。」迦葉復於僧中唱言：「若佛所不制，不應妄制；若已制，不得有違。」〔註17〕

由於結集後的戒律與富蘭那親耳聽聞佛說者不合，故富蘭那堅持按照所

〔註15〕月，又名白半、白分；從滿月之望日至新月前日，稱為黑月，又名黑半、黑分。此處「十四日或十五日」，實際對應中國陰曆之望日（白月十五日，陰曆十五日）及晦日（黑月十四日或十五日，陰曆二十九日或三十日）。

〔註15〕佛陀早期曾一度出席布薩，但僧伽中曾有污戒不淨之人不肯自行退場，被目犍連強行驅逐。佛陀宣布「從今而後，我不行布薩，不說波羅提木叉。從今而後，汝等應自行布薩，說波羅提木叉。」此事詳見南傳《小部阿含・自說經・第五品 蘇那長老品》。

〔註16〕南傳《律藏・犍度・小品・第十一 五百〔結集〕犍度》。此富蘭那長老，一般認為即是佛陀弟子中「說法第一」的富樓那。

〔註17〕引文出自《彌沙塞部和醯五分律》卷三十，《大正藏》卷22，191頁下。內宿，謂寺院內可藏蓄飲食；內熟，謂寺院內可煮飲食；自熟，謂自己可煮飲食；自持食從人受，謂自己可伸手取食，不必從人授食；自取果食，謂自己可取樹果而食；就池水受，謂自己可從水中撈取藕等食物；無淨人淨果除核食之，謂自己可除掉果核而食，不必淨人為淨。若按《四分律》，所差異者為「八事」，解說亦有差別。

聞者受持，拒絕接受結集之條文。客觀上，由五百羅漢所審議而成的戒律雖然相當權威，但仍然無法與佛陀本人親口宣說者相比，因而富蘭那有足夠的信心反對。而佛陀本人在制定戒律時，的確存在前後修改的情形，譬如上章所述之「噴嚏戒」，開始規定「諸比丘打噴嚏時不得言『長壽』，言者墮惡作」，但因為引發民眾憤怒，佛陀重新規定「若在家人言『長壽』，諸比丘許言『長壽』」。類似的制戒狀況應當不在少數，若比丘只知其一，而於佛陀修改戒律時不在現場，就容易出現象富蘭那所述七事一樣的情形。大迦葉認為佛陀「於法自在」，可以隨時調整戒律，此說雖然符合歷史現實，但從另一個側面而言，也等於消解了戒律的穩固性。既然佛陀曾經在「時世饑饉，乞食難得」的情形下允許此七事，可推想而知，若未來再次出現類似情形，此七條戒律仍然可為佛陀所許可。這七條戒律很可能就屬於佛陀所說的「小小戒」，僧伽可以擁有選擇權，自行決定是否需要廢棄。大迦葉一味強調「若已制，不得有違」，實際上就成了死守條文而不知變通，反而不如富蘭那始終不持此七戒，至少仍維護了戒律的一致性，亦即「不應制已還聽，聽已還制」。而像富蘭那這種較有威望的比丘，大迦葉在選擇五百羅漢時竟然未能入選，不能不說是一大遺憾。結集之事，本應盡可能聽取不同僧伽代表的意見，廣泛歡迎旁聽，最終協調眾說，並做好解釋與普及工作，寧可緩行而不可急切。大迦葉作風獨斷專行，欲以少數精英之意見而勒令其餘僧侶全體遵行，是以功過參半，是非難可論定。

第一次戒律結集的副作用很快表露出來：首先，戒律的權威性並沒有得到公認，類似富蘭那之類的比丘仍然按照自己所聽聞的佛說受持，拒絕全盤接受結集的條文；其次，戒律的傳播並不廣泛，許多遠離王舍城的地區（尤其是新興城市），其僧伽並沒有被主動告知戒律條文，以至於許多比丘仍然對戒律條文缺乏瞭解；最後，戒律結集後，應變性嚴重不足。隨著時代的發展，新情況叢出不窮，大迦葉「若佛所不制，不應妄制；若已制，不得有違」的原則，在應對具體事務時缺乏活力。泛泛言之，任何宗教自誕生之日起，都將面臨兩條路線的爭鬥，一條是全面維護教主神聖性的原教旨主義，另一條則是順應時代需求的修正主義。真正對世俗教眾進行管理的宗教領袖同樣是有血有肉的人，即便是這種管理假託神的旨意進行，他所制定出的規章制度也只能符合自己所在的時代。時代一旦發生變化，原本的條文勢必僵化失效，若無後人起而修正之，則條文雖存而廢，終成多數人不能遵守之具文。

若去聖日遠，後人不斷爲之修正，雖則令宗教充滿活力，但對於領袖的神聖性卻是一大損害。蓋不得不承認領袖並非超脫人類之存在，並不具有跨越時空之智慧，故其所親訂之制度尚需後人修補。此事對歷史、文獻學者而言本是一基本常識，但對於宗教的虔誠信眾而言，卻是足以動搖其信仰基礎的大事。宗教的變革往往由後來入教的年輕一代教眾所發起，他們對於舊日的權威較少盲從，而更樂於將宗教世俗化，要求戒律必須適應本土環境。隨著最初參與王舍城結集的一大波長老比丘先後去世，被僧侶群體所共同認可的權威日漸稀少，年輕比丘已不能盡守佛陀遺教，而口耳相傳的方式也滋生出大量的謬誤。據《根本說一切有部毗奈耶雜事》卷第四十所載，阿難在竹林園聽到一比丘誦讀一偈：「若人壽百歲，不見水白鶴，不如一日生，得見水白鶴。」阿難指出偈子有誤，佛陀的原話爲「若人壽百歲，不了於生滅，不如一日生，得了於生滅。」此比丘將阿難之說稟報其師，其師反而宣稱：「阿難陀老暗，無力能憶持，出言多忘失，未必可依信。」〔註18〕阿難與佛陀年齡相差近三十歲，在參與結集的比丘中是較爲年輕的一位，平素又以多聞善記著稱，但在他「老暗」之時，年輕一代比丘已拒絕採納他的說法。隨著時間推移，類似的狀況毫無疑問還將日益嚴重。

在佛陀入滅後的一百年左右，古印度的政治環境也發生了顯著的變化，原本堪稱佛教兩大中心的王舍城和舍衛城日趨沒落。位於舍衛城西方約四十由旬的摩偷羅（Mathurā，一譯秣菟羅），由於毗鄰閻牟那河（朱木拿河），地處古印度與中國、西方之間的通商要道，經濟、文化日益繁榮，逐漸成爲佛教在西方的中心。據北傳《雜阿含經・摩偷羅經》，摩偷羅國王曾向佛陀弟子中「論議第一」的迦旃延請教佛法，最後歡喜作禮而去。對應的南傳《中部阿含・摩偷羅經》還明確記載了此事發生在佛陀涅槃之後，而摩偷羅王阿萬提普陀在聞法後即宣布「爲終生歸依之優婆塞」。按此，則在佛陀入滅後不久，佛教即贏得了摩偷羅國王的全力支持，佛教在此地崛起也是順理成章之事。而東方的毗舍離（Vaishali，又譯毗耶離、吠舍離），既是半民主性質的共和城邦，又是恒河中下游地區重要的商品集散地，日益崛起爲佛教東方的代表城市。據北傳《長阿含經・遊行經》記載，佛陀曾在毗舍離城接受淫女庵婆婆

〔註18〕此事《付法藏因緣傳》卷二亦載，而偈子翻譯略有不同，前比丘偈子爲「若人生百歲，不見水老鶴，不如生一日，而得睹見之」，阿難偈子爲「若人生百歲，不解生滅法，不如生一日，而得解了之」。

梨供養，庵婆婆梨不僅一次性招待了一千二百五十位比丘的飲食，還將自己所擁有的城中最勝的園林布施給了佛教。據南傳《相應部阿含·阿那律相應》記載，「天眼第一」的阿那律與「智慧第一」的舍利佛就曾在庵婆婆梨園內問訊說法。不僅如此，佛陀最後一年也是在此城內坐雨安居，並預言自己將要入滅，可見毗舍離城在佛陀生前就已經是重要的佛教中心。在王舍城已衰落、華氏城尚未崛起之時，毗舍離城就是古印度東部佛法最興盛的大都市。摩偷羅、毗舍離雖然同為佛教中心，但風氣卻頗有差異。摩偷羅地區佛法傳播相對偏晚，阿萬提普陀未及親見佛陀，本欲皈依迦旃延，後依從迦旃延建議轉而皈依已涅槃之佛陀。凡新崛起之地區，其文化往往有相對的滯後性，當原本的文化中心地區風氣已轉移，該地區卻仍在堅持舊有之風氣。因此，當佛法與戒律被傳入摩偷羅之後，一直在被嚴格遵循，較少變通。而毗舍離城由於佛法傳播較早，加上風氣較為民主自由，反而持戒程度較為鬆緩，尤其對於部分「小小戒」不甚在意。

　　依照過去學者的觀點，當時最主要的佛教派系有三種：一種是優波離所傳陀娑婆羅、樹提陀娑一系，以毗舍離為中心，主要在古印度東部傳播佛法，並擴展至東南地區；一種是阿難所傳商那和修、優波鞠多一系，以摩偷羅為中心，主要在古印度西部傳播佛法，並擴展至西北地區；一種為優波離所傳馱寫拘、蘇那拘一系，以優禪尼為中心，主要在古印度南部傳播佛法，並擴展至斯里蘭卡等地。然而筆者對此類觀點尚存疑問，因為它們所依據的材料都是佛教部派分裂之後的追述，各派為了宣揚自己的正統而刻意捏造繼承關係，又往往選擇對自己有利的說法敍述，未必符合歷史真實。以《阿育王傳》卷四所載為例：「尊者阿難語商那和修：『佛以法付囑尊者迦葉，迦葉以法付囑於我。我今欲入涅槃，汝當擁護佛法。……摩突羅國有長者名鞠多，當生一子名優波鞠多，汝好度使出家，佛記此人，我百年後當大作佛事。』商那和修答言：『唯然受教。』」如筆者前文所述，佛陀生前並未指定迦葉為繼承人，而阿難在第一次結集之前已證得了阿羅漢果位，也不需要再跟隨任何人學習（阿羅漢又稱「無學」，謂已究佛之教法，無惑可斷，亦無可學），所有阿羅漢之間亦無高低等下之區分。北傳《中阿含經·瞿默目揵連經》中，阿難更明確聲稱：「都無一比丘為世尊所知、見，如來、無所著、等正覺在時所立，此比丘我般涅槃後，為諸比丘所依，謂令我等今所依者。」阿難在世尊涅槃後明確否定了比丘群體需要對任何人依止，所謂「以法付囑」云云本來

甚無謂，顯然是後世弟子爲追認正統而所造之興論。而讓阿難預言若干年後優波鞠多會出生，並宣稱佛陀曾授記此人未來大作佛事，一望即知是優波鞠多之門徒爲神化其師而捏造之事。若根據這一類晚出的記載，認定迦葉、阿難、商那和修、優波鞠多的師承關係，到底會有多大概率符合歷史眞實，頗堪疑問。另，佛陀涅槃後，比丘眾既然概以法、戒爲師，然則弟子並不泥從其師，甚至可以轉益多師，故而認爲同一師之弟子就一定會形成某個派系，也是一種過於模板化的想法。而按彼時戒律，長老比丘亦需四處乞食爲生，又未必永遠處於一地。譬如毗舍離一系的陀娑婆羅，據《摩訶僧祇律》記載：「時尊者陀娑婆羅在摩偷羅國，耶舍即往詣彼。」然則陀娑婆羅至少在摩偷羅、毗舍離兩地均有活動，其足跡基本橫穿古印度，若將其圈定爲毗舍離派系之代表，認定其影響力僅在此地而不及摩偷羅或其他地區，亦屬不切實際之想法。

　　毗舍離「十事非法」事件，是佛陀去世後第一次大規模的僧團戒律糾紛，也因此導致了第二次結集的產生。關於此事發生的時間，《十誦律》記載爲佛陀入滅後一百一十歲，而《四分律》《五分律》《善見律毘婆沙》皆稱發生於佛陀入滅後百年，然古印度記載多慣取整數，反而一百一十歲之說似較爲可信。此事既經不同派系之戒律共同記載，則代表佛教所有派系均認可其發生，在佛教發展史上意義重人。關於「十事非法」之內容，各律所載有所差別，若以《五分律》所云：

　　　　佛泥洹後百歲，毘舍離諸跋耆比丘始起十非法。一鹽薑合共宿淨、二兩指抄食食淨、三復坐食淨、四越聚落食淨、五酥油蜜石蜜和酪淨、六飲闍樓伽酒淨、七作坐具隨意大小淨、八習先所習淨、九求聽淨、十受畜金銀錢淨。彼諸比丘常以月八日、十四日、十五日盛滿缽水，集坐多人眾處，持缽著前以爲吉祥，要人求施。時諸白衣男女大小經過前者，便指缽水言：「此中吉祥，可與衣缽、革屣、藥直。」有欲與者與之，不欲與者便譏呵言：「沙門釋子不應受畜金銀及錢，設人自與，不應眼視。而今云何作此求施？」時長老耶舍迦蘭陀子在彼獼猴水邊重閣講堂，語諸比丘言：「汝莫作此求施！我親從佛聞，若有非法求施、施非法求，二俱得罪。」語諸比丘已，復語諸白衣男女大小：「汝等莫作此施！我親從佛聞，若非法求施、施非法求，二俱得罪。」

毘舍離諸跋耆比丘所行十事，多數皆爲顯然之「小小戒」，惟受畜金銀錢之戒關係甚大。佛陀在世時，嚴禁僧侶接受或蓄積金銀錢財，此事並無疑問。今南傳《相應部‧聚落主相應》載佛陀嚴令「無論依如何之事由，余不言求受金銀」，《增支部‧小雜染經》有佛陀言論，稱「執取金銀之不脫離」爲「沙門、婆羅門之翳，爲此翳所覆之若干沙門、婆羅門不光、不輝、不照」，《律藏》亦規定「任何比丘，自捉金銀及錢，或令捉之，或受其留置者，尼薩耆波逸提」，自來並無異說。毘舍離諸跋耆比丘主動向信眾求施金銀，明顯違反佛陀禁令，故長老耶舍迦蘭陀子堅持自己「親從佛聞」，稱這種做法有罪非法。他不但拒絕比丘分享給他的一份金銀，而且勸告信眾不要向比丘布施金銀，激起了諸跋耆比丘的憤怒，勒令耶舍迦蘭陀子向比丘眾認罪悔過。耶舍迦蘭陀子拒絕認錯，並奔赴波旬國、摩偷羅國、拘捨彌城等地，尋找長老比丘之支持。按《五分律》之原文，其中多涉及神通荒誕之事，謂耶舍迦蘭陀子以神足飛往各地，「置衣缽於虛空中猶如著地」，又謂諸跋耆比丘「載滿船沙門衣缽諸所須物」，前往賄賂長老離婆多以求聲援，極盡醜化他人而美化己方之能事。耶舍迦蘭陀子之觀點得到諸位長老比丘的贊同，他更因此建議「我等應更集毗尼藏，勿令佛法頹毀」，〔註19〕於是七百位長老比丘共同聚集毘舍離城，重新結集戒律，並宣布此十事非法。此次結集又稱「七百羅漢結集」，只重申了戒律條款，結集後同樣是口耳相傳，並沒有形成文字。

主持第二次戒律結集的上座比丘，《四分律》記載爲一切去、三浮陀、離婆多、婆搜村四人，《五分律》記載爲一切去、離婆多、三浮陀、耶舍四人，雖然二者有一人之差異，但均認定四位上座爲阿難之弟子；《善見律毗婆沙》記載爲八人，其中薩婆迦眉、蘇寐、離婆多、屈闍須毗多、耶須、婆那參復多爲阿難弟子，修摩寃、婆娑伽眉爲阿那律弟子；《摩訶僧祇律》則僅記載陀娑婆羅一人，爲優波離之弟子。由於所有材料均爲部派分裂後所追述，各派又尊崇自己一脈之祖師（或冒認爲自己一脈之祖師），刻意抬高其地位，反而導致眞相爲之蔭翳。過去學者之研究，多將此糾紛認定爲西方阿難系僧團及優波離系優禪尼僧團共同反對優波離系東方毘舍離僧團的違律事件，這是建立在對現存材料有傾向地揀選之後而得出的結論。事實上，阿難晚年也經常弘法於毘舍離城，乃至被譽爲「毗提訶牟尼」，其影響力同樣不可小視，單純將諸跋耆比丘皆歸爲優波離系未見得可靠。而根據阿難之性格推測，他在佛

〔註19〕引文出自《摩訶僧祇律》。

入滅後未久即因與年輕放逸比丘共處而遭到大迦葉斥責，兼之他又曾親聞佛陀「小小戒可捨」之教誨，更有可能影響到毘舍離城年輕比丘之風氣，導致他們在持戒方面較爲靈活；相反，優波離在佛陀弟子中「戒行第一」，不僅自身持戒精嚴，而且佛陀生前即令其爲眾中綱紀，反而不太可能培育出這類明顯違犯戒律之風氣。筆者更傾向於將此爭端視爲恪守舊律與因時變律的兩條宗教路線之爭，同類相求，人以群分，與彼此間的師承關係並不大。七百長老比丘雖然共同裁定此十事非法，並重申「若佛所不制不應妄制，若已制不得有違」的原則，但戒律條文既與社會進步之方向不符，其勢終究阻隔難行。以歷史進程而言，伴隨社會經濟之進步，貨幣之功用勢必大幅度增加，實物布施反而漸顯累贅不便，況且信眾布施之物又未必是僧團所急需者。若一味堅持不許比丘眾接納金錢布施，佛教恐很難在現代社會生存，是故今日之佛教寺廟幾至無人仍守此戒。當年輕比丘之新興風氣遭遇長老比丘之守舊思想，雖然前者一時遭到壓制，但這種令僧團喪失靈活性、方便性的代價，卻並不能令其真正心服。佛教不同僧團間的裂痕既然埋下，隨著類似的衝突日益增加，後來之部派大分裂已不可避免。

第三節　大天五事與阿羅漢的地位下降

在第二次結集後的一百年內，佛教進入了部派大分裂的時代。僧團首先分裂爲上座部、大眾部兩部分，隨後兩部各自繼續分裂，「如是上座部七破或八破，本末別說成十一部：一說一切有部，二雪山部，三犢子部，四法上部，五賢胄部，六正量部，七密林山部，八化地部，九法藏部，十飲光部，十一經量部」，「如是大眾部四破或五破，本末別說合成九部：一大眾部，二一說部，三說出世部，四雞胤部，五多聞部，六說假部，七製多山部，八西山住部，九北山住部」，上座十一部與大眾九部合稱爲「二十部派」佛教。〔註20〕佛教最根本、最基礎的分裂即爲上座、大眾兩部之分裂，上座部最終演變爲今日南傳之小乘佛教，而大眾部則孕育出後來北傳的大乘佛教。但需要特別強調的是，雖然今日南傳之小乘佛教皆自稱爲上座部，但與歷史中的上座部並非一致；大乘佛教雖然由大眾部而出，但與大眾部亦有重大差

〔註20〕 此處據玄奘所譯《異部宗輪論》之說法，與其餘典籍記載互有差異。概言之，南傳佛教多稱分裂爲二十四部，北傳佛教則說有十八部或二十部，而導致分裂之具體原因及先後次序則各執己說，難以統一。

別。此「二十部派」佛教皆尊奉《阿含經》，雖然在經義、戒律上各有分歧，但均自居正統，認為己說最符合佛陀之意，實際上處於一種「百家爭鳴」的狀態。各部派為了證明自己的正統性，除了著論闡釋己派觀點，還通過追認師承關係、神化本派祖師來抬高身價，並將派系分裂的過錯推諉給其他派系。這也造成了各部派所出之典籍，在記述分裂原因、師承脈絡時，往往多偽託與捏造。部分學者和宗教徒信偽迷真，又以此為據展開論述，無怪乎眾說紛紜，難究其實。

　　上座部內如化地部、法藏部等多主張部派分裂的原因在於「十事非法」事件，指責部分放逸的年輕比丘既違背世尊戒律，又不肯接受長老比丘之裁決，於是造成部派分裂，因而過錯方在大眾部。斯里蘭卡現存最古老的編年史詩《島史》中宣稱：「被長老們驅逐的跋耆子惡比丘，很多人說虛假教義，得他方味，一萬人舉行集會，結集正法，所以，這種正法結集稱為大會誦。舉行大會誦的比丘們，違背正法，破壞根本結集，另作結集。他們把在一個地方結集的佛經，轉移到另一個地方，破壞五部真義和正法。……那些參加大會的人是第一次分裂者，又有很多模仿他們的分裂。」〔註21〕印順法師《佛法概論》亦取此說，謂「第二結集以後，東西方日見對立，東方系成為大眾部，西方系成為上座部」。而大眾部的比丘顯然不能贊同此說，故又生造出《舍利佛所問經》等偽經，借佛陀之口預言未來「時有一長老比丘，好於名聞，亟立諍論，抄治我律，開張增廣。迦葉所結名曰《大眾律》外，採綜所遺，誑諸始學，別為群黨，互言是非。時有比丘求王判決，王集二部行黑白籌，宣令眾曰：『若樂舊律可取黑籌，若樂新律可取白籌。』時取黑者乃有萬數，時取白者只有百數。王以皆為佛說，好樂不同，不得共處。學舊者多，從以為名為摩訶僧祇也；學新者少，而是上座」。按此說法，迦葉所主持結集之戒律即為《大眾律》，大眾部本為堅持舊律者，反而是一長老比丘（當指耶舍迦蘭陀子）擅自增添了戒律條文（當指「十事非法」），企圖誑騙新比丘。經過國王居中裁決，只有少部分人樂於接受長老比丘的新律，成為上座部；大部分人仍然固守佛陀所定之《大眾律》（音譯為《摩訶僧祇律》），成為大眾部。《舍利佛所問經》不僅將部派分裂的過錯完全歸咎於上座部偽造戒律，甚至還借佛之口預言了部派分裂的時間和名稱，並宣稱佛陀正法惟「摩訶僧祇其味純正」。《舍利佛所問經》顯然為部派分裂完成之後，由大眾部某派比丘所

〔註21〕 韓廷傑《〈島史〉選譯》，《甘露》1995 年第 4 期。

偽造之佛經，而上座部、大眾部皆製造輿論指斥對方，亦在情理之中。但從事理而言，單純在戒律上的差別，最多只是生活方式不同，並不足以釀成根本分裂。筆者認為，真正導致大眾部、上座部發生分裂的，是「大天五事」風波，以及由此而產生的第三次結集。蓋任何一宗教組織，隨著存在之歲月加深，制度條文總是最先變化，其後才逐漸擴展到教義主旨。二者之變化並不同步，但制度條文只是表面上的變化，並不傷及根本，思想上的改變才是更深層次的動盪，才可能形成永久的裂痕。

　　據《大毗婆沙論》記載，有一商人之子名大天（音譯「摩訶提婆」），趁其父外出經商，遂與其母私通，後聞其父返回，遂與其母設計殺害其父。事漸彰露，大天遂與其母潛逃它地，因遇本國曾供養之羅漢比丘，又殺之滅口。後覺其母與他人亦私通，復殺其母。大天已犯三逆罪，為懺悔滅罪之故，乃出家為僧。但大天資質聰明，出家未久便能誦持三藏說法，並自稱阿羅漢，「波吒梨城無不歸仰。王聞，召請數入內宮，恭敬供養而請說法」。之後，乃有「大天五事」出現：

　　　　彼後既出在僧伽藍，不正思惟，夢失不淨。然彼先稱是阿羅漢，而令弟子浣所污衣。弟子白言：「阿羅漢者諸漏已盡，師今何容猶有斯事？」大天告言：「天魔所嬈，汝不應怪。然所漏失略有二種：一者煩惱，二者不淨。煩惱漏失，阿羅漢無，猶未能免不淨漏失。所以者何？諸阿羅漢煩惱雖盡，豈無便利涕唾等事？然諸天魔常於佛法而生憎嫉，見修善者便往壞之，縱阿羅漢亦為其嬈，故我漏失是彼所為，汝今不應有所疑怪。」是名第一惡見等起。又彼大天欲令弟子歡喜親附，矯設方便，次第記別四沙門果。時彼弟子稽首白言：「阿羅漢等應有證智，如何我等都不自知？」彼遂告言：「諸阿羅漢亦有無知，汝今不應於己不信。謂諸無知略有二種：一者染污，阿羅漢已無；二者不染污，阿羅漢猶有，由此汝輩不能自知。」是名第二惡見等起。時諸弟子復白彼言：「曾聞聖者已度疑惑，如何我等於諦實中猶懷疑惑？」彼復告言：「諸阿羅漢亦有疑惑。疑有二種：一者隨眠性疑，阿羅漢已斷；二者處非處疑，阿羅漢未斷。獨覺於此而猶成就，況汝聲聞於諸諦實，能無疑惑而自輕耶？」是名第三惡見等起。後彼弟子披讀諸經，說阿羅漢有聖慧眼，於自解脫能自證知，因白師言：「我等若是阿羅漢者，應自證知。

如何但由師之令入，都無現智慧自證知？」彼即答言：「有阿羅漢
但由他入不能自知。如舍利子智慧第一，大目犍連神通第一，佛若
未記，彼不自知，況由他入而能自了？故汝於此不應窮詰。」是名
第四惡見等起。然彼大天雖造眾惡而不斷滅諸善根，故後於中夜自
惟罪重，當於何處受諸劇苦，憂惶所逼，數唱「苦哉」。近住弟子
聞之驚怪，晨朝參問起居安不，大天答言：「吾甚安樂。」弟子尋
白：「若爾昨夜何唱『苦哉』？」彼遂告言：「我呼聖道，汝不應怪。
謂諸聖道，若不至誠稱苦召命，終不現起，故我昨夜數唱『苦哉』。」
是名第五惡見等起。大天於後集先所說五惡見事而作頌言：「余所
誘無知，猶豫他令入，道因聲故起，是名真佛教。」〔註22〕

　　在佛陀弟子之中，地位最崇高者即已證得阿羅漢果的長老比丘。但是否
證得阿羅漢果，往往是由修行者自我判斷，看是否已達到「我生已盡，梵行
已立，所作已作，自知不受後有」之境界。因為比丘持戒不得妄語，又有佛
陀可供裁決，故早期自我宣布證得阿羅漢果者較為可信，但《十誦律》中仍
然記載了婆求摩河諸比丘集體冒充證果聖人，以在飢饉之年獲得豐厚供養的
故事，佛陀更因此制戒嚴禁僧人未得道而自稱得道。但缺乏客觀的驗證方
式，既無法阻止別有用心的比丘故意妄語，以博取信眾供養，也無法防止比
丘錯認自身境界，未至言至，尤其在佛陀去世之後，最高之權威既已不在，
類似的情形越發嚴重。大天自稱已證得阿羅漢果，但卻出現夢遺不淨，弟子
因而起疑。大天的解釋是阿羅漢只是斷盡煩惱，但並沒有斷盡不淨，仍然會
有大小便、痰唾諸事。由於天魔刻意擾亂，故亦會出現夢遺現象。大天又為
弟子分別授記已得須陀洹至阿羅漢等果，但弟子卻不能自知，故再次產生疑
問。大天的解釋是阿羅漢只是斷盡了染污的無知，但仍然會有不染污的無
知，所以也會不知道自己達到了什麼境界。同樣，大天主張阿羅漢只是斷盡
了隨眠性的疑惑，卻沒有斷盡處非處的疑惑；阿羅漢也會無法自我作證，需
要他人為之授記；阿羅漢也需要以高唱「苦哉」的方式，來體悟四聖諦（苦
集滅道），從而進入解脫境界。大天在布薩時宣說自己所作之偈子，導致聽
聞者無不驚訶，指責其言非佛教，「於是竟夜鬥諍紛然，乃至終朝朋黨轉盛。
城中士庶乃至大臣相次來和，皆不能息」。國王親至裁決，令僧眾分住，贊
同大天者耆年雖少而眾數多，反對者耆年雖多而僧數少，於是佛教遂分裂為

─────────────────

〔註22〕玄奘譯《阿毘達磨大毘婆沙論》卷第九十九，大正新修大藏經第 27 冊，No.1545。

大眾、上座兩部。上座部終不能與大天之大眾部相和合，於是棄國而去，遠赴迦濕彌羅，定居於彼。

　　《大毗婆沙論》稱大天犯三逆罪，又宣稱其命終後無法燃火焚葬，「以狗糞而灑穢之」方能舉火，極盡醜化之能事，這類記載應當並不可信。佛陀在世時，殺人大盜鴦掘摩羅皈依佛門，並已證得阿羅漢果，但民眾還是向他投擲土塊、陶片，砸至滿身鮮血，何況身犯三逆之事而能「波吒梨城無不歸仰」，甚至出入國王內宮？因為痛恨大天以惡見五事致使佛教分裂，故著論對其造謠詆毀，此亦是世俗風尚，不足為怪。惟大天所稱五事，牽扯到佛教一極大之關鍵，亦即對阿羅漢的定位問題：當比丘證得阿羅漢果之後，究竟肉體的種種缺漏是否仍然存在？阿羅漢之智慧，是僅有解脫之智慧，還是一切智慧具足，無有疑惑？阿羅漢之解脫境界，是無時不處其中，還是需要主動喚起才可進入？若概言之，此類問題又可一言以蔽之：阿羅漢果（含肉身與境界兩項）是否圓滿無缺？

　　大天五事，雖然歷代高僧多持反對態度，但依原始典籍而論，皆有可商量處。佛陀在世時，瞿低迦尊者六次證得阿羅漢果，又六次失去，最後為防止丟失境界而自殺，佛陀授記他證得了解脫；闡陀尊者、跋迦梨尊者無法忍受病痛折磨，最後均選擇自殺，佛陀也為他們授記獲得解脫。若準此論，則阿羅漢並非永遠處於解脫境界中，不僅肉體仍受病痛等折磨（佛陀本人晚年也時患背痛），而且在外因影響下，境界還可能會退轉，需要再次主動進入。然則大天以高唱「苦哉」的方式來進入解脫境界，亦只是方法之一種，並非截然不可能之事。入夢時既並未處於解脫境界之中，則阿羅漢類同凡夫，夢遺沾衣亦是尋常之事。而阿羅漢雖稱「無學」，應只是對於解脫之智慧了然，並非對於世俗之知識皆得具足。即使佛陀本人，對於世界地理知識同樣有若干錯誤描述，更遑論其他比丘，然此類知識並非為貪欲所染污之知識，並不影響獲得解脫。至於授記之事，佛陀本人亦授記彌勒（maitreya，意譯慈氏）未來得作佛，在其授記之前彌勒亦不能自知。正如大天所舉證者，在佛陀本人授記「一切眾生智，唯除佛世尊，欲比舍利弗，智慧及多聞，於十六分中，猶尚不及一」之前，〔註23〕舍利弗亦不能自知其「智慧第一」之境界。故而大天授記弟子，實繼自佛陀之風，只緣大天不具有佛陀之威望，故此事乃為他人所疑。大天五事，本來並不必然違背原始佛教之教義，但卻極大傷害

〔註23〕引文出自《大智度論》卷第十一《釋初品中舍利弗因緣》。

了阿羅漢的形象。以今世所存之宗教驗之，越是早期之教主、聖徒，其神奇之色彩越是濃厚，而越是貼近民眾之時代，其所能渲染、神化之空間越狹小。原始佛教中的阿羅漢，威儀舉止極少可供指謫之處，而且往往有種種非凡之事蹟，乃至展現種種詭異之神通。雖然此類敍述多屬後世信眾之渲染，但卻為大天同時代之僧侶所相信。大天五事之宣布，則幾乎將阿羅漢降至凡夫之境地，在入滅之前一樣要受困於肉體，凡人之痛苦情慾皆不能免除。阿羅漢本來即無客觀檢驗之標準，而大天五事若被接受，則幾乎任何凡夫皆可冒充阿羅漢，佛教之組織體系將承受重大之風險。上座部比丘認定大天五事「汝言非佛教」，不僅是否認大天的阿羅漢境界，甚至質疑他根本不配稱為佛門弟子，因而才會製造「三逆罪」「灑狗糞」等罪狀種種詆毀。但大天在當時卻贏得了國王的支持，並獲得了大批年輕比丘的認可，兼之其說並非全然違背教義，故而影響一直持續後世。此次所造成的分裂遠比「十事非法」嚴重得多，但無論上座部還是大眾部，都不願意將此事作為部派分裂的原因：一方面，是大天五事頗有可商榷之處，即使阿羅漢已斷除淫慾，但因為佛教徒相信天魔之存在，天魔干擾之說並非絕無可能；另一方面，「十事非法」的對錯問題比較簡單，誰持守佛陀所制定之戒律，誰就在宗教上站在了絕對正確的一方。

後世上座部為了在教義上徹底否定「大天五事」，也開始對原始佛經進行新的詮釋。針對跋迦梨尊者自殺事件，儘管佛陀當時明確認定他獲得了涅槃解脫，此結論無法推翻，但上座部的僧侶還是找到了新的角度來否定阿羅漢會無法忍受病苦。譬如公元五世紀覺音《顯揚真義》宣稱：「這位上座過高的估計了自己，……因此他想自己已經是個阿羅漢了。由於厭惡於他悲苦之生命，他以利刃切斷自己的頸脈，就在那時他有不快感，意識到自己仍然是凡夫。他拾取他的禪修目標，以智來開發它，於是恰恰在死的時候達到了阿羅漢果。」〔註24〕按照這種新的詮釋，跋迦梨尊者只是錯認了自己的境界，他自殺前其實並不是阿羅漢，但在利刃切頸的同時他證得了阿羅漢果，所以佛陀在他死後的評價並沒有錯。這種辯解非常巧妙，但是卻無從證明，只能說是一種漂亮的假設。對於因病痛自殺的闡陀尊者，覺音做了同樣的辯解：「闡陀切斷自己的頸脈，然後對死的恐懼進入了他，他意識到自己依然是凡夫且

〔註24〕 《顯揚真義》是《相應部》的注釋書，由覺音編著，此處引文為 Buddhaputta 所譯，下文所引覺音語同此。

心會被擾動，他樹立起觀，觀察諸行，達到最後的涅槃。」對於不斷失去阿羅漢境界的瞿低迦尊者，覺音宣稱他所失去的並非是阿羅漢境界，而是「暫時的心解脫，是四禪那與無色定，是世間禪定」，所以瞿低迦尊者也是在自殺的同時才證得了阿羅漢果。覺音的假設雖然漂亮，但一直用這種無法證明的假設來消解不同的證據，概率上而言未免太過巧合。

　　從部派分裂後的結果來看，大眾部以及最早從大眾部所分出的一說部、說出世部、雞胤部皆認定佛身無漏，「四部同說諸佛世尊皆是出世，一切如來無有漏法，諸如來語皆轉法輪，佛以一音說一切法，世尊所說無不如義，如來色身實無邊際，如來威力亦無邊際，諸佛壽量亦無邊際，佛化有情令生淨信、無厭足心，佛無睡夢，如來答問不待思惟」。〔註25〕由於上座部多數派系堅持阿羅漢境界不會退轉，因而阿羅漢果已經是完美的解脫，與佛陀之涅槃並無不同，亦無更上之境界；大眾部雖然主張阿羅漢境界不完美（譬如仍會被天魔所擾而夢遺），但都承認佛陀之境界圓滿無缺，因而必定存在自阿羅漢果向上直至佛果的一個階段。大眾部的這一主張最終導致了大乘佛教的形成，而自阿羅漢果向上直至佛果的這一階段，亦即影響中國文化最為深遠的菩薩階段。

第四節　佛陀的神化與菩薩的產生

　　從現存佛教典籍來看，佛陀本人在世時，很可能已經採用了敘述前世事蹟的說法方式。佛陀曾經講述過去六佛的部分事蹟（如南傳《長部・譬喻大經》），也敘述過菩薩自兜率天進入母胎的情形（如南傳《中部・希有未曾有法經》），但一方面這類內容的比重份量都很小，另一方面也並不能排除後世摻入的可能性。佛陀也時常會講述自己「尚未達正覺前，未成正覺之菩薩時」的事蹟，但這些都是佛陀年輕時之修行歷程，其目的在於自身示範，讓弟子盡快像自己一樣證得解脫。但在佛陀去世之後，由於信眾的渲染與民眾的崇拜，再加上佛法傳播通俗化的需要，大量關於佛陀的傳奇故事開始出現。由於佛教承襲了婆羅門教的輪迴觀念，因而每個人的生命歷程都不侷限於今生，而是兼有前世與來世。為了強調佛法之可貴、佛陀人格之偉大、申明善惡報應之不虛，後世僧侶開始編造並宣說佛陀前世之事蹟，以吸引並教化普

〔註25〕引文出自《異部宗輪論》。

通民眾。南傳《小部‧本生經》共收錄 547 個前世故事，北傳《本生經》《六度集經》《太子須大拏經》《佛說興起行經》《賢愚經》等典籍也收錄有數量不等的前世故事，足見此風之盛。這一類的題材被稱為「本生」或「本生譚」，大多數都託名佛說，但均為晚出典籍，絕非五百羅漢結集時之內容。本生譚所述，多為佛陀前世「未成正覺之菩薩時」的事蹟，但與原始典籍中的形象已有了明顯差別：

在《本生經‧因緣譚總序》中，燃燈佛授記善慧菩薩「由此四阿僧祇十萬劫後，將成名謂瞿曇佛，生於迦比羅衛城，母摩耶夫人，父淨飯王，優婆帝沙（舍利弗）長老為最上首弟子，拘利多（目犍連）為第二弟子，阿難陀為佛侍者，讖摩長老尼為最上首之女弟子，烏婆羅般那（蓮華色）長老尼為第二女弟子。智慧成熟，為大出家，行大精進，於榕樹下受乳糜供養，往尼連禪河之畔，登上菩提道場，於阿說他（菩提）樹下得上正覺」。按此描述，釋迦牟尼成佛之事早在四阿僧祇十萬劫之前就已經確定無疑，不僅如此，連他的未來出生地、家庭、主要弟子、成佛地也都已經注定。而當佛陀的前世——善慧菩薩思惟十波羅蜜時，「一萬世界全體震動」，「諸天人等皆來集，捧獻天界花香，述讚祝之辭」。這種對於佛陀前世的神化，可以大幅度培養信眾的信心，讓一切對於釋迦牟尼是不是成正覺者的懷疑都煙消雲散。但這其實是一柄雙刃劍，因為這種做法實際上讓佛教陷入了命定論的泥潭，而且很容易走向個體生命有常的悖論。後世大乘佛教中的中觀派、唯識派，實際上都是為了解決這一矛盾（輪迴主體）而被催生出來的。

《本生經》中的菩薩（佛陀的各種前世），不再是一位凡夫修行者，而是擁有了非凡的神通與法力。據《蘆飲本生譚》記載，菩薩為猿王，「取一蘆莖念波羅蜜而作誓言，以口吹之，於是蘆之內部不餘任何結節，完全成空」，而且還教令所有環繞蓮池所生之蘆，爾後皆空洞無節。又據《迦提羅樹炭火本生譚》敘述，惡魔欲阻攔菩薩布施，而菩薩「以強烈之決心，持飯食之缽，沿燃火之爐外側漫步。恰於此時，由八十尋深炭火爐底忽然高生出現優美之一大蓮華，頂禮菩薩之足，然後如入於大水瓶中，噴出大量之花粉降於大薩埵之頭上，全身如金粉似酵母之光輝」。類似的描寫頗多，可見菩薩雖然在成佛前的四阿僧祇十萬劫內絕大多數時間處在人間，甚至連須陀洹果的「七次天人往生」都不具備，但卻有法力降魔衛道，遠非凡夫堪比。這一類的描寫，實際上為後世大乘佛教中的菩薩階層圈定了框架：菩薩被授記

成佛，但在成佛前的久遠時間中，一直都在五趣（六道）之中輪迴。儘管如此，他們所在的境界卻不是凡夫的境界，而是在一定程度上超越了阿羅漢、辟支佛。《大孔雀王本生譚》即宣稱「菩薩具有較辟支佛為大之知，方便攝取一切智慧」，其境界已儼然居於辟支佛之上。既擁有如此高的智慧，卻沒有像阿羅漢那樣超脫輪迴、進入涅槃，由此可推知，菩薩是自己主動選擇留在人間，以便最終證得佛果。

　　菩薩處在輪迴之中，不但是成佛前的繼續修行，更是為了蒼生的利益。在《兔本生譚》中，菩薩身為一隻白兔，為向乞食之婆羅門布施，甘願「以喜悅之心，落於大炭火中，然其火無能燒毀菩薩身體之一毛孔，如同入於雪藏之中」。在《尸毘王本生譚》，菩薩是尸毘王，為了向盲目之婆羅門布施，甘願剖取自己之雙眼。此故事在《撰集百緣經》中，則變成了一隻大鷲來向尸毘王求乞雙眼。但無論盲目之婆羅門還是大鷲，均為帝釋天所化，而在尸毘王宣誓此心不悔之後，雙眼都重新生出，差別在於《撰集百緣經》謂「雙眼如前無異」，《尸毘王本生譚》則宣稱新目為天眼（實諦波羅蜜眼），更勝從前。較晚的典籍如《金剛經贊》《六度集經》《菩薩本生鬘論》《金光明經‧捨身品》中又創造出尸毘王「割肉餵鷹」之故事，謂尸毘王為救一隻為鷹所追之鴿，不惜割己身之肉以償鷹，而己肉不足，乃捨全身之肉而不悔。尸毘王宣誓此心不悔、捨身布施真實不虛之後，身體頃刻恢復原狀。又如《黑牛本生譚》中，菩薩為一良牛，為報答老婦養育之恩，主動前去為商隊拖曳五百臺車，得千金之包以奉養老婦；《榕樹鹿本生譚》中，菩薩為一黃金色鹿王，為替代一懷妊之鹿而甘赴斷頭臺受死，最終感動國王，承諾保護一切生類之安全；《有德象王本生譚》中，菩薩為象王，為救濟一貧困男子，甘願讓其鋸斷象牙、切斷牙根。所有上述的本生譚，已經揭示出了菩薩身上最鮮明的個性，也是菩薩最偉大的人格特點：慈悲。無論菩薩處於五趣（六道）中的哪一種，他都能以堅定的信念、百折不回的勇氣、奉獻所有一切的精神，以求最大限度的利益蒼生。某些本生故事中所體現出來的犧牲精神，幾乎達到了人類的極限，毫無一點自私自利之心，完全為了他人乃至一切生靈的福祉。

　　這類本生譚從出現至盛行的時間段，大約與佛教走向部派分裂的時間段重合。現存的《佛本生經》出於公元 5 世紀斯里蘭卡僧人之手，但現代學者一般認為其原本不晚於公元前 3 世紀，這也大致上是大天五事所出現的時間

點。一方面，大天五事的出現，大幅度降低了阿羅漢在信眾中的形象；另一方面，《本生經》之類的典籍對佛陀前世（菩薩）的大肆神化渲染，進一步抬高了佛陀的境界，建立起了佛陀的無上權威。甚至不妨說，佛陀的地位上升與阿羅漢地位的下降是相互催生、互爲因果的關係。據南傳《長部·大緣經》記載，佛陀宣稱「此俱解脫之外，且無更殊勝之解脫」；北傳《中阿含經·瞿默目揵連經》亦記載，「如來、無所著、等正覺解脫及慧解脫、阿羅訶解脫，此三解脫無有差別，亦無勝如」，而佛陀本人在世時也亦阿羅漢自居。但在大天五事、《本生經》的聯合催化之下，阿羅漢之地位在信眾眼中根本無法比擬佛陀，即使菩薩那種雖在人間輪迴但只求利益眾生的精神，對於信眾的吸引力也已經遠遠超過了阿羅漢。更重要的一點，雖然《本生經》中敘述的菩薩只是佛陀本人的不同前世，但依據同樣的邏輯推導，在當世存在大量其他的菩薩是可能的。《本生經》敘述燃燈佛授記善慧菩薩於四阿僧祇十萬劫後當成爲瞿曇佛（釋迦牟尼佛），但在這段時間內，已經有許多位修行者成就佛果，至少過去六佛都處於這一時間段。這也同樣意味著，當釋迦牟尼佛在世時，也會有許多將在久遠的未來成就佛果的菩薩存在，而不僅僅是下一位成佛的彌勒菩薩。而且，只要時間的跨度足夠長，在世菩薩的數量將趨於無窮，他們都將在未來不同的時間段成就佛果。菩薩階層的確立是大乘佛教形成的基礎，也是佛教傳播的過程中最關鍵、最核心的一次變革，而《本生經》中的許多故事也都被大乘佛經吸收或改編，成爲後者的養分。

　　除了製造各種菩薩的本生譚來抬高佛陀形象之外，佛陀之境界也被拔高到「一切智」的程度，進一步拉開了與阿羅漢的距離。在早期典籍《佛說放牛經》中，佛陀曾主動列舉放牛十一法，以之類比比丘修行十一法，要求諸比丘信受奉行。但在《大智度論》所引《放牛譬喻經》中，主體說法部分仍在，但卻補充了首尾情節，以論證佛陀之智慧遍及一切。《放牛譬喻經》借諸放牛人之口，宣稱佛陀廣學多聞，於四《韋陀經》（即《吠陀經》）中所記六十四種世間技藝皆可知曉，但佛陀「從生以來不放牛，我等以放牛秘法問之，若能解者，實是一切智人」。佛陀因說放牛十一法及比丘修行十一法，諸放牛人感歎佛陀「實是一切智人，無復疑也」。借助於這種對於典籍的修改，大眾部以及後來的大乘佛教宣布佛陀的智慧無不具足，而不僅僅是關於解脫的智慧，這實際上將佛陀捧到了全知的地位。全知的佛陀，當然已斷盡不染污無知與處非處疑惑，境界更在阿羅漢之上。後世「一切智人」成爲佛

陀的代稱，而是否通曉世間的一切智慧，也成爲大乘佛果與小乘阿羅漢果的區別之一。根據《龍樹菩薩傳》，大乘佛教第一位著名的論師，在印度佛教史上被譽爲「第二代釋迦」的龍樹菩薩，同樣宣布過自己是「一切智人」，於一切問題無不能答。〔註26〕後世大乘佛教再加剖分，如《大般若經》則宣稱「一切智智略有三種，謂一切智、道相智、一切相智」，而「一切智者，是共聲聞及獨覺智；道相智者，是共菩薩摩訶薩智；一切相智者，是諸如來、應、正等覺不共妙智。」按此說法，則阿羅漢雖有「一切智」而無「道相智」「一切相智」，菩薩有「道相智」而無「一切相智」，惟佛陀則兼有三者。類似的概念細分在後世的佛教典籍中愈演愈烈，令佛教日益繁瑣化與學術化，也逐漸令其失去活力，但究其所始，則不過欲強調佛陀境界高於阿羅漢而已。

後世的阿羅漢雖然可以宣稱自己證得解脫，但其人格魅力和影響力卻較佛陀本人相去甚遠。佛陀的家庭背景、證悟經歷、脾氣性格、弟子數量，這些都屬於他人無法複製的特點，而大乘佛教也將其視爲佛與阿羅漢的境界差異。《大般若經》云：「諸如來一切煩惱習氣相續皆已永斷，聲聞、獨覺習氣相續猶未永斷。」《大智度論》則解釋得更爲具體：「阿羅漢、辟支佛雖破三毒，氣分不盡，譬如香在器中，香雖出，餘氣故在；又如草木薪火燒煙出，炭灰不盡，火力薄故。佛三毒永盡無餘，譬如劫盡火燒須彌山，一切地都盡，無煙無炭。如舍利弗瞋恚氣殘，難陀淫慾氣殘，必陵伽婆磋慢氣殘，譬如人被鎖，初脫時行猶不便。」按此說法，阿羅漢雖然已證得解脫，但難免仍攜帶有從前的習氣，而佛陀卻已經消滅了所有的習氣。大乘佛教的這類觀點，實際上是大眾部「佛身無漏」的進一步延伸。但根據原始佛經記載，佛陀肉身一樣有各種病痛，也會嚴厲呵斥弟子，大乘佛教既然主張佛身無漏、佛斷盡一切習氣，對於類似的記載就必須給出全新的解釋。在《維摩詰經》中，因爲佛陀「身小有疾，當用牛乳」，是故阿難持鉢往乞，但卻遭到了維摩詰居士的批評：「止止，阿難！莫作是語！如來身者，金剛之體，諸惡已斷，眾善普會，當有何疾？當有何惱？默往阿難，勿謗如來！……諸如來身，即是法身，非思欲身。佛爲世尊，過於三界；佛身無漏，諸漏已盡；佛身無爲，

〔註26〕後秦鳩摩羅什譯《龍樹菩薩傳》：「時南天竺王甚邪見，承事外道，譭謗正法。龍樹菩薩爲化彼故，躬持赤幡，在王前行，經歷七年。王始怪問：『此是何人，在吾前行？』答曰：『我是一切智人。』王聞是已，甚大驚愕，而問之言：『一切智人，曠代不有。汝自言是，何以驗之？』答言：『欲知智在說，王當見問。』」載《大正藏》第五冊。

不墮諸數。如此之身，當有何疾？」大乘佛教借維摩詰居士之口駁斥了佛身有疾的說法，而認爲這只是佛陀的一種示現。所謂「示現」，指佛陀根據眾生的機緣而展現種種相，亦即佛陀本身雖然無疾，但爲教化眾生故而展現病相。甚至於佛陀本身也並沒有入滅，只是因爲教化眾生的因緣已了，所以示現涅槃相。然而「示現說」雖然是一劑神化佛陀的良藥，一旦開始使用，副作用卻十分猛烈。釋迦牟尼在菩提樹下成佛，在成佛前的身體有病痛、有漏，成佛後卻無病痛、無漏，同一具身軀在一剎那發生如此大的改變，這是很難用邏輯解釋的事情。因此「示現說」只能更進一步，宣布釋迦牟尼從降生、入胎、成道至最後進入涅槃，全部都是佛陀示現，亦即「八相示現」（又稱「八相成道」）。按大乘之說法，釋迦牟尼並非今生才出家證得佛果，而是久遠之前就已經成佛，今生的一切只是應眾生因緣所示現之相，所以佛陀雖示現有疾而實無疾，雖示現瞋怒而實未怒，雖示現入滅而實不滅。如大乘《法華經・如來壽量品》云：「如是我成佛已來甚大久遠，壽命無量阿僧祇劫，常住不滅。……然今非實滅度，而便唱言當取滅度，如來以是方便教化眾生。所以者何？若佛久住於世，薄德之人不種善根，貧窮下賤貪著五欲，入於憶想妄見網中，若見如來常在不滅，便起憍恣而懷厭怠，不能生難遭之想、恭敬之心。……是故如來雖不實滅而言滅度。」

佛陀的壽命爲無量阿僧祇劫，既然可以在今生示現各種相，當然也可以在前世或來世示現，甚至於《本生經》中的各種菩薩事蹟，都可能屬於佛陀的一種示現。佛陀、菩薩可以化身千萬，以各種形態示現，不僅可以示現爲牛馬畜生、商人居士，甚至可以示現爲邪魔餓鬼、外道教主。如《維摩詰經》所稱：「十方無量阿僧祇世界中作魔王者，多是住不可思議解脫菩薩，以方便力故教化眾生，現作魔王。」其中觀世音菩薩的化現，在中國流傳最廣、信眾最多，也最受僧俗尊崇。據《法華經・觀世音菩薩普門品》稱：「若有國土眾生，應以佛身得度者，觀世音菩薩即現佛身而爲說法。應以辟支佛身得度者，即現辟支佛身而爲說法。應以聲聞身得度者，即現聲聞身而爲說法。應以梵王身得度者，即現梵王身而爲說法。……是觀世音菩薩，成就如是功德，以種種形遊諸國土，度脫眾生。」經文羅列了觀世音菩薩示現的三十三種形態，幾乎覆蓋了六道一切眾生及佛門聖者。另據《千手千眼大悲心陀羅尼經》稱：「觀世音菩薩，不可思議之神力，已於過去無量劫中，已作佛竟，號正法明如來。大慈願力，安樂眾生故，現作菩薩。」然則觀世音菩薩其實

久遠之前即已成佛，現在的菩薩相只是一種示現。由此可知，大乘菩薩又可分為兩種：一種尚未成佛，仍在繼續修行之中，譬如彌勒菩薩；一種已經成佛，只是示現菩薩相以教化蒼生，這類菩薩佛教多稱之為「古佛再來」，譬如觀世音菩薩。佛陀或菩薩若以牛馬、餓鬼的形態示現，並非因為前世造作惡業而墮入畜生道、餓鬼道，而是一種「倒駕慈航」，以這種姿態去救助蒼生。譬如一位已具有超脫苦海能力的聖者，他既可以繼續留在苦海中幫助他人，也可以在上岸後又重新回到苦海中救助他人。然而過分神化佛、大菩薩應機教化的能力，也與歷史真實嚴重脫節。據北傳《雜阿含》（809）記載，釋迦牟尼在最初教導諸比丘修行不淨觀時，結果導致大量比丘因厭患己身而主動自殺，佛陀本人不得不改教比丘眾修習安那般那念（出入息念），並制定了嚴禁比丘自殺的戒律。這些自殺的比丘並未被授記證得阿羅漢果，而從他們自殺前的言論來看，他們也並沒有獲得解脫的境界，這只是一椿不幸的教學事故。此事件在南傳《相應部・五十四　入出息相應・九　毘舍離》及《四分律・四波羅夷法之二》《五分律・第一分初第三事》《十誦律・明四波羅夷法之二》《摩訶僧祇律・明四波羅夷法之四》等典籍中皆有明確記載，為各原始部派均認可之事實。佛陀是歷史上真實的人物，當然無法化身千萬，根據眾生不同的契機而顯現各種姿態去救度，然而信仰的盲目往往會戰勝記載的真實，從而讓人忘掉教主身上的缺點，並隨著時間的推移，日益崇高化、完美化。

　　在大乘佛教之中，釋迦牟尼有無盡壽命，有無漏的身體，有洞察一切的智慧，又可以化身千萬，在三世之中示現種種相，這位歷史上曾經的真實人物終於被捧上神壇，成為一位接受信眾膜拜頂禮的無上至尊。佛陀在世時反對迷信權威、重視思辨能力，但在佛陀入滅之後，伴隨對他本人的神化與菩薩階層的誕生，佛教越來越強調信仰虔誠的重要性。據南傳《增支部・卡拉瑪經》記載，卡拉瑪（Kalama）人詢問佛陀，當婆羅門、沙門各執一詞、互相貶斥對方時，如何判斷誰為真實、誰為虛妄，佛陀回答：「卡拉瑪人！汝等勿信風說，勿信傳說，勿信臆說，勿信於藏經之教相合之說，勿信基於尋思者，勿信基於理趣者，勿信熟慮於因相者，雖說是與審慮忍許之見相合亦勿予信，說者雖堪能亦勿予信，雖說此沙門是我之師亦勿予信之。卡拉瑪人！若汝等只自覺此法是不善，此法是有罪，此法是智者之所訶毀者，若將此法圓滿、執取之即能引來無益與苦，則卡拉瑪人，汝等於時應斷！」在此經中，

佛陀強調不應以任何理由盲信別人之說法，而應自己判斷，看按此法修行是否會帶來無益與苦，若是則應果斷捨棄之。但在北傳《中阿含・伽藍經》中，伽藍（即「伽藍磨」，「卡拉瑪」的不同音譯）人詢問了佛陀同樣的問題，佛陀的回答卻是：「伽藍，汝等莫生疑惑！所以者何？因有疑惑，便生猶豫。伽藍，汝等自無淨智，爲有後世，爲無後世；伽藍，汝等亦無淨智，所作有罪，所作無罪。」在此經中，佛陀強調伽藍人不可以有疑惑，因爲他們無淨智，根本無法判斷自己的所作所爲是否有罪，一旦心生猶豫就會錯過正法。同樣的聽眾所提出的同樣問題，佛陀的回答卻截然相反，這顯然是不可能之事。出現這種矛盾的原因，只能是部派分裂之後，不同的部派各自按照自己的需要結集經文所致。而北傳的大眾部以及後來出現的大乘佛教，由於牽扯到更多的神通示現與不可思議之事，顯然更需要強調信仰的力量。譬如大乘《佛說般舟三昧經》云：「欲學是三昧者，當敬於師，承事供養，視當如佛。視善師不如佛者，得三昧難。」部派分裂之後，北傳佛教宗教化的成分越來越濃厚，終於將一門強調思辨的生命解脫哲學，逐漸演變爲一門更強調偶像崇拜的宗教。儘管大乘佛教發展之後，又有無數高僧企圖起而消解佛陀的神聖性與恒常性，但這種努力卻收效甚微。

對佛陀本人的神化，也讓佛陀在世時的許多其他人物和事件都有了重新詮釋的必要。大乘佛教的信徒無法接受一位擁有一切智慧、圓滿無漏的偉大聖者，竟然會教導出提婆達多那樣的惡徒，因而對於提婆達多的定性也發生了一百八十度的轉變。據北傳《增一阿含經・不逮品》記載，佛陀告眾比丘：「提婆達兜爲惡深重。受罪經劫不可療治，於我法中不見毫釐之善可稱記者。以是之故，我今說提婆達兜諸罪之原首不可療治，猶如有人而墮深廁，形體沒溺，無有一淨處。」這也是提婆達多（提婆達兜）在原始佛教中的形象，佛陀多次宣稱其無毫釐之善，死後必墮阿鼻地獄之中，受一劫之苦。爲了彰顯破壞僧團和合、想要謀害佛陀的罪孽，《增一阿含經・放牛品》中還創造出目犍連奉佛陀之命前往地獄，親見提婆達多在阿鼻地獄受苦之事：「爾時提婆達兜聞佛音響，歡喜踊躍，不能自勝。……爾時目連復告提婆達兜曰：『汝今云何，苦痛叵有增損乎？』提婆達兜報曰：『我身苦痛，遂增無損。今聞如來見授名號，痛猶小損，蓋不足言。』」佛教早期多用地獄惡報之事來懲戒不敬佛法者，提婆達多就是一個非常典型的例子。但由於提婆達多出身於釋迦王族的特殊身份，原始佛經中還是安排他在地獄苦痛之中悔過，而

佛陀「愍念一切蜎飛蠕動，如母愛子，心無差別」，於是授記提婆達多在地獄命終之後，將於未來六十劫中作辟支佛。但在大乘《大方便佛報恩經》中則云：「阿難言：『如來遣我問訊：苦痛可堪忍不？』提婆達多言：『我處阿鼻地獄，猶如比丘入三禪樂。』佛言：『菩薩摩訶薩修大方便，引接眾生，其受生死無量大苦不以爲患。若有人言提婆達多實是惡人、入阿鼻獄者，無有是處。』如來爾時，即爲大眾顯發提婆達多微密妙行大方便。」在大乘佛教之中，提婆達多一變爲具有微密妙行大方便之大菩薩，爲了接引眾生而故意示現惡人相，甚至不惜身入地獄受苦（雖示現苦相，而實不苦），以令釋迦速得成佛。是以在佛陀宣說提婆達多的事蹟之後，「無量百千菩薩得無生法忍，無量百千人發阿耨多羅三藐三菩提心，無量百千人得須陀洹果乃至阿羅漢道」，其偉大精神之感召乃一至於斯。提婆達多之事爲神化佛陀、推崇菩薩之最佳樣品，故有許多大乘佛經均涉及此事。據《大方等無想經》稱，婆羅門善德在佛陀面前評價提婆達多「出佛身血，破壞眾僧，生於釋種增長憍慢，實非人類強名爲人，察其行跡畜生無別」，而大雲密藏菩薩則「承佛神力」予以反駁，稱：「提婆達多所行惡行，爲欲顯示釋迦如來功德力故。……若有人言提婆達多集地獄業，當知即是菩薩業也。菩薩業者即是神通，爲化眾生故在地獄。……提婆達多成就如是無量功德，汝應懺悔恭敬供養尊重讚歎。」《大寶積經》亦云：「佛言：『善男子！若無提婆善知識者，終不得知如來具有無量功德。善男子！提婆達多是善知識，共我諍勝，現作怨家，得顯如來無量功德。』」尚不僅如此，按《妙法蓮華經·提婆達多品》，提婆達多早在過去無量劫中就已利益佛陀，並爲佛陀之前身說法：「時有仙人來白王言：『我有大乘，名《妙法華經》，若不違我，當爲宣說。』王聞仙言歡喜踊躍，即隨仙人供給所須，採果汲水，拾薪設食，乃至以身而爲床座。身心無惓，於時奉事經於千歲。……佛告諸比丘：『爾時王者，則我身是；時仙人者，今提婆達多是。由提婆達多善知識故，令我具足六波羅蜜，慈悲喜捨，三十二相，八十種好紫磨金色，十力四無所畏四攝法，十八不共神通道力，成等正覺廣度眾生，皆因提婆達多善知識故。』」惟諸事既爲向壁虛造，則細節無法彌合無縫，故《增一阿含經·放牛品》謂提婆達多六十劫中當作辟支佛，號南無；《妙法蓮華經·提婆達多品》則謂提婆達多無量劫後當得成佛，號曰天王。大乘佛教將提婆達多重新定義爲大菩薩，看似令人匪夷所思，但卻是在神化佛陀與菩薩階層崛起的雙重作用力下，所導致的必然結果。

　　神化佛陀並非某一部派的個別做法，而是佛陀去世以後，整個佛教界盛行的一股風氣。今日中國所存世之《大藏經》中，類似本生譚之類的典籍已單獨列爲一部——「本緣部」，其中收錄《六度集經》《大方便佛報恩經》《方廣大莊嚴經》等六十餘種佛經，這還不包括律藏、論藏中所敍述的神異事蹟。「本緣部」諸經中要屬《佛本行集經》最爲繁博，不僅敍述了佛陀出身的世系，還詳細敍述了佛陀自託胎、降生、學藝、競婚、出家、苦行、覺悟至成佛後六年內教化的過程，洋洋大觀。《佛本行集經》本爲雜取不同部派之說匯總而成，因而不時舉證各部異說，客觀上也證明了這類神奇事蹟並非各派公認之事實。譬如羅睺羅住胎六年之說，應當即由大眾部在此期所虛構，但由於此事過於荒誕不經，故而並非各派都予以認可，南傳《小部‧因緣譚總序》仍然保留了佛陀生子之後才出家的說法。相較之下，大眾部的虛構之風比上座部更爲嚴重，而由大眾部所催生出的大乘佛教又變本加厲，不僅將釋迦牟尼本人推上神壇，而且還塑造出各種境界、神通都不亞於釋迦牟尼的大菩薩（如觀音菩薩、文殊菩薩等等），以及並存於其他空間的若干位佛陀（如阿彌陀佛、藥師如來佛等等）。佛陀被神化的過程，並非盡數由古印度居民完成，而是隨著佛法向其他領域的傳播，越來越多的信眾參與到其中，大量本土的信仰元素也被摻雜進去。譬如《佛本行集經》記敍釋迦太子出生後，其父淨飯王召阿私陀仙人占卜，並有預言之事，而至敦煌出土《八相變》（又名《八相成道俗文》）中，則補充了阿私陀仙人建議淨飯王攜太子去城南泥神前驗證的情節，並謂泥神被北方天王喝斥，一步一倒，親至王前禮拜太子，並稱太子「在家作轉輪王位，出家定證佛身」。〔註27〕原始佛經雖然偶而會提及樹神，但並非謂草木可以成神，而是因爲樹木可能是夜叉、羅刹等天神的依止舍宅之處，此類諸神以其香爲食物。〔註28〕但藥草樹木並非眾生之一類，並無成精成神之可能，故佛教徒以蔬荣爲食而不犯殺戒。此處謂泥神能動能言，已

〔註27〕敦煌寫經《八相成道俗文》二軸，國家圖書館藏本。
〔註28〕《戒因緣經》卷第七：「世尊告曰：『有神依樹根，有神依樹岐，有神依樹枝裏，有神依樹皮裏，有神依樹皮裂中，有神依樹蓓蕾，有神依樹葉，有神依樹花住，有神依樹果，一切藥草樹木盡有神。神所以依住者，食其香故。』」又，《根本說一切有部毗奈耶‧壞生種學處第十一》云：「（樹神）白佛言：『世尊，有一年老苾芻，愚昧無識，不解時宜，欲爲僧伽造立大寺，遂便斬伐形勝大樹。此樹是我久所依止舍宅之處。』」《正法念處經‧觀天品第六之二》云「鬼神大樹，夜叉羅刹之所依止，……此諸鬼神不惱害人，依樹受樂，無樹則苦。」

經違反了佛教的基本教義，這些顯然是本土偶像崇拜的元素。又譬如《佛本行集經》謂太子「行於五欲快樂歡喜」，因而耶輸陀羅「於是夜便覺有孕」，至敦煌出土《太子成道經》《悉達太子修道因緣》《太子成道變文》中，便已改稱太子出家前於馬背之上以鞭遙指耶輸陀羅之腹，後者遂感而有孕。這類晚出的情節顯然融入了本土的風俗，這也說明對於佛陀的神化是一個長期的、複雜的過程，直至大乘佛教東傳中國以後仍然沒有間斷。

　　佛教在古印度的盛行，加之信眾對佛陀本人的神化，對吠陀時代的諸神造成了毀滅性的衝擊。佛教反對犧牲祭祀，宣稱殺生不僅無法得福報反而會得惡果，既節省了大量的財物，又消解了信眾的心理負擔，而原本需要祭祀供奉的吠陀神靈，從因陀羅到大梵天，紛紛在佛教的體系中皈依佛陀，成為了佛教的護法神。曾經高高在上的吠陀神靈，地位已及不上悟得初果的佛教僧人，更何談與佛陀本人相抗衡？隨著對佛陀本人的神化，佛陀已經擁有了一切的智慧與無量的化身，古印度居民原本對吠陀諸神的崇拜，實際上慢慢集中到了佛陀身上。早在佛陀剛去世時，他屍身火化之後的殘餘（佛教謂之「舍利」），就有數個國家開始爭奪以供養，從而在後世逐漸形成一種舍利崇拜的風氣。《大智度論》卷五十九云：「供養佛舍利，乃至如芥子許，其福報無邊。」此外，佛陀曾經的說法地、成道地、涅槃地，甚至於傳說為佛陀的腳印，都成為信眾摩拜的對象，阿育王時還曾於多地建立石柱以供奉。據《雜阿含》卷二十三記載，阿育王還將佛陀的舍利重新分為八萬四千份，並於南贍部洲各地造塔供養，古印度對佛陀個人崇拜之風氣至此臻於極盛。據《善見律毗婆沙》卷二記載：「爾時佛法興隆，諸外道等衰殄，失供養利，周遍乞食都無所得，為饑渴所逼，託入佛法而作沙門，猶自執本法，教化人民。」大量非佛教本旨的教義、儀軌因而混雜入佛教之中，又經由門徒口耳相傳，不僅生造出許多偽託的佛經，還進一步加劇了佛教部派之間的矛盾衝突。至佛教由盛轉衰，印度教重新崛起之後，已經「皈依」佛教的神靈無法再承擔主神的位置，於是原本地位不甚高的兩位神靈——濕婆（暴風神樓陀羅）、毗濕奴（因陀羅的屬下）反而地位直線上升，一躍成為兩大主神，甚至凌駕於早期的主神大梵天之上。毗濕奴吸收了佛陀本人擁有許多化身的特點，幾乎每位化身都是威力無窮、降魔救世的英雄，遠遠超越佛陀前世鹿王、商人之類的形象，更能吸引信眾的崇拜。不僅如此，印度教徒甚至指認釋迦牟尼也是毗濕奴的一種化身，以此來消解佛教曾經的影響力。晚出的大乘佛教企

圖故技重施，將濕婆也吸收進佛教體系中，與色究竟天的摩醯首羅（大自在天）天王混合為一，但因為色究竟天早已安排給佛教的聖者居住，因此不得不再次區分，稱摩醯首羅有兩種：一曰毗舍闍摩醯首羅，為世間之神，得無量無邊禁咒方術，能令一切無礙自在，作摩醯首羅天子；一曰淨居摩醯首羅，為將要成佛之菩薩，現大自在天子之勝報。〔註29〕大乘密宗謂摩醯首羅天王為大黑天，為佛陀法身（大日如來）之應現，實際上已經深受印度教之影響，完全偏移了早期的佛教時空架構。

雅利安諸神與古印度本土的原始信仰相結合，催生出了吠陀時代的婆羅門教，這也是印度教最早期的宗教形式。佛教在對抗婆羅門教的沙門思潮中崛起，汲取了婆羅門教的養分而繁榮壯大，最終卻又被吸收了佛教養分而重新崛起後的印度教所取代，此即古印度地區宗教變遷之大脈絡。儘管佛教已在古印度式微，但其部派分裂之後所催生出的大乘佛教卻成功傳入中國，不僅對中華文明產生了極大的影響，也是迄今為止中國信眾人數最廣的宗教。

內蒙古大召寺・佛陀腳印

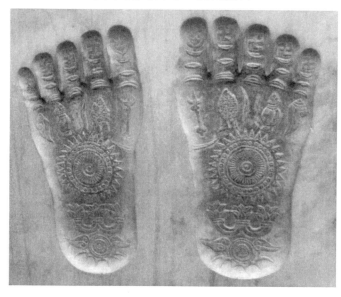

〔註29〕據《入大乘論》云：「淨治第十地，得無量無邊禁咒方術、能令一切無礙自在作摩醯首羅天子，亦為一切世間依止。問曰：所言摩醯首羅者，為同世間摩醯首羅，更有異耶？答曰：是淨居自在，非世間自在。汝言摩醯首羅者，名字雖同而人非一，有淨居摩醯首羅，有毗舍闍摩醯首羅。其淨居者，如是菩薩鄰於佛地猶如羅谷障。」

第五節　大乘的理論契機與佛經形成

　　大乘是梵文 Mahāyāna 的意譯，音譯爲摩訶衍那。摩訶意爲「大」，衍那意爲「乘」，可指一切運載工具。大乘自認其乘廣大，可普渡眾生，共證佛果，故將原始佛教教義貶低爲小乘。大乘佛教之誕生，其最早的歷史契機可追溯至「大天五事」所引發的大眾部、上座部分裂，以及阿羅漢的解脫境界與佛陀的解脫境界是否一致的爭論，但若追究最源初的理論孕育點，則應起於佛陀本人的「十四無記」。根據北傳《雜阿含》記載，佛陀對於外道提出的十四個是非問題都回答「無記」，亦即不置可否，拒絕明確答覆。〔註30〕「十四無記」中有四個問題爲「如來死後有耶，或如來死後無耶，或如來死後亦有亦無耶，或如來死後非有非無耶」，南傳《相應部》亦明確表示「如來不用施設此四句」，〔註31〕可見佛陀拒絕回答這四個問題是小乘各派系都承認的事實。釋迦牟尼顯然認爲這類問題無助於解脫修行，而只會帶來妄想爭執，有百害而無一利，乾脆直接從源頭上進行封堵。但不討論此類問題的後果，就是沒有任何佛陀的弟子能描述佛陀涅槃後的狀態，這就給後世留下了很大的闡釋空間。小乘的《阿含經》已經明確說明，自不還果（阿那含果）之後的聖者，將永遠不會回到我們凡人所處的世界，而阿羅漢入滅之後即會獲得解脫，從此不再有生滅。換句話說，阿羅漢果在涅槃後就歸於一種接近於虛無狀態的清淨，從此不會再與現實世界發生干涉。原始佛教將佛陀也視爲阿羅漢之一，故對佛陀入滅之後的狀態，默認與此無異。但對於佛陀本人的神化與菩薩階層的崛起，令部分佛教徒堅信佛的境界遠在阿羅漢之上，在他今世的身體入滅之後，佛陀仍然可以對我們的世界產生影響。一言以蔽之，在證得佛果之後，仍然可以起用。佛陀並沒有從此與凡人的世界相斷離，而是成爲一種更高層次的生命，以無比的慈悲心腸，仍在俯視並關切沉淪於苦海的眾生。大乘佛教宣稱，必須要在人間才能證得佛果，相比可以在天上成就阿羅漢果的小乘佛教，其精神面貌截然不同，顯然更爲關注現實社會。大乘佛教的理論依據爲北傳《增一阿含經・等見品》「諸佛世尊皆出人間，終不在天上成佛也」之語，此句爲南傳諸經所無，而與原始佛法教義不符，顯然是部派分裂之後才摻入佛經中的句子，遂爲大乘佛教之張本。即使在大乘佛經之中，也仍然

〔註30〕　北傳《雜阿含經》中的《浮彌經》《阿那羅經》《阿支羅經》《他經》《外道經》《玷牟留經》《身命經》《鬱低迦經》《俱迦那經》均涉及「無記」問題，實際上該類問題並非只有十四個，但大乘佛教多稱「十四無記」，今姑沿用此稱號。

〔註31〕　引文出自南傳《相應部經典三・第一　蘊相應》。

保留有較為原始的教義，譬如《楞伽經》中大慧菩薩即問佛：「云何於欲界，不成等正覺？何故色究竟，離欲得菩提？……云何欲界中，修行不成佛，而於色究竟，乃升等正覺？」〔註32〕《楞伽經》中稱大慧菩薩所問為「大乘微妙諸佛之心最上法門」，而且明確指出欲界中無法成佛，可知此經雖為大乘佛經，但仍然沿襲了小乘不還果後就不再回歸人間的理論設定。

　　大乘佛教既然認為佛果圓滿，遠超羅漢果之上，而且又將成佛之前的修行階段定性為菩薩階段，就必須解決好菩薩與羅漢的對應問題。畢竟，佛陀最初教育弟子修行是由須陀洹直至阿羅漢，這是誰都無法否定的事實。大乘佛教為此進行了嶄新的理論建設，聲稱佛陀教授弟子小乘佛法，只是一種暫時的預備階段。因為大乘佛法過於高深，若佛陀直接教授，弟子將無法領會，故不得不先說小乘佛法以築好根基。其道理猶如今日在講授高等數學之前，先要學會加減乘除等基礎小學算術知識。在弟子證得阿羅漢果之後，必須重新發心開始修習大乘佛法，大乘佛教稱這一轉折為「回小向大」。凡是肯從阿羅漢果轉而修習菩薩果，追求最終證得佛果者，大乘佛教稱之為「迴心大阿羅漢」；凡是甘心停留在阿羅漢果而拒絕轉向菩薩修行者，大乘佛教貶低為「鈍根阿羅漢」。大乘佛教自居為「大乘」，而將原始佛法一律貶低為「小乘」，甚至將其比喻為「焦芽敗種」，聲稱小乘佛教徒與枯焦之草芽、腐敗之種子無異，由於他們器量太小，既無法容納精妙要義，又只求自利解脫，而無法承擔慈航普度、拯救眾生的重擔。大乘佛教剛剛開始崛起時，非常強調這種「回小向大」的轉折，但在最終取得上風的地域，開始徹底與小乘佛教切割，不再強調這種由小乘轉至大乘的路徑，而是引導僧人在最初出家之時就選擇修行大乘佛法，直接經由菩薩道趨向佛果。這種做法導致菩薩的境界與阿羅漢有重疊之處，故不得不對菩薩境界再行細分：《華嚴經》分菩薩道層次為四十一階位，《仁王經》分為五十一階位，《菩薩瓔珞本業經》分為五十二階位，《大佛頂首楞嚴經》分為五十七階位，也可見大乘諸經的體系難以統一。其中以五十二階位分法較為流行，亦即十信、十住、十行、十迴向、十地、等覺（入法界）、妙覺（寂滅）。同為菩薩，境界卻可以天差地別，十信位菩薩只是凡夫，十住、十行、十迴向位是賢位菩薩，後十二個階位是聖人，其中十地（從初地至十地）菩薩境界自低至高，等覺菩薩是即將成佛的大菩薩，妙覺菩薩即為佛陀。這種細密的劃分方法，很好地解釋了在各類本

〔註32〕引文出自《大乘入楞伽經卷第二・集一切法品第二之一》。

生譚中，爲何某些菩薩只是凡人，而另外一些菩薩卻具有降魔衛道的神通。寬泛而論，從一位修行者發心修習大乘佛法的那一刻起（大乘佛經謂之「發阿耨多羅三藐三菩提心」），他即可被稱爲發心菩薩，這也是所有菩薩階位之中最低的一等。

《阿含經》中提及的佛陀弟子，除掉習慣深夜前來問法的天神之類，都是歷史上眞實的人物，有種族，有經歷，有姓名，有個性。但大乘佛教所塑造出來的大菩薩，譬如觀音菩薩、大勢至菩薩、文殊菩薩之類，雖然一個個智慧具足、神通廣大，卻全部是現實中並不存在的人物。而大乘佛教既然晚出，又與原始佛教的教義有明顯區別，就迫切需要建立自己的理論體系。大乘高僧雖然可以撰造自己的論著來闡釋教義，但論著本身的權威性不足，同時還需要與之相匹配的、假託釋迦牟尼所說的佛經。傳統上，論著是爲了詮釋相應的佛經而作，時間順序上要晚於後者，但在大乘佛教崛起的初期，二者建立的時間卻幾乎是同時的。大乘佛教想要眞正建立起來，除了貶低小乘佛教之外，還需要解決兩個棘手的問題：代表大乘精神的菩薩與敘述大乘教義的佛經，二者到底從何而來？

現存的大乘佛經約有上千部，個別佛經一部即有數百卷之多（現存卷數最多的佛經爲《大般若波羅蜜多經》，共六百卷），如此眾多的佛經顯然不存在佛陀所說、弟子口耳相傳的可能。從公認最早期的小乘佛經《雜阿含》來看，佛陀弟子們所能記憶、所需記憶的經文，只是非常簡短的佛法要義，因爲只有這些內容才對個人的修行解脫有助益。而動輒數萬言、數十萬言一部的大乘佛經，即使想要全文背誦，也需要花費太多無用的時間，更何況還需要歷代原樣相傳，根本不具備歷史的可操作性。大乘佛教要眞正建立起來，不僅要創造出大量的佛經，還需要首先解釋清楚：爲何同爲佛陀的弟子，小乘佛教的羅漢們在幾次結集時卻沒有結集這些大乘佛經？針對這一問題，大乘佛教共採取了兩種方式來應對：

第一種，是提出在五百羅漢初次結集《阿含經》及戒律之時，同時也有大乘佛經的結集。據《菩薩處胎經》（又名《菩薩從兜術天降神母胎說廣普經》）云：「爾時五百阿羅漢受大迦葉教，以神足力，如人屈伸臂頃，即到十方恒河沙刹土，集諸羅漢得八億四千眾，來集到忍界聽受法言。……迦葉告阿難言：『佛所說法，一言一字，汝勿使有缺漏。菩薩藏者集著一處，聲聞藏者亦集著一處，戒律藏者亦著一處。』」按此經文，參與結集的五百羅漢

還運用神通，從數量眾多（如恒河沙）的世界中邀請到了大批的羅漢參與結集，其數共有八億四千眾，而負責結集者亦為大迦葉與阿難，菩薩藏也在結集的佛經之中。但此說不僅難以令人相信，也無法解釋為何五百羅漢都沒有為自己的弟子講說大乘佛經，以至於早期的紛爭只是戒律上的「十事非法」，卻沒有牽扯更大的教義之爭。即使單以戒律而論，大乘佛經中佛陀明確禁止弟子食一切肉類，小乘戒律卻並無此條文，而且提婆達多倡議添加此條戒律還遭到了佛陀訓斥。（此款戒律數百年後在大、小乘並存的中國梁武帝時期釀成了重大風波，其經過詳見下章）凡此種種，皆可證明佛陀入滅之後，參與結集的五百羅漢並未宣說大乘佛經。窺基《大乘法苑義林章》卷二：「《西域記》云：夏安居初十五日，大迦葉波說偈言曰：『善哉諦聽！阿難聞持，如來稱讚，集素呾纜藏；我迦葉波集阿毘達磨藏；優波離持律明究，眾所知識，集毘奈耶藏。』雨三月盡，集三藏訖。大乘三藏，西域相傳亦於此山同處結集，即是阿難、妙吉祥等諸大菩薩集大乘三藏。」〔註33〕今考玄奘《大唐西域記》並無此段文字，然窺基為玄奘弟子，此語或為其耳聞亦未可知。此說稱大迦葉結集論藏，已然與歷史事實不符，蓋論著為解釋佛經之作，必先有經後有論，無同時結集之理。又稱妙吉祥（文殊菩薩之意譯）等大菩薩與阿難一起結集大乘，然阿難既可參與，為何卻將其他羅漢排除在外？若於「此山同處結集」，為何事先不通知諸僧，事後又不宣傳成果，凡此皆與情理不合。因佛教早期皆知阿難結集佛經，故大乘佛經必牽扯其人方可取信，而妙吉祥菩薩等顯然並非佛陀在世時的真實歷史人物。此說為「西域相傳」，則來自於北傳佛教一脈當無可疑，南傳佛教無此說法。《金剛仙論》則云佛陀本人主持大乘結集，而地點也不在南贍部洲之內：「如來在鐵圍山外，不至餘世界，二界中間無量諸佛共集於彼，說佛話經訖，欲結集大乘法藏。復召集徒眾，羅漢有八十億那由他，菩薩眾有無量無邊恒河沙不可思議，皆集於彼。」〔註34〕八十億兆的羅漢已遠遠超越佛陀在世時全世界的人口總數，而菩薩之數量猶遠超此數，當是無數世界之聖者皆以神通力聚集至彼處，行文方式極盡誇張渲染之能事。結集之地點既然在鐵圍山外，不在我們人類世界，則大乘佛經結集之事不為人知亦屬合理。然而所結集之大乘佛經，終究還是要有人傳回人間，此人還必須有公認的權威性，需要是佛陀在人間的親

〔註33〕窺基《大乘法苑義林章》卷二，大正新修大藏經第 45 冊，No.1861。
〔註34〕《金剛仙論》卷第一，大正新修大藏經第 25 冊，No.1512。

傳弟子，故而除阿難外實在找不出更好的人選。

　　第二種，是指出小乘羅漢們未聽聞佛陀宣說大乘教義，甚至即使聽聞亦無法領受。據大乘《妙法蓮華經・方便品第二》記載：「爾時，世尊告舍利弗：『汝已殷勤三請，豈得不說？汝今諦聽，善思念之，吾當爲汝分別解說。』說此語時，會中有比丘、比丘尼、優婆塞、優婆夷五千人等，即從座起，禮佛而退。所以者何？此輩罪根深重及增上慢，未得謂得，未證謂證，有如此失，是以不住。世尊默然而不制止。」按此說法，在世尊宣說大乘教義之時，有五千僧眾主動退場，拒絕聽聞。經文還對這幫退場者進行了定性，宣稱他們「罪根深重及增上慢，未得謂得，未證謂證」，可知他們都是一些宣稱已證果的僧眾。經文又續稱：「是諸比丘、比丘尼，自謂已得阿羅漢，是最後身，究竟涅槃，便不復志求阿耨多羅三藐三菩提，當知此輩皆是增上慢人。所以者何？若有比丘實得阿羅漢，若不信此法，無有是處。」此處借佛陀之口，完全否定了一切不肯追求大乘的阿羅漢，宣稱他們並沒有眞的證得阿羅漢果，只是一幫未證言證的妄人。既然這幫小乘的「阿羅漢」沒有聽聞大乘佛法，自然也就無法結集大乘佛經；既然他們錯認了自己的境界，自然會反對乃至抵制大乘佛法的傳播。借助於這種邏輯，大乘不僅貶低了對方，而且宣布了自己的正統性及合法性。但是這種看似成功的策略仍然存在邏輯上的困境，因爲《妙法蓮華經》中所記載的聽眾，仍然有大迦葉、阿難等人在內，而且注明他們都是「諸漏已盡，無復煩惱」的「眾所知識大阿羅漢」，但這些人也是初次結集《阿含經》的主力。大乘佛經在編撰之時，無法將公認的佛陀十大弟子剔除在外，也就無法解釋爲何他們在佛陀去世之後卻只結集了小乘佛經。爲了緩解這一悖論，在《妙法蓮華經・授記品第六》中，佛陀分別爲大迦葉、目揵連、須菩提、迦栴延、羅睺羅等人授記，預言他們未來世將修行菩薩道，並在若干劫後證得佛果。這些授記顯然與《阿含經》中阿羅漢已是最後身的定位不符，但在一定程度上建立起了大乘佛教的權威性：既然佛陀的主要弟子均已迴向大乘，並在未來世繼續修行菩薩道，其他人還有什麼理由反對大乘佛法？又，《妙法蓮華經》中尚記錄有阿羅漢等聽眾，推測應產生於小乘與大乘相抗爭的時期，至《華嚴經》時，佛陀說法的對象已經是「十佛世界微塵數菩薩」「微塵數執金剛神」「無量主水神」「無量阿修羅王」等等，小乘僧人已完全被排除在外。既然小乘阿羅漢們未能聽聞，自然也就無法結集，此亦是自然之理。

上述兩種方式都帶來了新問題——所謂的大乘佛經究竟是如何流傳至人間，並最終寫定爲我們今天看到的文本？從現存的佛教典籍來考察，大乘佛經的產生過程可謂花樣繁多：

其一謂自人間之外取來。以上述《華嚴經》爲例，其聽眾中雖無小乘諸僧眾，但卻有「無量諸大龍王」。據《龍樹菩薩傳》記載：「（龍樹）周遊諸國更求餘經，於閻浮提中遍求不得。外道論師、沙門義宗咸皆摧伏，即起憍慢心。自念言世界法中津塗甚多，佛經雖妙，以理推之故未盡。未盡之中可推而說之，以悟後學，於理不違，於事無失，斯有何咎？思此事已，即欲行之，立師教誡，更造衣服。……大龍菩薩見其如此，惜而愍之，即接入海，於宮殿中開七寶藏、發七寶函，以諸方等深奧經典無上妙法授之龍樹。龍樹受讀九十日中通練甚多，其心深入，體得實利。龍知其心而問之曰：『看經遍未？』答言：『汝諸函中經甚多無量，不可盡也。我所讀者已十倍閻浮提。』龍言：『如我宮中所有經典，諸處此比，復不可知。』龍樹即得諸經一箱，深入無生三忍具足。龍還送出。」〔註35〕按此說法，則是龍樹菩薩本欲自造佛經、自開宗派，後由大龍菩薩接入龍宮，始得閱讀人間未見之大乘佛經，並獲取諸經一箱而返回人間。不僅如此，龍宮所藏大乘佛經「甚多無量」，僅龍樹菩薩「所讀者已十倍閻浮提」，這還僅是一處所藏。今日佛學者爲使此事可信，轉而宣稱「龍宮」爲當時古印度一部落之名，佛陀或在此演說大乘佛法。但此說顯然與「於閻浮提中遍求不得」「即接入海」之語矛盾，且龍宮部落云云，古印度歷史中亦無可考稽。龍樹爲歷史上真實存在之人物，其生活年代約在佛陀入滅之後七百年，在印度佛教史上被譽爲「第二代釋迦」。即使宗教徒以信仰之故認定此說可信，亦不得不承認，在佛陀入滅後的數百年間世間尚無大乘佛經，否則亦不待龍樹自龍宮處取回。若站在歷史文獻的角度，在排除掉荒誕的入龍宮取經之說後，龍樹認爲存世的佛經未盡其妙，故欲「推而說之」，代替佛陀另行宣說大乘佛法，此事卻頗有可能。據《龍樹菩薩傳》，龍樹曾對國王宣稱「我是一切智人」，其早年以佛陀自居之態亦可想見。儘管存世的佛經來源複雜，並非皆出龍樹之手，但相當一部分（諸經一箱）應當與他難脫關係。據《華嚴經傳記》稱，《華嚴經》「在海龍王宮，六百餘年未傳於世。龍樹菩薩入龍宮日見此淵府，誦之在心，將出傳授，因茲流佈」。然則龍樹菩薩所傳出佛經，《華嚴經》當在其內。又據《歷

〔註35〕鳩摩羅什譯《龍樹菩薩傳》，大正新修大藏經第 50 冊，No.2047b。

代三寶紀》（又名《開皇三寶錄》）記載，于闐東南二千餘里有遮拘迦國，其國有《華嚴經》十萬偈，後來傳入中國並翻譯爲漢文者尙不足其半數。《華嚴經》是否龍樹所編撰姑且不論，今日之研究者多相信此經最初在古印度以散章的方式流傳（此經的梵文本目前只發現了相當於《十地品》的《十地經》和相當於《入法界品》的《樹嚴經》），傳至古代中國西域地區方結集成大本。

其二爲雖屬他人所說，而借佛陀之名予以認可。以《維摩詰經》（又名《不可思議解脫經》）爲例，此經實爲維摩詰居士（Vimaiakirti，意譯爲「淨名」，玄奘譯爲「無垢稱」）所說，但最後「維摩詰即以神力，持諸大眾並師子座，置於右掌，往詣佛所」，佛陀稱「是經名爲維摩詰所說，亦名不可思議解脫法門，如是受持」。然而據《維摩詰經》所述，維摩詰居士之境界遠遠超越佛陀十大弟子，自舍利弗至阿難皆自認「不堪任詣彼問疾」，但其人在《阿含經》中並無一語及之，其他大乘佛經中亦並不記載，可知他並非歷史上眞實人物。經文中舍利弗詢問維摩詰居士「汝於何沒，而來生此」，足見舍利弗亦不知其來處，惟佛陀宣說「有國名妙喜，佛號無動。是維摩詰於彼國沒，而來生此」，可知維摩詰是來自其他世界的大菩薩的化身之一。既然維摩詰並非歷史眞實人物，後世假託其人而敍述佛理，也就形成了一部新的佛經，但爲了塑造此經的權威性，經文中不僅貶低佛陀生前的主要弟子來抬高維摩詰之地位與境界，最後還要借佛陀之口予以肯定，要求眾弟子依此受持。在原始佛教的教義中，出家僧侶的地位遠遠高於在家居士，類似《維摩詰經》這一類的佛經，很可能產生於佛教在家弟子的地位崛起之時，所以維摩詰才以居士的面貌出現。此經傳入中國之後，與南北朝時期的玄學之風合流，吸引了大量在家的知識分子成爲佛教信徒，亦可證明其魅力之所在。

其三爲後世佛教宗派託經自重，故僞造出處。大乘禪宗實爲中國所自行建立之門派，但在追溯起源之時，卻強調「拈花微笑」之典故，追認大迦葉爲西十始祖。其說謂佛陀於靈山會上拈花示眾，是時眾皆默然，唯迦葉尊者破顏微笑。佛陀曰：「吾有正法眼藏，涅槃妙心，實相無相，微妙法門，不立文字，教外別傳，付囑摩訶迦葉。」是故禪宗不立文字，而強調將心印心，見性成佛。然此說不載於經藏，實屬後世僧人生造，而所流傳甚廣，稍後遂有從之敷衍而編撰佛經者。北宋時「王荊公問佛慧泉禪師云：『禪家所謂世尊拈花，出在何典？』泉云：『藏經亦不載。』公曰：『余頃在翰苑，偶見《大梵天王問佛決疑經》三卷，因閱之，經文所載甚詳。……此經多談帝王事佛

請問，所以秘藏，世無聞者。』」〔註36〕王安石聲稱在翰林院所見一本世間不傳之佛經，名爲《大梵天王問佛決疑經》，其中載有「拈花微笑」之事。然考索此經內云「爾時世尊從多寶佛入塔下，大眾圍繞，飛行東方百千里程，有一國土名大七寶震旦」，又稱觀世音菩薩曾於此國變化三次，分別以大德龍身、火德牛頭、土德人質的形態說示「天理五行氣變作吉凶法」「地利百藥醫毒助人間氣」「示人倫心法大道身法五倫」。〔註37〕震旦爲中國之古稱，此經不僅宣稱佛陀飛行至中國說法，而且認爲中國古代之五行、醫藥、儒學均爲觀世音菩薩所傳授，一望即知爲中國古代僧人所僞託之經，其意圖不外乎爲「拈花微笑」之典立一出處，以爲禪宗張目。

其四爲外教思想混入，假託佛經之名而造僞。《佛說父母恩難報經》一卷，源出自《增一阿含經‧善知識品第十一》，而《根本說一切有部毗奈耶》卷三亦有類似文字，應當屬於早期佛教的典籍之一。但在佛教傳入中國之後，由於中國儒學中孝道觀念盛行，因而有人僞造《佛說父母恩重難報經》一卷，雖僅一字之差，而主旨大異其趣。這本僞經甚至走出國門，又從中國流傳到了古朝鮮等地，筆者所見即有題名爲《佛說大報父母恩重經》的刊本。類似的狀況不在少數，今日《中華大藏經‧疑僞部》所收近百部佛經，皆爲明顯僞經或懷疑爲僞經者，其中大多數都屬於外教思想羼雜而入。譬如《佛說大藏正教血盆經》，內稱目連尊者往到羽州追陽縣，見一血盆池地獄，惟女人在其內受苦。因女人生產時會流下血露，污觸地神，又或去溪河洗濯所污衣物，而他人取溪河水煎茶供奉諸聖，致令不淨，故受此報。此經宋代《大藏經》皆不載，內容亦不合佛教主旨，當屬僞經無疑。道教有《太一救苦天尊說拔度血湖寶懺》《元始天尊濟度血湖眞經》，恰與此經主旨類似，蓋皆源於民間習俗忌諱。相對而言，晚出的藏傳密宗典籍中此類現象更爲嚴重，學者一般認爲其男女雙修法門是受到了印度教性力派的影響。

其五謂冥感、神通所授。據《阿毗達磨順正理論》第十五卷所稱：「尊者迦多衍尼子等，於諸法相無間思求，冥感天仙現來授與，如天授與《筏第遮經》，其理必然。」據論中所稱，「時經久遠，其文隱沒」，故迦多衍尼子冥感天仙所授，令此經重現人間。但既云隱沒，則此前是否存在此經已屬可疑，而冥感之經是否與前經一致更是無從印證。宗教徒由於信仰的虔誠，或

〔註36〕宋晦岩智昭編《人天眼目》卷五《宗門雜錄》，淳熙十五年（1188）刊行。
〔註37〕《大梵天王問佛決疑經‧序品第一》，卍新纂大日本續藏經第01冊，No.27。

如《持世經》所稱「夢見佛，爲說是五陰、十八性菩薩方便經」，或如《集一切福德三昧經》所述「諸有菩薩敬法欲法，若有諸天曾見佛者來至其所，從於佛所得聞諸法，具爲演說」，或如《大寶積經》所云「以其本願宿命智故，諸門句、陀羅尼句自然還得；以得陀羅尼力故，先未聞經，能爲眾生敷演廣說」，或如《般舟三昧經》所稱「便於是間坐見阿彌陀佛，聞所說經悉受得，從三昧中悉能具足，爲人說之」，種種神通靈異之事所在多有。以古代中國爲例：《出三藏記集》記載南朝齊末太學博士江泌處女尼子「年在齠齔，有時閉目靜坐，誦出此經，或說上天，或稱神授，發言通利，有如宿習，令人寫出，俄而還止。經歷旬朔，續復如前」，〔註38〕前後共出經二十一種，凡三十五卷。又如《高王觀世音經》一卷，因定州幕士孫敬德在獄中「忽如夢睡，見一沙門教誦救生觀世音經，經有諸佛名，令誦千遍，得免苦難」，〔註39〕後孫氏受刑時有刀折之靈異，丞相高歡乃爲表請免死，故所夢之經因得此名，不但廣行於世，且被編之入藏。此類佛經一旦寫定成文，若無人考證其產生之經過，勢必雜入現有之典籍中，難以準確識別。

　　其六爲弟子推崇，而將後世高僧論著歸爲佛經。此類情況較少，最著名者爲禪宗慧能所說《六祖壇經》。此經初名《摩訶般若波羅蜜經六祖惠能大師於韶州大梵寺施法一卷》，在流傳過程中又迭經弟子增補改動，最後定名爲《南宗頓教最上大乘摩訶般若波羅蜜經六祖惠能大師於韶州大梵寺施法壇經》，簡稱《六祖壇經》。又如蓮花生所著《中陰得度法》，公元八世紀時方寫成文字，但因藏傳佛教弟子對其人推崇備至，故又改稱此著作爲《中陰解脫經》或《西藏度亡經》。

　　上述六種模式，皆是足以考證其爲晚出之大乘佛經者，而更多的大乘佛經直接以佛陀之名宣說佛理，文中又無明確證據可供考究，故而很難斷定其產生年代。佛經在幾次結集的過程中，逐漸形成了相對固定的篇章結構，亦即序分、正宗分、流通分三部分，序分位於佛經起始，統一以「如是我聞」開頭，敍述講說此經的時間、地點、聽眾等信息；正宗分爲佛經主體部分，多數爲佛陀與弟子的問答，少數由佛陀、菩薩直接宣講，重點演說佛法要義；流通分爲結尾部分，主要稱讚此經的利益，鼓勵佛教弟子信持、流通此經，

〔註38〕僧祐《出三藏記集》錄下卷五，大正新修大藏經第 55 冊，No.2145。
〔註39〕圓照《貞元新定釋教目錄》卷二十八「高王觀世音經」條下注，大正新修大藏經第 55 冊，No.2157。

早期典籍多以「聞佛所說，皆大歡喜，信受奉行」之句結尾，晚出典籍則增添了鼓勵僧眾抄寫、讀誦、演說此經的內容。由於佛經的格式相對固定，任何人都很容易將自己要宣說的教義嵌入進去，製造出一部新的佛經，並憑藉佛陀的權威流傳後世。絕大多數的大乘佛經已經很難考證出是何時由何人在何地首先編撰而成，而大乘佛教對於創造佛經的「豁達」態度，又進一步加劇了這一趨勢。譬如《金剛經》云：「是故如來說：一切法皆是佛法。須菩提！所言一切法者，即非一切法，是故名一切法。」又如《文殊師利般若經》云：「若信一切法悉是佛法，不生驚怖，亦不疑惑，如是忍者，速得阿耨多羅三藐三菩提。」再如《大寶積經》云：「諸法本性與佛法等，是故諸法皆是佛法。」站在大乘根本諦的立場之上，世間一切法皆是佛法，佛法未必盡由佛陀所說，而非佛陀所說者，縱然屬於外道旁門，亦可歸根於佛法之內。大乘佛教的這一主張顯然模糊了佛法的界限，但卻極大的拓展了佛法的外延，令佛教得已消弭不同理論框架下的教義差異，不斷吸取各國本土化的教義而發展壯大，並最終演變為一極為龐雜而幾乎無所不包的理論體系。事實上，直至今日，佛教的理論建設仍然沒有停止，越來越多的新穎理論被摻雜入經藏中去，這也讓其堪稱為有史以來最為開放、最為包容的宗教。

第六節　《楞嚴經》的眞僞問題

　　大乘佛經較為晚出，而且來源複雜，若站在歷史文獻的角度上，相對於佛陀在世時所說之佛經，皆可謂之為僞；但若站在佛教理論發展的角度而言，大乘佛經的出現，卻是一種突破式的飛躍。儘管如此，大乘佛教徒出於宗教信仰之緣故，均認定大乘佛法為佛陀本人所說，而視主張「大乘非佛說」的宗教徒或學者為企圖破壞佛法的魔子魔孫。然而，即使在默認大乘佛經為佛所說的前提下，大乘佛教內部的聲音也並不統一。由於若干大乘佛經的教義自相矛盾，在大乘佛教內部同樣存在眞僞之爭，《楞嚴經》的眞僞問題就是矛盾的聚焦點之一。

　　《大佛頂如來密因修證了義諸菩薩萬行首楞嚴經》，又簡稱《楞嚴經》《首楞嚴經》《大佛頂經》《大佛頂首楞嚴經》，舊題唐般剌蜜帝譯，是一部以講述如來藏思想為主的大乘佛經。一方面，《楞嚴經》自唐代被譯出之後，就有大量高僧為之作注疏，闡釋並傳播其思想，流傳至今的各類注疏仍有幾十種之

多，「宋明以來，釋子談玄，儒者闢佛，蓋無不涉及《楞嚴》也」，〔註40〕它被視爲「諸佛之慧命，眾生之達道，教綱之宏綱，禪門之要關」，〔註41〕以至於有人乾脆宣稱「自從一見《楞嚴》後，不讀人間糟粕書」，〔註42〕可見其在佛教文獻中的地位之崇高；另一方面，同樣從唐代開始，就不斷有人懷疑《楞嚴經》的眞僞，其中亦不乏宗教界、文學界的名家耆宿，似乎籠罩在這部佛經上的疑雲越來越濃厚。《楞嚴經》的眞僞問題，已成爲佛教文獻學史上爭論不休的一個重大問題。

今所見最早質疑《楞嚴經》爲僞經的記載，爲日本僧人玄睿之《大乘三論大義鈔》：「問：『佛量何出？』答：『《大佛頂如來蜜因修證了義諸菩薩萬行首楞嚴經》第五：佛說頌曰……』問：『若爾既是佛經之量，何故唐界基、廊等師敢生眾過？』答：『彼宗二傳。一云此是僞造，非眞佛說。一云眞是佛經。……經本東流，眾師競諍，則於奈樂宮，御宇勝寶感神聖武皇帝御代仲臣等請集三論、法相法師等，而使撿考。兩宗法師相勘云：是眞佛經。……然寶龜年中，使德清法師等遣唐檢之。德清法師承大唐法詳居士云：《大佛頂經》是房融之僞造，非眞佛經也，智升未詳，謬編正錄。然彼法詳所出僞經之由甚可笑也，恐繁不述。德清法師效詳士妄，而泥犁語亦傳本朝，可傷之深矣。』」〔註43〕按此可知，《楞嚴經》早在日本聖武天皇在位時（公元724~749）就已出現紛爭，而溯其源頭，則源出於中國唐朝諸位經師，像基法師、廊法師等人並不認可《楞嚴經》中的說法。唐朝既有眞經、僞經二說，導致日本的僧人也搖擺不定，雖然官方一度召集三論宗、法相宗法師共同檢查認定爲眞經，但寶龜年中（公元770~780）又再次派德清法師赴唐檢驗，帶回了唐朝法詳居士的說法，認爲此經爲房融所僞造。法詳居士的判斷理由，《大乘三論大義鈔》中並沒有具體記載，但「恐繁不述」一語，似乎暗示其論據條目並不在少數。玄睿對德清法師的做法顯然並不認可，他甚至將法詳居士的結論稱爲「泥犁語」（地獄語），也可以代表一部分宗教徒對此事的激烈反對態度。

〔註40〕 呂澂《呂澂佛學論著選集》（一），齊魯書社，1991年，第370頁。
〔註41〕 惟則《大佛頂首楞嚴經會解敘》，載《楞嚴經圓通疏》，《卍新纂續藏經》第12冊，No.0281。
〔註42〕 徐世昌《錢水西藕花香裏讀楞嚴圖》，載《晚晴簃詩匯》卷一百九十八，民國退耕堂刻本。
〔註43〕 玄睿《大乘三論大義鈔》，大正新修大藏經第70冊，No.2296。

　　儘管唐朝時已有眞僞紛爭，此後朱熹、魯梅‧旺秋札等人也對此提出過懷疑，但歷朝在彙編《大藏經》時，《楞嚴經》仍然被收錄其中，這也可以體現出質疑《楞嚴經》的觀點並未成爲主流。近世以來，紛爭又起，梁啓超、望月信亨等人各自撰文論述《楞嚴經》之僞，而尤以呂澂之駁斥力度爲巨。呂澂撰《〈楞嚴〉百僞》一文，列舉一百條證據，力斥《楞嚴經》之僞，至稱「《楞嚴》一經，集僞說之大成」。〔註44〕宗教界的大德如太虛、宣化等人則力主其眞，愍生法師更撰《辨破〈楞嚴百僞〉》一文，逐條批駁呂澂的觀點，並稱之爲「破壞正法，甘墮坑塹」。〔註45〕儘管正反雙方言辭激烈，論據繁多，但最終誰也未能眞正駁倒對方。究其緣由，在於反方僅從《楞嚴經》自身文本出發搜羅證據，而大乘佛經本身門類眾多，其主旨、行文往往並不統一，翻譯時又難免受到譯經者文化素養、時代文風之影響，摻雜入若干經文之外的元素，故而反方所挑出的錯漏不合之處往往不能一擊致命，給正方留下了辯解的空間。筆者嘗試跳出《楞嚴經》本身，從其他角度出發論證此經的眞僞，或可爲眞正解決這一類疑難問題提供一種新的思路。

　　實際上，佛經中除《大佛頂如來密因修證了義諸菩薩萬行首楞嚴經》（以下簡稱《頂經》）可以簡稱《楞嚴經》《首楞嚴經》外，另有一部佛經也可以簡稱爲《楞嚴經》《首楞嚴經》，此即《佛說首楞嚴三昧經》。《開元釋教錄》在「《首楞嚴三昧經》三卷」之後，分別注云「或二卷，亦直云《首楞嚴經》」「亦云《首楞嚴經》，或二卷」等字樣，〔註46〕可證此簡稱由來已久，而且遠在《頂經》之前。《佛說首楞嚴三昧經》（以下簡稱《三昧經》）自後漢至南北朝先後共有十種漢譯本，今所存者只有姚秦鳩摩羅什所譯本，共兩卷。此外，藏傳《甘珠爾》中亦有九世紀初的譯出本，名《聖勇行三昧大乘經》，共五卷。《三昧經》通過佛陀與堅意菩薩的問答，詳細講述了首楞嚴三昧的境界，宣稱菩薩欲行佛行，具備佛的大威神，作種種示現，就必須要證得首楞嚴三昧。已證得首楞嚴三昧的菩薩，能自在示現於一切世界，行一切度化眾生的事業，於魔界亦威力自在，能降伏內魔、外魔，通曉一切神通如意無礙智慧。佛陀進而講述了修行首楞嚴三昧的方法，以及書寫、讀誦、解說此經的功德。

〔註44〕呂澂《呂澂佛學論著選集》（一），齊魯書社，1991年，第370頁。
〔註45〕釋愍生《辨破〈楞嚴百僞〉》，香港佛教青年協會，1994。
〔註46〕智升《開元釋教錄》，載《大正新修大藏經》第55冊，No.2154。

　　無論是從譯出時間，還是從佛經出現的先後次序上來看，《三昧經》均在《頂經》之前。實際上，「首楞嚴」一詞最早出現即是在《三昧經》中，以作爲一種禪定三昧的名稱：「爾時會中諸釋梵護世天王、一切大眾皆作是念：『我等猶尚未曾聞是三昧名字，何況得聞解說其義。今來見佛快得善利，皆共得聞說首楞嚴三昧名字。』」首楞嚴爲梵文 Wurajgama 的音譯，又譯做「首楞伽摩」，意譯爲「勇行」「健行定」「一切事竟」等等。據玄應《一切經音義》：「首楞伽摩，此云健行定，亦言健相，舊云首楞嚴也。」〔註47〕而首楞嚴又名「一切事竟」，是因爲此境界並非低地菩薩境界，而是十地菩薩及佛所能得見之境界。據《大般涅槃經卷第二十七·師子吼菩薩品第十一》：「一切眾生悉有佛性，煩惱覆故不能得見。十住菩薩雖見一乘，不知如來是常住法，以是故言十地菩薩雖見佛性而不明了。善男子，首楞嚴者，名一切事竟。嚴者，名堅；一切畢竟而得堅固，名首楞嚴，以是故言首楞嚴定名爲佛性。」

　　根據《三昧經》記載：

　　　　首楞嚴三昧，非初地、二地、三地、四地、五地、六地、七地、八地、九地菩薩之所能得，唯有住在十地菩薩乃能得是首楞嚴三昧。

　　　　一切禪定解脫三昧、神通如意無礙智慧，皆攝在首楞嚴中，譬如陂泉、江河諸流皆入大海。如是菩薩所有禪定，皆在首楞嚴三昧，譬如轉輪聖王有大勇將、諸四種兵皆悉隨從。

　　　　若菩薩住首楞嚴三昧者，悉知一切諸菩薩法、一切佛法。

　　與之對比，《頂經》全文中「首楞嚴」一詞共出現三次，分別爲：

　　　　爾時世尊在大眾中，舒金色臂摩阿難頂，告示阿難及諸大眾：「有三摩提，名大佛頂、首楞嚴王，具足萬行，十方如來一門超出妙莊嚴路。汝今諦聽。」

　　　　於如來前說偈贊佛：妙湛總持不動尊，首楞嚴王世希有。銷我億劫顛倒想，不歷僧祇獲法身……

　　　　「當何名是經，我及眾生云何奉持？」佛告文殊師利：「是經名大佛頂悉怛多般怛囉無上寶印十方如來清淨海眼，亦名救護親因度脫阿難及此會中性比丘尼得菩提心入遍知海，亦名如來密因修證

　　了義，亦名大方廣妙蓮華王十方佛母陀羅尼咒，亦名灌頂章句諸菩
　　薩萬行首楞嚴。」

　　按，「三摩提」即「三昧」的別譯，然則《頂經》所說佛法，實亦爲首
楞嚴三昧。首楞嚴本爲十地菩薩以上境界，有「一切事竟」之含義，《頂經》
中既稱之「大佛頂」，又於「首楞嚴」之後再加「王」字，語意未瑩。此爲
二經不合之一。

　　同爲佛陀講述「首楞嚴三昧」，而《頂經》與《三昧經》所敘述之含義
全然不同。《三昧經》所述「首楞嚴三昧」，主要講述的是修行禪定的最高境
界，可以體現一切神通如意無礙智慧，佛陀即憑藉此首楞嚴三昧自在神力，
於此三千大千世界，以各種形象、各種方式而示現，以饒益無量眾生。而《頂
經》所述「首楞嚴三昧」，則主要爲如來藏思想，主張清淨本心本覺常住，
一切浮塵諸幻化相，乃至五陰、六入、十二處、十八界本如來藏妙眞如性。
同述一事而內涵不同，此爲二經不合之二。

　　《三昧經》記載，佛陀說首楞嚴三昧時，阿難在場聞聽，並與淨月藏菩
薩有所對答，而且佛陀正告阿難：「汝當受是首楞嚴三昧，持諷誦讀，廣爲人
說」。按《頂經》記載，阿難又茫然未解何爲首楞嚴三昧，連續多次叩請佛陀
開示。此爲二經不合之三。

　　《三昧經》云：「世尊，人寧作五逆重罪，得聞說是首楞嚴三昧，不入法
位作漏盡阿羅漢。所以者何？五逆罪人聞是首楞嚴三昧，發阿耨多羅三藐三
菩提心已，雖本罪緣墮在地獄，聞是三昧善根因緣還得作佛。世尊，漏盡阿
羅漢猶如破器，永不堪任受是三昧。」《頂經》云：「佛告阿難：『世間一切諸
修學人，現前雖成九次第定，不得漏盡成阿羅漢，皆由執此生死妄想誤爲眞
實。是故汝今雖得多聞，不成聖果。』阿難聞已，重複悲淚，五體投地。」
一稱漏盡阿羅漢猶如破器，不堪任受首楞嚴三昧；一稱因不明首楞嚴三昧之
義，不得成漏盡阿羅漢之聖果，此爲二經不合之四。

　　二經的不合之處尚不止以上諸條，因限於篇幅，故不再一一羅列。大乘
佛教法門眾多，若二經所述爲不同教法，則彼此教義矛盾不合也是常見現象，
本不足爲奇。但既然二經皆爲陳述首楞嚴三昧之義，卻有這麼多互相齟齬之
處，則二者其中必有一眞經、一僞經，此事殆無可疑。需要強調的是，筆者
無意判斷二經所述佛法之高低，因爲即使是僞經，也必然是由精通佛法之後
世高僧所造，甚至可能大體合於佛陀之意旨。而判斷佛經眞僞的重要依據之

一，就是考察它們在歷史上流傳的先後次序。僞經既然由後世學者仿造，它的出現時間自然要在眞經之後。當然，即使《三昧經》的譯出時間在前，而且經文中又提及這是佛陀的弟子們第一次聽到「首楞嚴三昧」之名，仍然不能簡單的認爲《三昧經》是眞經、《頂經》是僞經。一本佛經被譯出的時間較早，只能說明此漢文佛經的產生時間更早，而不能證明最初在古印度結集成文的時間更早。況且，如果《三昧經》是僞經，那麼也不排除故意虛構出弟子們首次聞聽此三昧之名的內容，以更好的顯示自己的權威性。頗爲遺憾的是，古印度的歷史記載並不完善，無法考證出某部佛經出現的具體時間，而這也是《頂經》眞僞一直無法定論的重要原因。

上述困境並非無法解決。某部佛經假如是眞實的，那它自然與其他若幹部眞實的佛經同時出現，或至少出現於同一個時期，這就存在被其他佛經所徵引的可能性。佛陀或其他高僧在說法時，通常要反覆宣說內容相近的佛法，重要性程度較高的佛理往往會同時出現在若幹部佛經中，譬如敍述阿彌陀佛淨土的就有《佛說無量壽經》《佛說觀無量壽佛經》《佛說阿彌陀經》三部。從這個角度出發，我們可以憑藉考察其他佛經對於《三昧經》與《頂經》的徵引狀況，來推定兩經出現的先後順序。

筆者逐一查索《大藏經》中所有其他佛經，發現凡涉及「首楞嚴三昧」的描述，無一例外，全部爲徵引《三昧經》中的佛理。例如：

《悲華經》：「世尊！願我得首楞嚴三昧，以三昧力故，化作地獄之身入地獄中，與地獄眾生說微妙法，勸令發阿耨多羅三藐三菩提心。……若有善男子、善女人修行大乘，有首楞嚴三昧，入是三昧能入一切諸三昧中。」

《大乘悲分陀利經》：「世尊！我以首楞嚴三昧入地獄中，化作其身而爲說法，勸以菩提令彼發心，於中命終得生爲人，值現在世說法諸佛，令彼眾生從佛聞法得不退轉地。如是畜生、餓鬼、夜叉、羅刹、阿修羅、龍、緊那羅、摩睺羅伽中，及與天上，如是毗舍闍富單、那迦咤富單中，如是人、栴陀羅、賈客淫女中。」

《放光般若經》：「須菩提！復有摩訶衍。何等爲衍？百七三昧是，各各有名。何等三昧名首楞嚴三昧？何等爲首楞嚴三昧？諸三昧門之所趣聚皆來入其中，是故名首楞嚴。」

《大寶積經》：「菩薩初發心得現實三昧。第二發心得善住三

昧。……第九發心得現證佛法三昧。第十發心得首楞嚴三昧。」

除了上述佛經之外，還有《師子月佛本生經》《方廣大莊嚴經》《光讚經》《勝天王般若波羅蜜經》等幾十部佛經提及首楞嚴三昧，而這些佛經中所提到的化身示現、能入一切諸三昧、十地菩薩以上所能證得等等特性，皆為《三昧經》所重點講述，而與《頂經》內容無關。還不僅如此，《大藏經》中還有若干佛經在正文中直接提及了《楞嚴經》或《首楞嚴經》，而它們所指的具體對象，也清一色的全部指代《三昧經》而非《頂經》。例如：

> 《大般涅槃經》：「男子，我已久住是大涅槃，種種示現神通變化，於此三千大千世界百億日月百億閻浮提種種示現，如《首楞嚴經》中廣說。……二十五有如《首楞嚴經》中廣說，以是故名大般涅槃。」

> 《佛說法滅盡經》：「《首楞嚴經》《般舟三昧》先化滅去，十二部經尋後覆滅，盡不復現，不見文字。」

> 《虛空藏菩薩神咒經》：「佛為不具法初行菩薩，說此八根本罪，……虛空藏菩薩為是人故，於諸方土處處現身，或現沙門形相威儀乃至畜生形相威儀。廣說如《首楞嚴經》處處為諸眾生解說如來甚深修多羅三昧陀羅尼諸忍諸地。」

其中《佛說法滅盡經》中所提及的《首楞嚴經》，經常被支持《頂經》的僧人作為駁斥其為偽經的證據，進而斥責那些質疑之人正是毀壞正法之元兇。〔註48〕但從文義和歷史角度考察，此處的《首楞嚴經》指代《三昧經》的可能性更大。《三昧經》與《般舟三昧經》，都能令修持者證得佛之聖性、諸經法悉受持，也都能成佛威神無量，令菩薩疾得阿耨多羅三藐三菩提，它們在修行的效力上是一致的，屬於佛教最高層次的法門，故可劃歸為一類。另外從時間上看，《佛說法滅盡經》被譯為漢文時，《頂經》尚未譯出，而《三昧經》早已有幾種譯本，則漢文中簡稱的《楞嚴經》自然當指後者。

概言之，從佛經的流傳與徵引的狀況來看，《三昧經》是真經的證據十分

〔註48〕類似的說法頗多，例如成觀《大佛頂首楞嚴經義貫》（臺北：毗盧出版社，2007年）：「為何近代有人說《首楞嚴經》是一部偽經？因為這是一部專門破魔的大寶典，……末法時期，法欲滅時，這部《首楞嚴經》最先滅；因為《楞嚴經》一滅，諸魔橫行，即無人能制，一切邪魔外道、邪師邪說便能肆無忌憚，橫行無阻。如今末法已五百年，經法將滅時，即有邪心人，為魔所用，因而自疑經謗法，且令人疑經謗法。」

充足，幾乎達到了牢不可破的地步，而《頂經》不僅譯出時間偏後，也缺乏為其他佛經所徵引的可靠證據。在肯定兩經有真偽之別的前提下，其中的偽經只能是《頂經》。

以上真偽分析，是在默認「大乘佛經為佛說」的前提下進行的討論。若站在「大乘非佛說」的立場上，《三昧經》和《頂經》的真偽問題又變成了一個具有相對性的問題。《三昧經》的所謂真實，也只是相對真實，但它仍然屬於大乘佛經序列，只是「偽造」的時間比《頂經》更早一些而已。從呂澂的個人立場來看，他要否認的也並非《頂經》一經，而是一切包含如來藏思想的大乘佛經，因此他才會公開聲稱：「唐代佛典之翻譯最盛，偽經之流佈亦最盛，《仁王》偽也，《梵網》偽也，《起信》偽也，《圓覺》偽也，《占察》偽也。實又重翻《起信》，不空再譯《仁王》，又偽中之偽也。」〔註49〕而堅持「大乘非佛說」的文獻研究者，事實上比呂澂走得更遠，他們不僅否定了如來藏思想，甚至還否定了一切大乘佛經為佛所說的可能性。

中國盛行之佛法以大乘為主，這也決定了「大乘非佛說」的觀點，注定無法獲得中國宗教界的承認。大乘宗教徒普遍相信，大乘佛經的結集時間較晚，是因為教義要比小乘佛經更為高妙，而眾生受持的機緣尚未成熟，因此曾有幾百年的時間密而不傳。從客觀上而言，絕大部分大乘宗派的教義，的確都可以在《四阿含》及其他原始典籍中找到相近之源頭。但是大乘佛經本身數量龐大，即使在公開傳播之後，不同佛經的出現時間仍有具體分別，譬如密宗經典又屬於其中相對後起的部分。即使在我們認可大乘佛經源出佛陀的立場下，該如何劃定具體佛經的真偽界限問題，仍然是一個複雜而又棘手的問題。邏輯上說，大乘佛經至少可能包含由佛陀所說而歸入後世大乘結集者、非佛陀所說而混入大乘結集者、大乘結集之後而由胡僧漸次偽造者、國人自行偽造者四類。前三類均先有梵文文本，第四類則先有中文文本。嚴格而論，後三類均為偽經，但第二類因為混入了大乘的最初結集，已經無法再從文獻角度考證其真偽。從這個層面出發，當我們在論定《三昧經》為大乘真經時，實際上只能排除掉它不屬於第三類、第四類偽經，仍然無法確證它屬於第一類真經。

通過考察一部佛經的內容，看它是否符合佛陀所說的佛理，藉此來判斷它的真偽，這似乎是一個可以普遍採用的方案。這一方案可以避免上述的各

〔註49〕呂澂《呂澂佛學論著選集》（一），齊魯書社，1991年，第370頁。

種困境，有希望爲眞經的最後確定而提供一個可行的判斷標準。同時，這又是一個最難以眞正貫徹執行的方案，最關鍵的因素就是目前佛教的各個宗派、各位學者對於佛陀所說佛理的認識並不統一。呂澂質疑《楞嚴經》，其出發點就在於不認可佛教中的如來藏思想，他所搜集並列舉的證據，只不過是支持這一立場的輔助材料而已，故其聲稱：「邪說不除，則正法不顯，辭以闢之，亦不容已也。」〔註 50〕慇生法師的反駁，實際上也是在堅信如來藏思想符合佛理的前提下，爲此而進行的遊鬥反擊，故其有「不願坐視佛法滅亡」之語。又，依據佛教教義，佛陀只是佛法的講述者而非創造者，無論佛陀是否出世，佛法都一直存在著，關鍵在於是否有人能夠自行覺悟。一部由後世高僧所僞造的佛經，它同樣有可能契合於佛理，故而它雖然並非歷史流傳上的眞經，但卻屬於宗教意義上的眞經。在進行辨別佛經眞僞的研究時，我們到底應該更側重於何種眞實，這又是一個值得認眞商榷的問題。雖然筆者嘗試從一個全新的角度來審視這一問題，並力爭給出自己的見解，但恐怕仍不能完全終結這一曠日持久的紛爭。這一問題早已不僅是文獻學上的考證問題，而是牽扯到宗教信仰與傳播的重大問題。筆者相信，只有在宗教界與學術界對於眞實佛法的界定問題達成一致意見之後，這一問題才有可能獲得眞正圓滿的解決。

第七節　大乘佛教的理論框架

　　大乘佛經極大地拓展了原始佛教的理論體系，這對佛教自身的傳播與繁衍十分關鍵。大乘佛教的理論框架雖然繁雜並包，但其最核心的教義則在於證果後的起用功能，以及實現此目標的菩薩道。

　　原始佛教的最終果即爲阿羅漢果，佛果也是阿羅漢果的一種，今生的肉體一旦入滅之後，就與我們的世界了無干涉。大乘佛教將原始佛教貶低爲小乘佛教，認爲小乘所謂的「涅槃」只是斷除了我執，卻沒有斷除法執，因而只終結了「分段生死」，卻沒有終結「變易生死」。所謂分段生死，就是娑婆世界之中凡人的生死，以前世所造作的不善業或有漏善爲因，以煩惱障爲助緣，在今世的生命結束之後就進入輪迴，開啓下一世的生命，而具體的形體、壽命每一世都有區別，故稱分段生死，亦名「有爲生死」。換句話說，分段生死是因爲眾生由於無知、不自覺而沒有證得解脫智慧，因而陷溺在生死的泥

〔註 50〕呂澂《呂澂佛學論著選集》（一），齊魯書社，1991 年，第 370 頁。

沼中難以自拔，是六道輪迴之內的生死。與之相對的變易生死，則是大乘佛教所發展出來的一個創新的概念，儘管不同的宗派對此有不同的定義，但基本都認定這種生死屬於阿羅漢果以上的聖者所有。變易生死並非有漏業所感，既沒有形體的高下優劣，也不存在壽命的短長定限，功用神妙不可思議，故名變易生死，亦名「無為生死」。大乘佛教承認小乘佛教的阿羅漢果已經打破了六道輪迴的鏈條，不再造作惡業，不再墜入分段生死，但認為他們的智慧並不具足，仍然存在所知障，因而還是會進入變易生死，並不能算是究竟的解脫，惟有佛果才是真正的圓滿。同時，在大乘菩薩道之中，出於普渡眾生的崇高理想，大菩薩們在已具備解脫智慧之後，仍然可以選擇出現在塵世中，救助其他的眾生脫離苦海，這種變易身是以慈悲心為因，以眾生之根欲為緣。這兩種變易生死，都可以與娑婆世界產生聯繫，這也是由大乘佛教所創造出的、令佛教聖者仍然可以影響到我們世界的奇妙方式。前文所述的各種菩薩本生故事，在大乘佛教看來，其中菩薩的各種形態都是為教化、救濟眾生而變化示現之身，也都屬於變易身。由於變易身沒有特定的形態，也沒有固定的壽命，因而菩薩們可以隨時以各種形態化現在信眾面前，不僅可以為信眾演說佛理，還可以治病療傷、拔災除厄，甚至接引佛教徒來世投生到更美好的世界中。而這一類菩薩以神通力救度眾生的故事，也最為民間所喜聞樂見，傳誦久遠。尤其在大乘佛教崛起的初期，這些佛陀、菩薩化身的故事還是抬高自身地位、打壓小乘佛教的銳利武器。譬如《大唐西域記・摩揭陀國下》記載：「昔此伽藍習玩小乘，……有比丘經行，忽見群雁飛翔，戲言曰：『今日眾僧中食不充，摩訶薩埵宜知是時。』言聲未絕，一雁退飛，當其僧前，投身自殞。比丘見已，具白眾僧，聞者悲感，咸相謂曰：『如來設法，導誘隨機。我等守愚，遵行漸教。大乘者，正理也，宜改先執，務從聖旨。此雁垂誠，誠為明導，宜旌厚德，傳記終古。』」此傳說敘述小乘僧人食物不足，一雁自隕其身以供奉，眾僧皆認為是佛陀設法導誘，遂心中感悟，棄小乘而專修大乘。這則故事在唐朝初年玄奘西行求法之時仍然在摩揭陀國流行，而據玄奘記載，此時摩揭陀國「伽藍五十餘所，僧徒萬有餘人，並多宗習大乘法教」，[註51] 可見大乘風氣在此地之盛。大乘傳播之迅猛，這類佛陀、菩薩示現教化的故事與有力焉。直至今日，大乘僧人在演說佛法之時，還往往夾雜菩薩顯靈之類的靈異事蹟，亦足見其遺風之久長。

〔註51〕玄奘《大唐西域記》卷第八《摩揭陀國上》，大正新修大藏經第 51 冊，No.2087。

　　由於比小乘佛教增多了變易身，而變易身又不能與聖者的眞身混爲一談，大乘佛教在此基礎之上，將佛陀細分爲三身：法身、報身、化身。法身又名毗盧遮那佛（密宗稱之爲「大日如來」），是自性清淨的本源，無始無終，不生不滅，不去不來，不增不減。若以現代哲學描述，法身類似於佛陀抽象化的本質。由於大乘佛教主張人人皆可成佛，因而人人皆具有此法身，且與佛陀並無差異，但眾生因爲妄想執著而不能證得，譬如明珠蒙塵，塵垢雖多，光芒雖微，但明珠卻始終未失。報身又名盧舍那佛，是佛陀由於福德、功德圓滿而獲得的受用身，具有三十二相、八十種好，莊嚴光明，壽命久長，居於淨土世界。由於法身無相，實際上不能爲眾生所見，故而菩薩、羅漢之類聖者所見所睹、所聞聽佛法者，即爲佛陀之報身。化身，亦即上述的變易身，是佛、菩薩應眾生機緣而顯現的形象，因而又稱爲應身或應化身。古印度喬達摩・悉達多太子所修行而成之釋迦牟尼佛，在大乘佛教看來即屬於化身。由於佛教典籍中的化身往往倏忽而來、飄然而去，與留在人間幾十年的釋迦牟尼佛不同，因而部分佛教徒主張將應身與化身再行區別，將釋迦牟尼佛定義爲應身，而將一般意義上的化身定義爲化身。實際上，這是一種頭上安頭的做法，因爲變易身的形態不定、壽量可長可短，而無論應身、化身所來必有因緣，故而統爲一類方爲合理。又，《金光明經》將三身定義爲法身、應身、化身，其中應身則相當於通常所說的報身；《金剛頂分別聖位經》則劃分爲自性身、受用身、變化身、等流身四種，其前三種分別對應通常所說的法身、報身、化身，等流身則爲密宗所獨有之概念。大乘佛教由分段生死至變易生死，再至劃分三身、四身的做法，雖然是一種概念上的細分，但也是一種主旨的偏移。在原始佛教的教義中，只要有肉身存在，就難免受到病痛、衰老等苦痛，因而眞正的涅槃只有在肉身入滅後才能獲得；大乘認定佛陀的報身圓滿無漏，是執著於修行的果報必須有一身軀來受用，雖然迎合了民眾恐懼最終一無所有的精神需求，但實際上降低了佛教的哲學意義，而主張存在圓滿的報身也不符合世界的物理規律；化身的存在，更是將釋迦牟尼由凡人捧至神壇，雖然給了信眾以無限的希望，但同時也提供了一位供膜拜的偶像，信徒們凡遇到艱難困苦則習慣於佛前祈求許願，佛教也逐步由一理性思辨之哲學宗派演變爲偶像崇拜之世俗宗教。若再細究其實，「盧舍那」一詞，原本就是「毗盧遮那」（vairocana）的音譯簡寫，二者是一非二，而佛經中也時常混用，譬如六十卷《華嚴經》中稱「盧舍那」之處，八十卷《華嚴經》則稱「毗盧遮那」。後世高僧不僅將超越塵世的佛果境界細分爲三身，而且一誤再

誤，將同一概念再行細分，並爲之賦予不同的含義，堪稱江河日下，積重難返。有鑒於此，大乘佛教內部也有邏輯理性較強的高僧崛起，從而對三身的理論加以修正。據《大乘義章》卷八稱，大乘佛教的「變異生死」共產生過三種不同概念：「一者微細生滅無常，念念遷異，前變後易，名爲變易，變易是死，名變易死」，「二者緣照無漏所得法身，神化無礙，能變能易，故名變易，變易是死，名變易死」，「三者眞證法身，隱顯自在，能變能易，故言變易，變易非死，但此法身未出生滅，猶爲無常死法，所隨變易身上有其生死，名變易死」，「雖有三義，《勝鬘》所說，第二爲宗」。〔註52〕雖然大乘佛教以第二種「緣照無漏所得法身」爲宗，但第一種以「微細生滅無常」爲變易死，卻是一種純哲理上的深入，在邏輯上十分自洽，與一味地神化佛陀、菩薩功用的概念截然不同。又譬如禪宗六祖惠能提出「法身、報身及化身，三身本來是一身」，〔註53〕「清淨法身，汝之性也；圓滿報身，汝之智也；千百億化身，汝之行也」，〔註54〕這種新穎的解釋也試圖消解掉三身的差異，而將其統一在現實的個體之中，明顯是對舊有理論的一種修正。蘇軾在讀完《六祖壇經》之後，隨即提出：「近讀《六祖壇經》，指說法、報、化三身，使人心開目明，然尚少一喻。試以眼喻：見是法身，能見是報身，所見是化身。」〔註55〕這又是在認識的功能上陳述三身。凡此種種，皆是對三身說的另類解構，對於消解舊有理論的神變性質極有助益。大乘佛教雖因佛陀、菩薩的神格化而獲得了廣泛的傳播、大量的信眾，但若不能以理性思辨替舊有理論框架袪魅驅邪，則終將墮落爲一種日益過時的宗教，而不能恢復爲一門學理精深的哲學。

　　原始教義利用「無我」的立場勸說信眾擺脫對塵世的貪愛，轉而去追求清淨自在的涅槃，這一立場也成爲佛教的理論基石之一。此立場在《四阿含》中被反覆陳述，直至佛陀去世前不久，他還再次對毘舍離城中人民宣告，並將其歸結爲「四事之教」。《增一阿含·八難品第四十二》：「世尊告曰：『……吾先以有四事之教，由此得作證，亦復以四部之眾說此四事之教。云何爲四？一切行無常，是謂一法。一切行苦，是謂二法。一切行無我，是謂三法。涅槃爲滅盡，是謂第四法之本。如是不久，如來當取滅度。汝等當知四法之本，

〔註52〕《大乘義章》卷八，大正新修大藏經第44冊，No.1851。
〔註53〕引文出自《六祖壇經·付囑品第十》。
〔註54〕引文出自《六祖壇經·機緣品第七》。
〔註55〕蘇軾《東坡志林》卷十，明刻本。

普與一切眾生而說其義。」佛陀的四事之教，可進一步縮略為「諸行無常、諸行皆苦、諸行無我、涅槃滅盡」四句，這也是小乘佛教的基本立場。然而在大乘崛起之後，認定小乘佛教只是破除了「人我」，但仍然執取「法我」，故而屬於不徹底的證悟。所謂「法我」，亦即執取一切法或若干法為實有。在部派分裂的時代，佛教的二十部派曾對此產生過廣泛而激烈的爭論，較早分裂出的「說一切有部」主張一切三世諸法皆為實有，雖然有生滅的狀況，但根本法性不變。根據阿育王時目犍連子帝須所撰之《論事》敘述，〔註56〕其時上座部的主流已否認此說，主張現在世雖然實有，但過去世、未來世卻並非實有，而一切法並非完全有體。大乘佛教崛起之後，既然認定小乘佛教不徹底、不究竟，因而將佛陀的「四事之教」修正為「四法印」：諸行無常、諸法無我、有漏皆苦、涅槃寂靜。有時或又去掉「有漏皆苦」一句，則合稱為「三法印」。若對比「四事之教」與「四法印」，其根本差異則在於「諸行無我」與「諸法無我」中的一字之差。諸行無我，謂一切生滅現象背後並無主宰；諸法無我，則是一切事物皆無根本法性，前後意趣實有天淵之別。然而大乘佛教派系眾多，除了破除法我、主張緣起性空的「空宗」外，小乘「說一切有部」的「法體恆有」思想也被大乘佛教所吸納，並最終催生出大乘的「有宗」派系。由此亦可以看出，大乘的理論建設，實際上是從正、反兩個方面繼承了小乘原始教義，自身即包含有互相矛盾的理論體系。在闡釋大乘教義時，若不能首先區分其宗旨，而視其為一個整體泛泛而論，絕對不可能釐清其源流頭緒。中國宗教界由於將所有的大乘佛經都視為佛說，抑或是可以代表佛陀的大菩薩所說，因而相信所有的理論都指向證悟，宣稱「佛教有八萬四千法門，殊途同歸」「一切法皆是佛法」云云，這也在一定程度上模糊了不同宗派的理論界限。

在將佛陀、菩薩神格化的同時，普通的信眾也開始相信自己能夠獲得佛陀、菩薩的加持，或通過一種神秘的方式來獲取到神秘的力量，這種方式就是咒語。一般認為，北傳的《四阿含》之中要以《雜阿含經》的出現時間為最早，其中僅出現了一條咒語，是供驅蛇之用，佛陀稱「說此章句者，蛇毒

〔註56〕《論事》中存在若干目犍連子帝須所處時代之後的宗派名稱與觀點，此部分內容或為後人在成書後又所增補，又或《論事》一書實際寫成之時代較晚。當今學者一般認為，《論事》一書的成書時間約在阿育王時代至公元前二世紀末之間。

不能中其身，身亦不壞」。此條咒語並不見於南傳五部《阿含經》，但卻記錄於南傳《律藏・犍度・小品・第五　小事犍度》之中，可知此事並非北傳僧人所虛造。惟北傳《雜阿含》所載，佛陀先陳述佛理，後宣說咒語，而南傳《律藏》所載則僅有咒語部分，這似乎正是一入經藏、一入律藏之分類不同的原因。但此類咒語在小乘佛經內絕少出現，南傳五部《阿含經》中不載一咒，北傳四部《阿含經》中亦僅僅偶有咒語出現，而至大乘佛經中則多如牛毛，幾至每經必有咒的程度，可見咒語的盛行與佛教部派分裂及大乘崛起的過程息息相關。佛陀在世時，婆羅門盛行祭神、占卜、持咒一類的迷信活動，但佛陀本人多次明確反對僧人從事這類活動，並將其定義爲比丘所必須遵守的戒律。譬如南傳《長部・沙門果經》云：「又有某沙門、婆羅門，受食信施而生活，彼等依無益徒勞之橫明而過邪命生活，例如占卜手足之相、占前兆、占夢、占體相、占鼠所咬、火護摩、杓子護摩、穀皮護摩、糠護摩、米護摩、熟酥護摩、油護摩、口護摩、血護摩、肢節明、宅地明、刹帝利明、濕婆明、鬼神明、地明、蛇明、毒藥明、蠍明、鼠明、鳥明、鴉明、命數豫言、防箭咒、解獸聲法等。遠離如是等任何無益徒勞之橫明，此亦爲比丘戒之一份。」又，北傳《長阿含》第十四卷亦云：「如餘沙門、婆羅門食他信施，行遮道法，邪命自活，或爲人咒病，或誦惡咒，或誦善咒，或爲醫方、針炙、藥石療治眾病，沙門瞿曇無如此事。如餘沙門、婆羅門食他信施，行遮道法，邪命自活，或咒水火，或爲鬼咒，或誦刹利咒，或誦象咒，或支節咒，或安宅符咒，或火燒、鼠齧能爲解咒，或誦知死生書，或誦夢書，或相手面，或誦天文書，或誦一切音書，沙門瞿曇無如此事。」由此可見，佛陀反對誦持咒語、反對占卜的事實，無論是南傳還是北傳的原始佛經均予以承認。今日大乘佛經中所記載的種種神妙無比的咒語，及所描述的各種占卜方式（譬如《占察善惡業報經》），則皆爲後出無疑。大乘佛經對於咒語的神秘力量過於吹捧，後世宗教徒信僞迷眞，也直接影響到了佛教理論的基本框架。以《楞嚴經》爲例，經文宣稱所附咒語之效力：「若造五逆、無間重罪，及諸比丘、比丘尼四棄八棄，誦此咒已，如是重業，猶如猛風吹散沙聚，悉皆滅除，更無毫髮。阿難！若有眾生，從無量無數劫來所有一切輕重罪障，從前世來未及懺悔，若能讀誦、書寫此咒，身上帶持，若安住處，莊宅園館，如是積業猶湯銷雪，不久皆得悟無生忍。」只要誦持一個「楞嚴咒」，連殺父、殺母、殺阿羅漢的五逆大罪悉皆滅除，乃至無量前世所造輕重罪業皆可

消滅，這種說法明顯違背了原始佛教中個體因果報應的基礎設定。《大悲心陀羅尼經》亦稱，若誦持大悲神咒者，「一切十惡五逆、謗人謗法、破齋破戒、破塔壞寺、偷僧祇物、污淨梵行，如是等一切惡業重罪悉皆滅盡。惟除一事：於咒生疑者，乃至小罪輕業亦不得滅，何況重罪」，然則一咒之力雖可消除一人之所有罪業，惜乎信則靈，不信則不靈，理性思辨精神已完全被排除在外。甚至即便是同一經咒，後世還往往對誦持之法門進行修改，摻雜入大量本土巫術的元素，以將其繼續神秘化、儀軌化。前述《大悲心陀羅尼經》存世有若干不同版本，其中所載咒語句數或多或少，〔註57〕而《大正藏》內所收通行本又比《房山石經》中所存遼金刻本多出了使用弭哩吒那（死貓兒頭骨）、虎豹豺狼皮、野髑髏、白鴿糞等物做法的內容，像「取弭哩吒那燒作灰，和淨土泥，撚作貓兒形，於千眼像前咒鑌鐵刀子一百八遍，段段割之亦一百八段，遍遍一咒一稱彼名」一類的做法，〔註58〕無疑是受到了本土巫術文化的影響。由於大部分咒語都篇幅甚長、拗口難記，尤其不便於文化程度不高的普通民眾，因而大乘佛教又宣稱只要念頌佛名亦有此功效，甚至出現了「念經不如念咒，念咒不如念佛」的說法。舊題龍樹所造《十住毗婆沙論·易行品第九》稱菩薩道「或有勤行精進，或有以信方便易行，疾至阿惟越致者」，而所謂的「信方便易行」即指執持十佛名號一心念誦，「若人一心稱其名號，即得不退於阿耨多羅三藐三菩提」。但文中羅列十方佛名號時，西方佛名謂「無量明佛」，而下文又稱在十方佛之外「更有阿彌陀等諸佛，亦應恭敬禮拜，稱其名號」，則是不知無量明佛即阿彌陀佛之異譯，其後世增造之痕跡十分明顯。另據《佛說阿彌陀經疏鈔》云：「以咒云，誦三十萬遍，則見阿彌陀佛；而持名，則一日一心，即佛現前故。又咒云，晝夜六時各誦三七遍，能滅五逆等罪；而持名，則至心念佛一聲，即滅八十億劫生死重罪故。」念咒消罪尚需要每日定時誦持若干遍，而至心念佛只要一聲就能立刻滅除八十億劫生死重罪，若能一日一心念持還能感得佛陀示現目前，前後功效相去不可以道里計。念佛法門一出，不僅廢經，而且廢咒，雖然令一

〔註57〕此經梵文原本已失傳，今日所謂梵文原本者為自漢文本逆推而成。以漢文本所載咒語部分而論，金剛智所譯本113句，屬於內容最廣本；不空和慈賢所譯本96句，句數居中；而伽梵達摩所譯本84句，是最略本，在今日最為通行。

〔註58〕伽梵達摩譯《千手千眼觀世音菩薩廣大圓滿無礙大悲心陀羅尼經》，大正新修大藏經第20冊，No.1060。

字不識之愚夫愚婦都有了一個成佛的方便法門，致使佛教徒數量像雪球一樣越滾越大，但也讓佛法徹底完成了宗教化，演變為一個以偶像崇拜為主的世俗宗教。這種偶像崇拜在藏傳密宗佛教中被發展到極致，於是催生出了「磕長頭」的拜佛儀式：信眾從自己的家鄉出發，開始三步一磕頭地步行前進，磕頭時必須五體投地，口誦「六字大明咒」，而且要不遠千里，直至到達拉薩的寺廟中朝拜佛像。藏傳佛教的信徒甚至相信，要作為一名稱職的、虔誠的佛教徒，一生之中至少要磕十萬次長頭。

磕長頭的信眾

　　儘管原始佛教反對誦持咒語，但其實並沒有否決咒語的效力，而只是嚴禁僧眾利用咒術來獲取邪命的利益。在古印度科學並不昌明的時代，遇到疾病、災難，民眾都迫切需要能夠「實際」救助的手段，這也是巫術為何總有市場的原因所在。犯下罪行的人希望贖罪而不墜入地獄受苦，無罪的人也希望自己和親屬長輩的來世更加美好，各種各樣心理的需求總是渴望聖神的救贖。若請人誦持咒語後疾病退去、身體康復，儘管可能只是自身免疫力發揮的功勞，卻很容易培養起民眾的信仰，並獲得豐厚的布施。佛教越是興盛繁榮，不事生產的佛教徒數量越多，也就越需要信眾更多的供養，才能維持住教派的生存。從古代的客觀環境而言，咒語被吸收進佛教的教義中，其實也是一種歷史的必然。關於咒語的來源，過去學者多主張是在大乘佛教的崛起過程中，有一大批婆羅門教的教徒投身於佛教之中，他們既給佛教注入了新的血液和活力，也將婆羅門教舊有的祭祀儀軌、法術咒語引入了佛教。在此

後的多次佛經結集中，這些包含儀軌、咒語的成份都被吸收入佛教，成為佛教典籍的重要組成部分，大乘佛教中的金剛乘（Vajra-yana）由此誕生。從佛經的文本來看，早期小乘佛經的結集都是口耳相傳，而傳世的大乘佛經中則增多了鼓勵信眾抄寫、佩戴、讀誦的內容，顯然是佛經開始書寫之後才形成的模式。目前學術界公認佛經最早被書寫的時間不早於阿育王在華氏城主導的第三次結集，而大部分包含咒語的大乘佛經被寫定的時間還要更晚，距離佛陀入滅已是數百年之後。這種觀點雖然被普遍接受，也客觀上指出了大乘佛經中咒語的最主要來源，但筆者仍然感覺有商榷的餘地。筆者主張，佛教最早的咒語起源並非來自婆羅門教的摻雜，而是來自於口耳相傳中的偏差與訛讀，最早應出現在小乘佛教時期，並非遲至大乘佛教崛起之後。以小乘南傳《長部·大會經》為例：

> 此等四天王，偏照於四方，立迦毗羅林。彼等有幻偽，有虛妄噁心，之部下跟來：摩野屈典都，以及耶典都，伊都質以及，伊都闍共俱，旆陀那乃至，加摩世致者，彼迦尼延豆，以及尼乾陀，與彼波那墟，及嗚呼曼奴，天御摩頭羅，以及乾闥婆，支多羅斯那，那羅王以及，闍尼沙乃至，珍浮樓以及，修利婆折斯，般闍尸呵來。此等他諸王，乾闥婆諸王，亦歡喜進來，比丘眾林園。

小乘北傳《長阿含·大會經》的對應經文云：

> 此四天王，護持世者，有大威德，身放光明，來詣迦維林中。爾時世尊欲降其幻偽虛妄之心，故結咒曰：『摩拘樓羅摩拘樓羅毗樓羅毗樓羅旆陀那加摩世致迦尼延豆尼延豆波那墟嗚呼奴奴主提婆蘇暮摩頭羅支多羅斯那乾沓波那羅主闍尼沙尸呵無蓮陀羅鼻波蜜多羅樹塵陀羅那闍尼呵斗浮樓輸支婆跡婆。』如是諸王乾沓婆及羅剎皆有神足、形貌、色像，懷歡喜心，來詣比丘眾林中。

由南傳巴利文所譯出的經文語意清晰，雖然是偈頌句式，但仍然可以明顯看出，自「摩野屈典都」至「般闍尸呵來」都是四天王所幻偽之部下的名字。這些部下的名字均為專有名詞，拗口難記，與咒語的形式很像，因而據北傳梵文所譯出的經文就將其誤作咒語，並宣稱這是佛陀所結之咒，目的是為了降服四天王的幻偽虛妄之心。北傳咒語中的漢字實際上是南傳經文的不同音譯，而且還存在不少訛誤，譬如「伊都質」和「伊都闍」發音接近，北傳都譯為「毗樓羅」；「摩野屈典都」與「耶典都」發音接近，北傳都譯為「摩

拘樓羅」。不僅如此，經文後面的段落也是類似的風格，南傳中羅列的阿修羅、諸天等姓名，北傳皆云「世尊爲阿修羅而結咒曰」「世尊復爲諸天而結咒曰」云云。凡此種種，顯然是在經文口耳相傳的過程中，許多詞語的發音和含義後人已不甚了了，因而誤將其作爲神秘的咒語，繼而又爲了前後語義連貫而增添己意以彌合之。這是小乘佛經中較早出現咒語的例子，但顯然並非屬於婆羅門教咒語雜入，而是源於佛經本身的誦讀訛傳。凡是長期口耳相傳的字句，在歷史流傳中必然會產生各種差異，這種現象並非僅出現在小乘佛經中，也不是個別現象，而是在大乘佛教崛起後依然持續存在的普遍現象。以大乘佛經中流傳極廣的《大悲咒》爲例，若將存世的各種版本進行比勘，就會發現咒語部分文字差別很大，但大部分異文的發音很相似，只是書寫和含義差別明顯。相比之下，僅由於字形相近而導致的文字差異幾乎不存在。這也從側面證明，這些文字差異的主要原因是出現在口耳相傳階段，由於音近易淆，不同人背誦、記憶的版本在寫定成文時就產生了文字差異。若是含義清晰的日常句子，即使所用的字詞發生了改變，往往仍能保留基本的句意，並不會影響上下文義的理解；但若是專有名詞的音節發生了改變，其語義則很難復原，這也是它們在流傳中被誤作咒語的原因所在。咒語原本就屬於佛教中後起的內容，再加上流傳過程中的變異，今日之咒語又很難代表當時的本義，所謂「念經不如念咒」云云實屬無稽之談。

　　儘管所有的大乘佛經都指向同一終極目標（佛果），都贊成同一種實現的途徑（菩薩道），但不同宗派的理論框架仍然有重大區別，在對大乘體系進行詮釋時又可分爲三條路徑：中觀空、唯識有、如來藏。大乘佛教的確是對小乘教義的進一步發展，但單靠將佛陀神格化、創設菩薩階層、引入咒語等神秘元素是不足夠的，它還必須面對並解決小乘佛教的理論缺陷。在小乘佛教因果報應、六道輪迴的時空框架中，一直存在著缺失的關鍵一環：輪迴的主體到底是什麼？當小乘佛教把個體生命定性爲四大（水、火、地、風）和合而成，只不過是因緣的產物，實際上否定了個體靈魂的存在。既然不存在一個固有的、恒常的我，那麼來世在地獄中受苦的人，與今生爲非作歹的我，彼此又有何干？同樣，若我今生辛苦修行佛法，但在來世獲得解脫的人卻不是我，那豈非爲人作嫁？如果每一世的生命毫不相干，因自因，果自果，所謂的因果報應就將缺乏載體，像一串沒有被線串起來的珠子，散亂而無邏輯。若更進一步，今天的我和昨天的我，兩者是否是同一個我？如果不是，

兩者之間共同的特性是什麼，而我與旁人的區別又在哪裏？大乘佛教不僅要說清這一問題，還需要不違背原始教義的「無我」立場，其理論創新之難度猶如戴枷跳舞，絕不能憑藉一個人的奇思妙想就給出圓滿的答案。實際上，大乘佛教耗費了上千年，經過無數高僧的前仆後繼，才在一定程度上搭建出了較完善的理論體系，並在邏輯上說清了「輪迴主體」的問題，但其答案卻並非僅有一種，而是出現了三種不同的答案。由於這一問題屬於最基本、最重要的核心問題，每一種答案都會導致不同的世界觀、認識論、方法論，也就必須創造一整套的理論體系與之匹配，大乘佛教的三大派別也因此被漸次建立起來。

　　中觀空派的創立者是龍樹，傳說他不僅從龍宮取回了若干部大乘佛經，還自行撰述了《中論》《十二門論》《大智度論》《十住毗婆沙論》等論著，藉以闡釋自己的性空理論。中觀空派是大乘最早崛起的一個教派，也是相對而言最為正統的一個宗派。龍樹解決輪迴主體的辦法類似於釜底抽薪，他主張萬法皆空，一切法皆無自性，不僅不存在輪迴的主體，甚至整個世界乃至輪迴本身同樣無自性，並非實有。《十二門論·觀因緣門》云：「眾因緣生法，是即無自性。若無自性者，云何有是法？」《中論·觀四諦品》卷四亦云：「未曾有一法，不從因緣生。是故一切法，無不是空者。」龍樹是一位徹底的性空主義者，也是一位辯論大師，他敏銳地抓住了原始佛教中「因緣和合」的核心教義，而將其擴展到一切法上，並推導出了諸法非實的結論。執此為利劍，足可以摧破一切迷執之論，故在與其他宗派的辯論中占盡上風。然而此劍雖鋒利，卻是一柄雙刃劍，因為一切法皆空，則佛法亦不能不空；成佛亦是因緣法，則佛果亦當無自性。一切修行，只不過是空中起用，幻中修幻，究竟無一法可得，亦無佛可成。如《大智度論·釋初品中·檀波羅蜜法施之餘》中所稱：「若常相、非常相，自在相、不自在相，作相、不作相、色相、非色相，如是等種種皆不可得。若有相則有法，無相則無法。我今無相，則知無我。」若執著於任何之相，則違背無我之義，即不見真實；只有拋棄一切相，明白一切都不真實，才可以證得真實。體現中觀空派思想的、最為著名的大乘佛經《金剛經》中亦云：「凡所有相，皆是虛妄。若見諸相非相，則見如來。」又云：「所謂佛法者，即非佛法。」這是一種自我矛盾的辯證法，也是一種最為高妙的詭辯論。中觀空派雖然解決了輪迴主體的問題，但卻同時消解了一切佛法立足的根基，也令一切僧侶乃至一切眾生的所作所為

都失去了現實意義，其破壞性甚至遠遠超越建設性。龍樹在大乘佛教中聲望極高，尤其在破除小乘「法我執」方面功績卓著，因而被尊為「八宗之祖」「佛陀第二」，自然也成為晚出佛經的神化對象。《摩訶摩耶經》卷下云：「正法於此，便就滅盡。……七百歲已，有比丘名曰龍樹，善說法要，滅邪見幢，燃正法炬。」《大乘入楞伽經》卷第六偈頌云：「願說佛滅後，誰能受持此？大慧汝應知：善逝涅槃後，未來世當有，持於我法者。南天竺國中，大名德比丘，厥號為龍樹，能破有無宗，世間中顯我，無上大乘法，得初歡喜地，往生安樂國。」按此，則佛陀早已授記七百年後龍樹會出現世間，並在邪見盛行之時宣說大乘正法。這當然是後世所渲染、偽造的經文，但憑藉著大乘佛經的神聖光環，中觀空派的正統性也因此被確立起來。龍樹的弟子輩中不乏有傑出的大乘論師（譬如提婆、龍智等），他們雖然對中觀法門有所修正，但基本上都繼承了「萬法皆空」「空無所得」的立場，而這也成為這一派系最核心的宗旨。

　　與中觀空派的破除一切執著不同，唯識有派提出了一個確實存在的輪迴載體——阿賴耶識（ālaya-vijñāna，意譯為「藏識」）。在原始佛教中，人身有眼識、耳識、鼻識、舌識、身識、意識共六識，六識分別依託於眼睛、耳朵、鼻子、舌頭、身軀、心（大腦）諸器官而存在，對應視覺、聽覺、嗅覺、味覺、觸覺、思維諸功能，並無阿賴耶識之名。但在命終之時，屍身四大分解，承擔六識的器官皆壞死，究竟是如何從此世生命過渡到來世生命，小乘《阿含經》中並未進行具體探討，惟《長阿含·大緣方便經》中提到：「『阿難！緣識有名色，此為何義？若識不入母胎者，有名色不？』答曰：『無也！』『若識入胎不出者，有名色不？』答曰：『無也！』『若識出胎，嬰孩壞敗，名色得增長不？』答曰：『無也！』『阿難！若無識者，有名色不？』答曰：『無也！』『阿難！我以是緣，知名色由識，緣識由名色。』」佛陀此語本為陳述緣識而有名色，但從句意而言，則似有前世之識自外而入母胎，承擔起了輪迴載體的功能。經文續云：「『阿難！緣名色有識，此為何義？若識不住名色，則識無住處。若無住處，寧有生、老、病、死、憂、悲、苦惱不？』答曰：『無也。』『阿難！若無名色，寧有識不？』答曰：『無也。』『阿難！我以此緣，知識由名色，緣名色有識。』」若聯繫佛陀上下之語，則可明白佛陀想要闡釋之意，實際上是謂識與名色相應而生，緣名色而有識，緣識而有名色。既然離開名色即無有識，當然也不會有脫離前世之名色而入今世母

胎之識，今世之識勢必當與今世之名色同時升起。後世誤讀「識入母胎」之語，遂謂承擔輪迴載體者爲識，而此載體之識顯然不同於前世六識，於是又創造出第七識末那識、第八識阿賴耶識之名，唯識有派於是被建立起來。唯識有派主張眾生的一切所作所爲，都會形成業力種子，而這些種子就被儲存在阿賴耶識之中。業力種子可分爲善、惡、無記三種，每產生一個善念或做一件善事，都會形成一顆屬性爲善的業力種子；每產生一個惡念或做一件惡事，也都會形成一顆屬性爲惡的業力種子；若產生的是一個非善非惡的念頭或做了一件非善非惡的事情，譬如喝了一口水等等，就會形成一顆無記的種子。一切業力種子若在某世、某時、某地遇到合適的緣分（條件）就會萌發，相應形成善、惡、無記的果報，而果報又會產生新的業力種子，因果的鏈條於是循環不休，生命也隨之輪迴不止。唯識宗所依據的最主要佛經爲大乘《解深密經》，其《心意識相品第三》中云：「於六趣生死，彼彼有情墮彼彼有情眾中，或在卵生、或在胎生、或在濕生、或在化生身份生起。於中最初一切種子，心識成熟，展轉和合，增長廣大。……此識亦名阿陀那識，何以故？由此識於身隨逐執持故。亦名阿賴耶識，何以故？由此識於身攝受藏隱、同安危義故。亦名爲心，何以故？由此識色聲香味觸等積集滋長故。」其餘六識在生命終止時都會壞滅，而第八識阿賴耶識作爲業力種子的儲存所，貫穿前世、今生、來世，就成爲實際上的輪迴載體。第七識末那識則具有恆審思量的功能，它會持續不斷的執取阿賴耶識中的種子，並將其作爲自我，於是眾生皆誤以爲有「我」之存在。借助於新創造的末那識、阿賴耶識的概念，唯識有派不僅解決了輪迴主體的問題，也成功地說清了「我執」的產生過程。佛經中「心」之概念往往各有所指，但據《解深密經》之敘述，從名色滋長的角度出發，心即指阿賴耶識而言。《華嚴經‧夜摩宮中偈贊品第二十》又云：「若人知心行，普造諸世間，是人則見佛，了佛眞實性。……若人慾了知，三世一切佛，應觀法界性，一切唯心造。」在唯識有派的體系中，阿賴耶識不僅是輪迴的載體，也是整個世界的本源，一切的名色，無論是內在的肝腸內臟還是外在的山河大地，都只不過是業力種子的變現。「一切惟心造」「普造諸世間」等語，實際上同時泯滅了主觀、客觀的存在與對立，而惟有認識的功能超越一切。

當眾生的單位從個體生命演變爲阿賴耶識，佛法修行的效果也就只能作用於阿賴耶識之上。世間萬法皆以阿賴耶識的業力種子爲因，借諸眾緣而生

起，此謂之「依他起性」。若不解依他起性之義，由末那識妄執阿賴耶識之種子爲實我、實法，於是貪愛妄想無時無處不周遍計度，此即「遍計所執性」。若眞實了知佛法要義，智慧生起，遠離顚倒夢想，最終證悟解脫，此即「圓成實性」。從本質上而言，圓成實性也需要借助眾緣，並通過作用於業力種子來實現，因而它也屬於依他起性，但它同時又是遍計所執性的對立面。聖者與凡夫的區別，就在於後者的阿賴耶識中所包含的種子經過妄想執著的染污，而且善惡混雜，聖者則只有清淨無染的種子，純善無惡。在唯識有派看來，修行就是爲了把業力種子「轉染成淨」，破除遍計所執性，最終實現圓成實性。在轉染成淨之後，唯識有派並非要走向小乘的涅槃入滅，而仍然要趨向大乘的起用，因而八識皆會發生相應轉變：前五識轉變爲成所作智，意識轉變爲妙觀察智，末那識轉變爲平等性智，阿賴耶識轉變爲大圓鏡智。簡言之，在證得解脫之後仍然會有視覺，但不再是通過染污的眼識，而是透過智慧的觀照，其餘諸識亦復如是。錯誤的認知導致妄想的愚癡，正確的認知即是解脫的智慧。毫無疑問，「轉識成智」的關鍵在於末那識的轉變，這是我執的起點，也是導致其餘六識遭到染污的直接原因。如《成唯識論述記》所云：「煩惱障品類眾多，我執爲根，生諸煩惱。若不執我，無煩惱。」〔註 59〕但在實際的修行過程中，直接通過消除我執來斷除一切煩惱是十分困難的，這是一種究竟位的頓法，凡夫則往往要通過持戒、懺悔等方式漸次斷除各種煩惱，以最終斷除我見。同樣，只有眞正消除我執、證得無我，才能確保煩惱永遠不再升起。

　　唯識有派的創始人是無著及其胞弟世親。據《婆藪盤豆法師傳》敍述，無著「雖得小乘空觀，意猶未安，謂理不應止爾。因此乘神通往兜率多天，咨問彌勒菩薩，彌勒菩薩爲說大乘空觀。……爾後數上兜率多天咨問彌勒大乘經義，彌勒廣爲解說，隨有所得。還閻浮提，以己所聞爲餘人說，聞者多不生信。無著法師即自發願：『我今欲令眾生信解大乘，唯願大師下閻浮提解說大乘，令諸眾生皆得信解。』彌勒即如其願，於夜時下閻浮提，放大光明，廣集有緣眾，於說法堂誦出《十七地經》，隨所誦出隨解其義。經四月夜，解《十七地經》方竟。雖同於一堂聽法，唯無著法師得近彌勒菩薩，餘人但得遙聞，夜共聽彌勒說法。晝時無著法師更爲餘人解釋彌勒所說，因此

<hr/>

〔註 59〕窺基《成唯識論述記》卷第一，大正新修大藏經第 43 冊，No.1830。

眾人聞信大乘彌勒菩薩教。」〔註60〕此傳充滿神奇色彩，得法事蹟亦與龍樹類似，只不過龍樹得佛經於龍宮，無著則得經於兜率天。由於無著說法「聞者多不生信」，彌勒菩薩乃至如願降世，爲其當眾說法作證。彌勒所說《十七地經》又名《瑜伽師地論》《十七地論》，因而唯識有派又名瑜伽派、瑜伽行派。既然彌勒說法時「唯無著法師得近」，則此《瑜伽師地論》蓋爲無著所著，而託名彌勒以取信。唯識有派通過提出末那識、阿賴耶識等新概念，不僅順利解決了輪迴的載體問題，而且發展出一套獨立的理論邏輯與修行方法。但阿賴耶識獨立於名色而存在，實際上違背了佛陀「識緣名色，名色緣識」「若無名色則無識」的基本設定，儘管名義上仍然反對「常我」的存在，實際上卻代之以「常識」，對於原始佛教的基本框架是一種背離。末那識的恒審思量功用，通常也被視爲意識的一部分功用，因而末那識又被定性爲意識之根本，乃至其所執取之種子，亦不可能外於意識而存在。從這個角度出發，末那識、阿賴耶識云云又勢必從屬於意識，只不過是意識詳細區分後的某一部分，故而妄造概念之譏恐不能免。至謂業力存在種子，而種子可超越某世之生命而存在，然則出胎之時種子既然未變，爲何今世被妄執之我，卻不能了知前世之業？若據《生死變識經》所云：「佛告諸弟子：『今我爲佛，慧眼清淨，一切生死、往來三界，佛悉知見。』……佛告諸弟子：『世人所作善惡，死之後世亦皆相答報，但人未得三淨眼，是以不見不知，不復識其本。』按此，則凡夫因無三淨眼，遂有「隔世之迷」，終不知今世之果報如何而來。若今世所妄執之我與前世之我無從關聯，則就個體感受而言，與無輪迴載體亦無甚差異。

如來藏派則是另外一種解決思路，此派主張在一切無常的現象背後，有不生不滅的如來藏性，此性堅固自然，一切妄想執著皆不能染污。《大方等如來藏經》云：「於一切煩惱染污之中，如來法藏本無搖動，諸有趣見所不能染。……如來以如來眼，見一切有情慾瞋癡貪無明煩惱乃至皮膚邊際。彼欲瞋癡無明煩惱藏中有如來藏性，以此名爲有性；若能止息，名爲清涼，則名涅槃。」此如來藏性與《奧義書》中「梵我一如」的「梵」，在概念上極爲相似。如來藏與梵皆不生不滅，皆隱藏於現象之後，又皆爲眾生之最終歸宿。若再考慮到如來藏派思想誕生於佛陀被神格化之後，則謂此派思想受婆羅門

〔註60〕眞諦譯《婆藪盤豆法師傳》，大正新修大藏經第 50 冊，No.2049。

教之影響而產生，當較爲接近事實。如前所述，在佛教盛行之後，有大量的婆羅門教教徒投身於佛教之中，他們不僅爲佛教帶來了咒語、儀軌，也同樣將「梵我一如」的思維方式引入了佛教之中，部派分裂時代的「說一切有部」即導源於此。說一切有部的「法體恒存」思想，實際上就是如來藏思想的前身，而佛陀在世時拒絕描述入滅後的存在狀態（十四無記），也爲如來藏思想的引入提供了現成的空間。原始佛教一直在強調消除無明煩惱，但消除之後的狀態卻並未做出具體說明，中觀空派認爲是「空無所得」，邏輯雖然嚴密，但卻不符合信眾的心理期待；如來藏派主張「無明煩惱藏中有如來藏性」，而且「本無搖動，諸有趣見所不能染」，符合信眾「不空而有所得」的心理預期。

　　由於如來藏派和唯識有派都希望在生命輪迴背後找到確實可靠的載體或本質，因而在如來藏派思想誕生後不久，即開始與唯識有派思想相融合，如來藏也被視爲阿賴耶識之異名。唯識有派提出了阿賴耶識的概念，並主張阿賴耶識可以「轉識成智」，轉變後的阿賴耶識將不再是染污種子的貯藏室，而成爲一種清淨無染的存在，這與如來藏的概念極爲相似。於是後世高僧又創造出一個第九識「庵摩羅識」的概念，用以指代阿賴耶識轉變之後的狀態，亦即成佛後的解脫境界，而菴摩羅識之意譯即爲無垢識、清淨識、如來藏識。庵摩羅識與阿賴耶識是一體之兩面，而並非獨立之新識，所以在佛經中阿賴耶識、如來藏識、庵摩羅識諸概念亦時常混用。如《大乘密嚴經》卷三云：「佛說如來藏，以爲阿賴耶。惡慧不能知，藏即賴耶識。如來清淨藏，世間阿賴耶，如金與指環，展轉無差別。」然而站在如來藏派的立場上，如來藏不僅包含一切證得菩提的種子，也同樣包含有　切佛果的功用。阿賴耶識從名色滋長的角度可稱之爲心，但卻是一顆經過染污的妄心；如來藏識本身清淨無染，因而被稱爲「妙明眞心」。唯識有派既然主張「萬法唯心造」，則由妙明眞心所造之一切名色，從山河大地到肝臟肺腸，皆應自性清淨，是無漏法，亦即佛性。這意味著每位已證悟的佛陀，都可以憑藉自己的妙明眞心創造出一方淨土世界；而每一位修行者若悟解此眞心，其所聞見經行之處，亦皆由染污而轉變爲清淨，如《維摩詰經》所云：「若菩薩欲得淨土，當淨其心。隨其心淨，則佛土淨。」阿賴耶識能轉化爲如來藏識，是因爲它們本質一如，「如金與指環，展轉無差別」；若是本質不同之事物，則無法相互轉化，如冰可爲水而不能爲炭。按此邏輯，既然如來藏識所創造出的一切名色自性清淨，則阿賴耶識所創造出的一切名色其本質同樣應該是清淨的，因爲如來

藏識、阿賴耶識體性無別，本質一如。如《楞伽阿跋多羅寶經》云：「此如來藏識藏，一切聲聞、緣覺心想所見，雖自性清淨，客塵所覆故猶見不淨。」又如《大乘密嚴經》卷二云：「一切眾生阿賴耶識，本來而有，圓滿清淨，出過於世，同於涅槃。譬如明月現眾國土，世間之人見有虧盈，而月體性未嘗增減。藏識亦爾，普現一切眾生界中，性常圓潔，不增不減。無智之人妄生計著。」如來藏派從這一立場出發，認定一切世界萬物儘管皆由因緣和合、虛妄不實，但在此現象之後的本質卻是圓滿清淨、真實無漏的佛性，亦可謂之法性、真如、自性、實相。而之所以會產生虛妄不實的認識，是因為眾生自己的妄想產生了種種煩惱（客塵），障蔽了對世界真相的認知。如來藏派將佛的法身特性擴展到了眾生萬物之上，令佛性成為整個世界的本質屬性，「無常」背後有「常」，這既是一種理論創新上的飛躍，也是對原始教義最大限度的背離。據此也可以看出，如來藏的概念雖然被唯識有派的阿賴耶識所吸納，但這股力量卻拉拽著唯識有派走得更遠。

《華嚴經》卷五十一云：「如來智慧無處不至。何以故？無一眾生而不具有如來智慧，但以妄想顛倒執著而不證得；若離妄想，一切智、自然智、無礙智則得現前。」阿賴耶識與如來藏識是一體兩面，意味著眾生與佛也是本質一如。一切佛陀的智慧，眾生本來人人具足，若能消除妄想執著，智慧自然現前。修行成佛，並非向外求取一種更高的境界，而是認清自己的本來面目，《圓覺經》所謂「始知眾生本來成佛，生死涅槃猶如昨夢」即是此意。肯定眾生本來是佛、本來成佛、本具成佛之性，這也意味著佛陀本人的一切教化、一切法門，都只不過是引導信眾認識自己的心體，而一切佛經要義都不在心外。這種觀點既體現了人類自我意識的覺醒，也是對人類自身價值的高度認可。心中的如來藏是圓滿具足的，而外在的佛經卻既包含有流傳中產生的謬誤，又無法囊括佛果的全部要義。從這一立場出發，凡是有助於認識自己心體的方法都是絕佳的修行法門，其效用甚至可能遠超越研讀佛經。自大乘崛起之後，經論數量日益累積增多，若以《大藏經》所收而計，漢字數量已過億，且皆為古代文言，令讀誦乃至釋解都變得十分艱難，往往耗光歲月而難以建功。相比之下，擺脫文字束縛，選擇束經不讀而窮研心體，希望能夠照見自己的本性以頓悟成佛，就成為一條便捷之路徑，這同樣要歸因於如來藏派的流風所煽。

需要強調的一點是：由於如來藏派與唯識有派已相互融合，若不能從歷

史文獻的角度出發，重新考訂相關典籍的先後次序，就會像宗教徒一樣將兩派思想混為一談，難以分清彼此。在早期的如來藏派典籍中，譬如《如來藏經》《不增不減經》《大法鼓經》《勝鬘經》等，只敘及如來藏思想，強調客塵所覆或所染，但並不涉及阿賴耶識，也不從業力種子的角度論證。在晚期的如來藏派典籍中，譬如《楞伽經》《大乘密嚴經》等，如來藏思想已經與唯識有派混雜交融，其自身亦成為阿賴耶識或庵摩羅識之異名，如來藏派遂徹底蛻變為唯識有派之分支。如來藏思想泛濫之後，由於宗教徒將大乘佛經一概視為佛說而不作區分，因此即使在其餘宗派的晚出佛經之中，亦往往混雜有如來藏的痕跡。如來藏思想雖與唯識有派先天類似（皆屬大乘「有」宗），彼此融合較為容易，但也並非無法與看似對立的中觀空派相結合。據後世經論思想而概言之，其結合的途徑有二：若由如來藏派出發結合中觀空派，則謂因如來藏而有中觀，若無自性清淨之心體，思維將存在染污與妄想，既無從去實現中觀，而所觀之結論亦必非真實；若由中觀空派出發結合如來藏派，則謂空性即為如來藏，空性亦即是自性、真如、本來面目，惟空性能生萬法，是以空而不空，非斷非常，非有作用非無作用。類似的結合在佛教之外的宗教體系中當屬不可思議之事，但由於大乘佛教自身的極大包容性，原本彼此矛盾、彼此獨立的思想卻可以兼收並蓄，達成一種辯證的相對和諧。然而如此豐富多樣的思想體系並存於一個宗教之內，加之修行者的愛好風尚、性格稟性各不相同，所以在佛教傳入中國之後，不得不分裂為各種宗派，這也是一種歷史的必然。各派分別揀選所尊奉之佛經、教義以弘傳佈道，又勢必要與中國自身的傳統文化交流碰撞，而不同的思想潮流借機激發創新、修正完善，從而催生出了中國古代輝煌燦爛的佛教文化。